Vincenzo Giovanni Calabrò

MOBILE DEVICE AND MOBILE CLOUD COMPUTING FORENSICS

Mobile Device and Mobile Cloud Computing Forensics

Autore: Vincenzo G. Calabrò

2016 © Lulu Editore

ISBN 978-1-326-86915-1

Dicembre 2016 Prima edizione

Distribuito e stampato da:

Lulu Press, Inc.

3101 Hillsborough Street

Raleigh, NC 27607

USA

Tutti i diritti sono riservati a norma di legge e a norma delle convenzioni internazionali. Nessuna parte di questo libro può essere riprodotta con sistemi elettronici, meccanici o altri, senza l'autorizzazione scritta dell'Editore.

Sommario

I dispositivi digitali portatili (cd. Mobile device) - come il telefono cellulare, il palmare, lo smartphone, lo smartwatch, il tablet, il laptop, il lettore digitale, il riproduttore digitale, il navigatore portatile gps, ecc. - rappresentano, spesso inconsapevolmente, il diario multimediale di ognuno di noi. Nati per consentire la comunicazione in mobilità, oggigiorno, grazie all'evoluzione tecnologica e all'avvento di un'infinità di applicazioni rivolte prevalentemente alla socializzazione e all'intrattenimento, sono diventati i contenitori di un'infinità di informazioni personali e professionali in grado di raccontare la nostra vita.

Le caratteristiche principali che hanno consentito a queste tecnologie di conquistare grosse fette di mercato - in continua espansione - sono rappresentate: per un verso dalla facilità di trasporto, in quanto si tratta di dispositivi leggeri e di dimensioni ridotte, per altro, dalla possibilità di essere costantemente connessi alla rete, in piena libertà di movimento, e con capacità di elaborazione e memorizzazione, in costante crescita, che li rende alternativi ai classici strumenti di computing.

Per questi motivi gli apparati mobili sono diventati oggetto di interesse non solo dei provider di informazioni e di comunicazione, i quali sfruttano la larghissima diffusione dello strumento per raggiungere il maggior numero di utenti, ma anche degli esperti di sicurezza informatica, che, rispondendo alle esigenze degli utenti, tentano di rendere protette e riservate le informazioni trasmesse e memorizzate, e parallelamente, su fronti opposti, dai criminali e dagli investigatori, quest'ultimi a caccia di evidenze digitali per fini di giustizia.

L'obiettivo di questo studio è quello di fornire una serie di soluzioni tecnico-forensi, fondate su metodologie e principi giuridici attinenti l'investigazione digitale, in grado di risolvere il maggior numero di criticità connesse all'analisi dei mobile device, tra cui, si caratterizza per l'apporto innovativo, la possibilità di estendere la ricerca delle evidenze all'ambiente di mobile cloud computing.

Il documento è strutturato in tre parti.

La prima parte introduce la tematica della Digital Forensics attraverso un esame dettagliato delle fasi e dei processi che consentono di individuare, acquisire, analizzare, valutare e presentare l'evidenza digitale conformemente agli standard ISO/IEC 27037:2012 e ISO/IEC 27042:2015; successivamente, viene esaminato l'aspetto giuridico relativo all'investigazione digitale.

La seconda parte affrontata in maniera specifica la Mobile Device Forensics. In particolare, dopo un excursus sugli aspetti peculiari di questa branca delle scienze forensi digitali e sulle procedure applicabili, vengono analizzate le caratteristiche di alcuni sistemi operativi per dispositivi portatili (Android di Google e iOS di Apple) e le tecniche che consentono il rinvenimento delle evidenze digitali, l'acquisizione del contenuto e, infine, l'interpretazione delle informazioni estratte.

La terza parte approfondisce la Mobile Cloud Computing Forensics, anche alla luce delle recenti implementazioni determinate dallo sviluppo del Mobile Cloud Computing, allo scopo di estendere l'area di ricerca delle evidenze digitali connesse all'uso dei mobile device. Questa nuova branca delle scienze forensi consente di risolvere alcune problematiche esposte nel corso del testo e legate, essenzialmente, ai casi in cui il dispositivo è inaccessibile, oppure le informazioni non sono reperibili altrove.

In conclusione, dopo aver illustrato l'attuazione di tre casi di studio che evidenziano le potenzialità e i limiti delle tecniche descritte nei capitoli precedenti, vengono sinteticamente esposti i risultati ottenuti e delineate alcune prospettive e ambiti di sviluppo futuri sulle tematiche della Mobile Forensics.

INDICE

INTRODUZIONE 1

   0.1. OBIETTIVO E SCOPO 1
   0.2. CONTRIBUTI 2
   0.3. SCHEMA DEL LAVORO 2

1. BACKGROUND 5

   1.1. DIGITAL EVIDENCE 5
      1.1.1. DEFINIZIONE 6
      1.1.2. CLASSIFICAZIONE 7
   1.2. DIGITAL INVESTIGATION 8
      1.2.1. DEFINIZIONE 8
      1.2.2. STANDARD DI RIFERIMENTO 8
         1.2.2.1. ISO/IEC 27037:2012 10
         1.2.2.2. ISO/IEC 27042:2015 13
   1.3. DIGITAL FORENSICS 14
      1.3.1. DEFINIZIONE E OGGETTO 14
      1.3.2. CLASSIFICAZIONI TIPICHE 15
      1.3.3. FASI DEL PROCESSO DI DIGITAL FORENSICS 16
   1.4. PANORAMA GIURIDICO DELLA DIGITAL FORENSICS ... 24
      1.4.1. NOZIONE GIURIDICA DI PROVA DIGITALE 26

2. MOBILE DEVICE FORENSICS 29

   2.1. INTRODUZIONE 29
   2.2. TARGET E CARATTERISTICHE 31
      2.2.1. MOBILE TECHNOLOGY 31
      2.2.2. MOBILE DEVICE 32
         2.2.2.1. CLASSIFICAZIONE 33
         2.2.2.2. MEMORIA INTERNA 35
         2.2.2.3. DATI ACQUISIBILI 36
      2.2.3. IDENTITY MODULE (SIM E USIM) 37
         2.2.3.1. TIPI E CARATTERISTICHE 37
         2.2.3.2. DATI ACQUISIBILI 39
      2.2.4. MEDIA STORAGE CARD 39
      2.2.5. ALTRI SISTEMI DI COMUNICAZIONE 40
         2.2.5.1. CONNETTIVITÀ A CORTO RAGGIO 40
         2.2.5.2. TECNOLOGIA DI LOCALIZZAZIONE 41
      2.2.6. MOBILE DEVICE BACKUP 41
      2.2.7. DATI POTENZIALMENTE SIGNIFICATIVI 42

2.3. Procedure per la Mobile Device Forensics — 43
2.3.1. Preservation — 43
2.3.1.1. Protezione e Valutazione della Scena del Crimine — 43
2.3.1.2. Documentare la Scena del Crimine — 45
2.3.1.3. Isolamento del Dispositivo — 45
2.3.1.4. Imballaggio, Trasporto e Conservazione delle Evidenze — 46
2.3.2. Acquisition — 46
2.3.2.1. Identificazione del Dispositivo — 47
2.3.2.2. Selezione degli Strumenti — 47
2.3.2.3. Acquisizione della Memoria del Dispositivo — 48
2.3.2.4. Dotazione a Corredo — 49
2.3.2.5. Servizi di Cloud — 50
2.3.3. Examination and Analysis — 51
2.3.3.1. Potenziali Evidenze — 51
2.3.3.2. Utilizzo degli Strumento per la Mobile Device Forensics — 53
2.3.4. Reporting — 54
2.3.5. Rassegna degli Strumenti per la Mobile Device Forensics — 56

3. Android and iOS Device Forensics — 59

3.1. Overview — 59
3.2. Android Device — 60
3.2.1. Informazioni Generali — 60
3.2.2. Modello di Sicurezza — 61
3.2.2.1. Full Disk Encryption — 62
3.2.2.2. Sicurezza delle Applicazioni — 63
3.2.3. Metodi per Bypassare la Sicurezza — 65
3.2.3.1. Cracking del Lock Pattern — 67
3.2.3.2. Cracking del PIN/Password — 68
3.2.4. Acquisizione Logica dei Dati — 72
3.2.5. Acquisizione Fisica dei Dati — 75
3.2.6. Analisi dei Dati Rilevanti — 77
3.2.6.1. Informazioni dell'Android Device — 78
3.2.6.2. Principali Tipi di File Rinvenibili — 84
3.2.6.3. Artefatti — 84
3.2.6.4. Dati Significativi — 85
3.3. iOS Device — 90
3.3.1. Architettura di iOS — 90
3.3.2. Filesystem di iOS — 90
3.3.3. Piattaforma iOS e Sicurezza Hardware — 92
3.3.4. Identificazione dei Dati — 93
3.3.5. Metodi di Acquisizione dei Dati — 97
3.3.5.1. Processo di Boot di iOS e Modi Operativi — 98
3.3.5.2. Unique Device Identifier — 98
3.3.5.3. Lockdown Certificate — 99
3.3.5.4. Acquisizione di un iOS Device — 100
3.3.6. Analisi dei Dati Rilevanti — 102
3.3.6.1. File System di iOS — 103
3.3.6.2. Dati Significativi — 106
3.3.6.3. Struttura del File System — 107
3.3.6.4. Principali Tipi di File Rinvenibili — 116

4. MOBILE CLOUD COMPUTING FORENSICS — 117
4.1. INTRODUZIONE AL MOBILE CLOUD COMPUTING — 117
4.1.1. APPLICAZIONI DEL MOBILE CLOUD COMPUTING — 119
4.2. DIGITAL FORENSICS NEL MOBILE CLOUD COMPUTING — 120
4.2.1. REQUISITI LEGALI PER I FORNITORI DI SERVIZI CLOUD — 121
4.2.2. CARATTERISTICHE DELLA CLOUD COMPUTING FORENSICS — 124
4.2.3. FONTI DELLE PROVE — 125
4.2.4. PECULIARITÀ DELLA CLOUD COMPUTING FORENSICS — 126
4.2.4.1. IDENTIFICAZIONE — 126
4.2.4.2. RACCOLTA ED ACQUISIZIONE — 127
4.2.4.3. CONSERVAZIONE — 128
4.2.4.4. ANALISI ED INTERPRETAZIONE — 128
4.2.4.5. REPORTING E PRESENTAZIONE — 129
4.3. INVESTIGAZIONI DIGITALI NEL CLOUD STORAGE — 130
4.3.1. METODOLOGIE FORENSI NEL CLOUD STORAGE — 130
4.3.2. ACQUISIZIONE API-BASED — 134
4.4. NUOVE SFIDE DELLA CLOUD COMPUTING FORENSICS — 138

5. CASI DI STUDIO — 141
5.1. PRESENTAZIONE DELLO STUDIO — 141
5.1.1. TARGET ANALIZZATI — 141
5.1.2. SOFTWARE UTILIZZATI — 142
5.2. ATTUAZIONE DEI TEST — 143
5.2.1. ACQUISIZIONE E ANALISI DEI DATI DA ANDROID DEVICE — 143
5.2.2. ACQUISIZIONE E ANALISI DEI DATI DA iOS DEVICE — 150
5.2.3. ACQUISIZIONE E ANALISI DEI DATI DA GOOGLE DRIVE — 156
5.3. RISULTATI OTTENUTI — 159

CONSIDERAZIONI FINALI — 161

BIBLIOGRAFIA — 165

Elenco delle Figure

Num.	Didascalia	Cap.	Pag.
1	Rappresentazione delle relazioni tra le ISO inerenti la Digital Investigation	1	10
2	Criterio decisionale per valutare l'opportunità di raccogliere o acquisire un'evidenza digitale	1	19
3	Linee guida per la raccolta di dispositivi digitali spenti	1	19
4	Linee guida per la raccolta e acquisizione di dispositivi digitali accesi	1	20
5	Linee guida per l'acquisizione di dispositivi digitali spenti	1	21
6	Materiale per la conservazione finalizzata all'integrità dei dati contenuti all'interno di supporti informatici tipo cellulari e smartphone e hard disk magnetici	1	21
7	Esempio di catena di custodia per un reperto informatico	1	22
8	Trend di diffusione mondiale di apparati mobili	2	29
9	La timeline generazionale dei cellulari	2	32
10	Le tre configurazioni di memoria interna	2	36
11	Formati delle UICC	2	38
12	SIM File System (GSM)	2	38
13	Fasi della Mobile Device Forensics	2	43
14	Sistema di classificazione degli strumenti di acquisizione	2	56
15	Smartphone OS Market Share, 2015 Q2	3	59
16	Architettura del S.O. Android	3	60
17	Modello di sicurezza di Android	3	61
18	Sandbox dell'applicazione in Android	3	64
19	File gesture.key	3	67
20	Directory contenente i DB di Android	3	74
21	Risultato del comando Pull Directory	3	74
22	File Android Full Backup	3	75
23	Montaggio delle partizioni di Android	3	76
24	Immagine fisica di Android	3	77
25	File system completo di Android	3	79
26	La partizione cache in un Android device,	3	81
27	La partizione dbdata in un Android device	3	81
28	La partizione userdata in un Android device	3	82
29	I layers di iOS	3	90
30	La struttura di un volume HFS+	3	91
31	Architettura di sicurezza di iOS	3	92
32	Schema per decifrare un file in iOS	3	93
33	Partizioni di Sistema di iOS 9.0	3	94
34	Default password of users root and mobile	3	94
35	iTunes backup	3	101

Num.	Didascalia	Cap.	Pag.
36	Il containers dell'iOS sandbox	3	103
37	La cartella Caches di com.google.chrome.ios	3	111
38	Il Cache.db summary information	3	112
39	La cartella fsCachedData in Instagram	3	113
40	Il Gmail Databases.db	3	113
41	Infrastruttura di Mobile Cloud Computing	4	117
42	Modello grafico di cloud computing definito dal NIST	4	118
43	Evidenze nel Cloud	4	120
44	Modelli di Cloud service e detentore dei diritti	4	132
45	Cloud drive service: diagramma architetturale	4	135
46	Kumodd diagramma architetturale	4	138
47	Android: Operazioni di rooting	5	144
48	Elenco di tutte le partizioni del device Android	5	144
49	Corrispondenza tra partizioni e indirizzi logici	5	145
50	Schemate di configurazione di Autopsy	5	146
51	Autopsy: Schemata di navigazione	5	146
52	Schemata di navigazione partizione di Autopsy	5	147
53	Schemata di navigazione directory di Autopsy	5	147
54	Schemata di estrazione file di Autopsy	5	148
55	SQLite browser: Interrogazione database	5	148
56	SQLite browser: Interrogazione tabella	5	148
57	Autopsy: risultato del file carving	5	149
58	Generazione di una timeline	5	149
59	Funzione di iTunes backup	5	150
60	Oxygen start screen shot	5	151
61	Oxygen richiesta del lockdown certificate	5	151
62	Acquisizione logica: elenco evidenze rinvenibili	5	152
63	Differenza tra l'acquisizione logica e quella fisica	5	152
64	Oxygen cracking password di backup	5	153
65	iPhone Backup Analyzer: set di funzionalità	5	154
66	SQLite database browser: Interrogazione file Manifest.plist	5	155
67	SQLite database browser: Interrogazione tabella call_history.db	5	155
68	Google drive: autenticazione e autorizzazione	5	156
69	Risposta del metodo list	5	157
70	Risposta del metodo list	5	158
71	WhatsApp Viewer	5	159

Elenco delle Tabelle

Num.	Didascalia	Cap.	Pag.
1	Comparazione caratteristiche hardware device	2	33
2	Comparazione caratteristiche software device	2	35
3	Mappatura tra i dati e gli obiettivi dell'indagini	2	42
4	Elenco delle potenziali evidenze	2	52
5	Le sottodirectory delle App di Android app	3	73
6	Android Operating Systems	3	79
7	Partizioni presenti in un Android Mobile Device	3	80
8	Partizioni Android: userdata, dbdata, sdcard, and emmc	3	82
9	Dati di Android con il percorso del Database	3	85
10	Le cartelle comuni delle App	3	88
11	I dati comunemente acquisiti da IOS	3	107
12	La struttura dei file e delle cartelle di un app	3	108
13	I percorsi dei file significativi in iOS	3	115
14	Applicazione del mobile cloud computing	4	119
15	Aspetti critici e deboli del cloud nella digital forensics	4	124
16	Artefatti nei cloud storage services	4	130
17	Contenuto di un iTunes backup	5	153
18	Google Drive: Metodi	5	157

Introduzione

0.1. Obiettivo e Scopo

Al giorno d'oggi l'agire quotidiano di ogni individuo è scandito da una serie continua di interazioni, volontarie ed automatiche, con una miriade di tecnologie che costruiscono intorno alla persona un vero e proprio ecosistema informatico.
Lo sviluppo delle tecnologie informatiche e telematiche ha originato fenomeni quali i social network, l'e-commerce, l'e-government, l'home-banking, il trading online e tante altre attività che rappresentano il mutamento della società e dei rapporti sociali. In sintesi, la maggior parte delle attività sociali, lavorative e di svago passano attraverso le reti telematiche ed i sistemi informatici.
In tale ambito, qualora si renda necessario indagare sull'attuazione di un crimine - non necessariamente connesso all'utilizzo delle tecnologie informatiche e telematiche - l'intervento delle scienze forensi digitali o *digital forensics* si rivela di fondamentale importanza. Tali discipline si occupano di raccogliere qualunque traccia digitale, sotto forma di elemento informatico, che possa essere in qualche modo legata ad un determinato evento e possa diventare elemento di prova, nel pieno rispetto della sua natura e senza che le sue caratteristiche vengano alterate in nessun modo; così facendo si garantisce il valore probatorio dell'informazione raccolta e la sua eventuale ammissibilità in giudizio.
Come ogni altra scienza forense, la digital forensics riguarda l'uso di sofisticati strumenti tecnologici e procedure che devono essere seguite per garantire la conservazione della prova informatica e l'esattezza dei risultati riguardanti la sua elaborazione [1].
A livello generale si tratta di individuare le migliori modalità di acquisizione delle prove, senza alterare o modificare il sistema informatico su cui si trovano, e garantire che le copie, trasferite su un altro supporto, siano identiche a quelle originarie [2].
L'informatica forense, diversamente dalla sicurezza informatica che si occupa prevalentemente della protezione di un sistema informatico, agisce dopo che si è verificata una violazione o, in generale, che il sistema è stato implicato, in maniera attiva o passiva, nell'attuazione di un reato.
L'obiettivo di un'indagine digitale consiste nell'esaminare e documentare i dati contenuti all'interno dei reperti informatici, allo scopo di consentire la ricostruzione dei fatti accaduti.

Un'analisi dettagliata permette di conoscere l'attività, i gusti, il pensiero dell'utilizzatore al fine di condurre le indagini nella giusta direzione ed acquisire le prove inerenti ad eventi legati alla vita del suo utilizzatore.

La complessità dello scenario in cui agiscono gli operatori forensi dipende dalla diffusione capillare delle apparecchiature e dall'eterogeneità delle loro caratteristiche.

In particolar modo, quando tali dispositivi sono portatili, e lontani dalla classica concezione di sistemi informatici, entrano in scena le metodologie della mobile device forensics, disciplina, che delinea le linee guida per la corretta gestione dei reperti informatici portatili, e della mobile cloud computing forensics, branca delle scienze forensi che estende l'area di ricerca delle evidenze digitali connesse all'uso dei dispositivi mobili sulle piattaforme cloud.

Lo scopo di questa studio è quello di chiarire le modalità di intervento dell'operatore forense, sui dispositivi portatili e nell'ambiente cloud, e fornire una serie di soluzioni in grado di risolvere il maggior numero di criticità che si manifestano in questi contesti. Inoltre, tramite i casi di studio in essa documentati, si vogliono esplorare le possibilità e i limiti di alcune metodologie; sono comparati i risultati acquisiti attraverso alcuni tool forensi, in grado di attuare estrazioni logiche e fisiche dei dati, e quelli ottenuti grazie a pratiche non forensi.

0.2. CONTRIBUTI

Analizzando gli articoli ed i libri scritti sul tema è possibile notare che, nonostante gli esperti siano unanimemente fiduciosi circa la possibilità teorica di realizzare guide o best practice per l'acquisizione e l'analisi delle evidenze digitali dai dispositivi mobile e dall'ambiente cloud, la realtà lavorativa presenta nuove problematiche e nuovi scenari operativi ad ogni indagine digitale. Per questo motivo, attingendo dalla letteratura scientifica e dalla prassi consolidata, nella prima parte del lavoro (Cap. 1 e 2) sono esaminati ed approfonditi gli aspetti metodologici ed applicativi dell'informatica forense, compresi alcuni riferimenti giuridici; mentre nella seconda e terza parte (Cap. 3, 4 e 5) si fa riferimento a casi concreti con l'intendimento di mettere in risalto i nodi e le metodologie, in particolar modo quelle connesse al cloud computing, utili a sciogliere i problemi più ricorrenti.

0.3. SCHEMA DEL LAVORO

Lo schema di questo lavoro ricalca fedelmente le fasi del suo sviluppo di studio.

Il primo capitolo introduce al ruolo delle scienze forensi digitali, discipline che hanno lo scopo di raccogliere e gestire propriamente i dati digitali. Inizialmente è descritta la definizione di Digital Evidence. A seguire, è esposto il concetto di Digital Investigation, di cui sono illustrati, in maniera sintetica, gli standard ISO IEC 27037:2012 e ISO IEC 27042:2015, ovvero le linee guida che regolamentano le procedure operative.

Successivamente sono definiti gli ambiti e l'evoluzione della Digital Forensics, le principali criticità legate al rinvenimento delle evidenze digitali, relativamente alle fasi di conservazione del reperto, di acquisizione dei dati e della loro conseguente analisi. Infine, è inserita una panoramica giuridica in tema di Digital Forensics.

Nel secondo capitolo sono evidenziate le principali peculiarità della Mobile Device Forensics. Dopo una breve introduzione alla Mobile Technology, sono illustrate le modalità e le problematiche a cui deve far fronte l'operatore forense. Si inizia dalla fase di *Preservation*, che riguarda gli aspetti di protezione, isolamento e conservazione delle evidenze di tipo mobile; successivamente è analizzata la fase di *Acquisition*, con particolare riferimento alle eventuali fonti di prova; infine è approfondita la fase di *Examination and Analysis*, in cui vengono indicate le probabili evidenze digitali rinvenibili nei dispositivi mobili, negli apparati o nei luoghi ad essi afferenti e dagli operatori telefonici. In chiusura di capitolo è inserita una brevissima rassegna degli strumenti per la Mobile Device Forensics.

Nel terzo capitolo sono presentate le principali caratteristiche dei sistemi operativi utilizzati negli Smartphone di ultima generazione (Android di Google e iOS di Apple) ed, in particolar modo, le tecniche per acquisire ed analizzare le informazioni di probabile interesse investigativo memorizzate al loro interno. L'analisi forense dei mobile phone device, così come avviene per quella relativa ai computer, è strettamente legata al sistema operativo utilizzato sul dispositivo. Ciò è dovuto alle caratteristiche del file system adottato e al modo con cui vengono gestite e protette le informazioni presenti in memoria.

Nel quarto capitolo è introdotta la Mobile Cloud Computing Forensics allo scopo di estendere l'area di ricerca delle evidenze digitali e superare alcuni limiti individuati nella Mobile Device forensics. Il mobile cloud computing introduce una nuova architettura che sgrava gli smartphone del problema del fabbisogno di risorse. La popolarità del mobile cloud computing è un'opportunità anche per le attività illecite. Di conseguenza, essendo un ambito che pone nuove sfide, vengono esaminati alcuni strumenti e metodologie d'indagine digitale utilizzabili sulle piattaforme di mobile cloud, anche al fine di risolvere alcune criticità rimaste aperte nella Mobile Device Forensics.

Nel quinto capitolo sono illustrati i casi di studio realizzati – in cui vengono descritti gli elementi, le fasi e le problematiche riscontrate - al fine di evidenziare le opportunità ed i limiti delle metodologie di acquisizione e di analisi, descritte nei capitoli precedenti, e di mettere a confronto i risultati ottenuti utilizzando vari strumenti software.

Infine, nel capitolo delle conclusioni, sono riassunti gli obiettivi e gli argomenti trattati in questo documento e le questioni tecniche e giuridiche che rimangono ancora aperte, una fra tutte riguarda il recente dibattito tra il diritto alla privacy e le esigenze di giustizia, sulle quali dovranno essere effettuati ulteriori approfondimenti ed individuate opportune soluzioni tecnico-giuridiche.

1
BACKGROUND

Questo capitolo introduce al ruolo delle scienze forensi digitali, discipline che hanno lo scopo di raccogliere e gestire propriamente i dati digitali.

Inizialmente è descritta la definizione di Digital Evidence. A seguire è esposto il concetto di Digital Investigation, di cui sono illustrati, in maniera sintetica, gli standard ISO IEC 27037:2012 e ISO IEC 27042:2015: le linee guida che regolamentano le procedure operative. Successivamente sono definiti gli ambiti e l'evoluzione della Digital Forensics, le principali criticità legate al rinvenimento delle evidenze digitali, relativamente alle fasi di conservazione del reperto, di acquisizione dei dati e della loro conseguente analisi. Infine è inserita una panoramica giuridica in tema di Digital Forensics.

1.1. DIGITAL EVIDENCE

È notorio che la maggior parte delle azioni quotidiane entrano, direttamente o indirettamente, in relazione con una serie di apparati elettronici e che questi, spesso, sono in grado di tracciare (memorizzare dati e informazioni) gli eventi che li hanno attivati. Tra queste sono ricomprese anche quelle che hanno una ricaduta illecita o illegale e, di conseguenza, richiamano l'interesse investigativo.

Pertanto, la traccia o prova digitale (c.d. *digital evidence*) "entra in gioco ormai nella quasi totalità dei procedimenti giudiziari o stragiudiziali in ragione del fatto che un sistema informatico-telematico è un contenitore di dati e informazioni digitali e dunque di potenziali prove in formato digitale" [5].

Giusto per fare qualche esempio: in tutti i casi di omicidio o di persone scomparse si ricorre all'interrogazione dei tabulati telefonici per geo localizzare i movimenti degli attori coinvolti, oppure in caso di furto o danneggiamento di beni si analizzano le videoriprese delle telecamere a circuito chiuso e così via.

1.1.1. Definizione

Dal 1992, data in cui Collier e Spaul introducono il tema delle modalità di acquisizione della prova digitale come categoria autonoma nella dottrina statunitense [6], la disciplina ha avuto un processo espansivo senza soluzione di continuità e mai come ora si sente la necessità di una definizione chiara del concetto di digital evidence.

Nella letteratura internazionale è possibile recuperare diverse definizioni di prova digitale. Tra le varie meritano di essere citate quella della IOCE[1], secondo cui la *electronic evidence* "è un'informazione generata, memorizzata e trasmessa attraverso un supporto informatico che può avere valore in tribunale", e quella adottata dallo SWGDE[2] per cui costituisce *digital evidence* "qualsiasi informazione, con valore probatorio, che sia o meno memorizzata o trasmessa in un formato digitale"[3].

Negli Stati Uniti, Eoghan Casey, ha definito la prova digitale come "qualsiasi dato digitale che possa stabilire se un crimine è stato commesso o che può fornire un collegamento tra il crimine e chi l'ha commesso" [10]. Nel Regno Unito, Stephen Mason [7] ha inoltre classificato la prova digitale in tre diverse categorie:

- *La prova creata dall'uomo*: è tale ogni dato digitale che figuri come il risultato di un intervento o di un'azione umana. Questo può essere di due tipi: human to human, come ad esempio uno scambio di e-mail, che presuppone un'interazione tra due individui, e human to PC, come ad esempio la redazione di un documento attraverso un software di videoscrittura. Da un punto di vista probatorio è indispensabile dimostrare che il contenuto del documento non sia stato alterato e che le dichiarazioni in esso contenute possano essere considerate rispondenti al vero;
- *La prova creata autonomamente dal computer*: ogni dato che figuri come il risultato di un processo effettuato da un software secondo un preciso algoritmo e senza l'intervento umano (esempi possono essere i tabulati telefonici o i file di log). Da un punto di vista probatorio è, in questo caso, necessario dimostrare che il software che ha generato questo risultato abbia funzionato correttamente e, ovviamente, che la prova non abbia subito alterazioni dopo che sia stata prodotta;
- *La prova creata sia dall'essere umano che dal computer*: ogni dato che risulta essere il frutto di un contributo umano e di un calcolo generato e memorizzato da un

---

[1] IOCE è un'organizzazione internazionale costituita nel 1998 con l'obiettivo di creare un luogo di dibattito, di confronto e di scambio di informazioni tra le forze dell'ordine di tutti gli Stati aderenti. Ulteriore obiettivo è quello di redigere delle linee guida per le procedure di acquisizione della prova digitale in grado di garantire che una prova digitale raccolta in uno Stato sia ammissibile anche nello Stato richiedente.
[2] SWGDE è un'organizzazione internazionale costituita nel 1998, che raccoglie tutte le organizzazioni attivamente coinvolte nel settore della prova digitale e nel settore multimediale al fine di promuovere la cooperazione e di garantire la qualità nel settore della ricerca della prova digitale.
[3] Definizione adottata nel 1999 da SWGDE, all'interno del documento, "Digital Evidence: Standards and Principles", disponibile all URL http://www.fbi.gov/hq/lab/fsc/backissu/april2000/swgde.htm

elaboratore elettronico (un esempio può essere un foglio di calcolo elettronico dove i dati vengono inseriti dall'essere umano, mentre il risultato viene calcolato dal computer). Da un punto di vista probatorio è necessario dimostrare sia la genuinità dei contenuti immessi dall'essere umano, sia il corretto funzionamento dell'elaboratore elettronico.

1.1.2. CLASSIFICAZIONE

Le fonti d'informazione sono la base delle attività investigative. Se da un lato, nel mondo cosiddetto "analogico", un colpevole può inconsapevolmente lasciare impronte sugli oggetti o elementi organici contenenti tracce di DNA, anche nel mondo digitale le attività svolte dal criminale possono lasciare una traccia sui sistemi coinvolti. [11]

Raccogliere ed analizzare tali informazioni è parte fondamentale delle attività di Digital Investigation e Digital Forensics. Tali informazioni, infatti, potrebbero costituire una "fonte di prova", ossia permettere (o fornire elementi utili a consentire) la ricostruzione della dinamica attraverso cui è stato perpetrato l'illecito.

Per questo motivo, è opportuno eseguire una prima distinzione tra evidenze digitali ed evidenze non digitali, poiché entrambe possono costituire elementi fondamentali per l'esecuzione di un'attività di digital investigation.

Le evidenze digitali sono quelle fonti di prova memorizzate in strumenti o supporti informatici come le postazioni di lavoro degli utenti, i server aziendali o altri sistemi c.d. informatici. Questo tipo di evidenze è caratterizzato da una "mancanza di fisicità" che porta ad una maggiore facilità di modifica accidentale durante la fase di acquisizione delle stesse. Si consideri ad esempio l'atto di aprire un documento di testo che potrebbe essere utile alle indagini. Tale apertura può essere sufficiente per modificarne alcune caratteristiche.

Quindi, affinché il dato sia mantenuto intatto, è necessario agire con la massima attenzione e attraverso l'ausilio di appositi strumenti.

Le evidenze non digitali sono tutte quelle fonti di prova che non sono memorizzate in dispositivi informatici.

Le evidenze digitali possono assumere fondamentalmente due ruoli:
- Il "corpo di reato", quale ad esempio le informazioni confidenziali trafugate (o copiate illegalmente), o del materiale illegale;
- Informazioni che consentono la tracciatura delle attività compiute sui sistemi (anche per definire un alibi c.d. informatico).

Un altro aspetto è rappresentato dalle "posizioni" in cui le evidenze digitali sono reperibili. Infatti la ricerca dovrà estendersi a:

- Documenti e log[4] dei sistemi coinvolti;
- Log degli elementi infrastrutturali della rete.

Per quanto concerne i log files, questi forniscono solitamente informazioni circostanziali o aggiuntive che consentono la tracciatura degli eventi. Raramente i soggetti coinvolti hanno accesso ad essi, a meno di illeciti compiuti da attori con elevate competenze tecniche. Ad esempio, le informazioni di logging del sistema operativo e delle applicazioni, pur essendo in molti casi memorizzate sulla postazione di lavoro, non sono accessibili da soggetti diversi dagli amministratori della macchina, o che, pur essendolo, non ne conoscono la localizzazione.

1.2. DIGITAL INVESTIGATION

1.2.1. DEFINIZIONE

Nel linguaggio comune la *digital investigation* è "un processo investigativo mediante il quale si utilizzano tecniche informatiche per raccogliere indizi o fonti di prova di varia natura, oppure quando l'informatica assume un ruolo di mero strumento facilitatore dell'investigatore stesso" [12]. Ci si può avvalere delle investigazioni digitali per fini di giustizia, ma anche per scopi di natura diversa.

L'ambito principale in cui questa materia ha avuto il maggior sviluppo tecnico e metodologico è sicuramente *l'incident response*. Ovvero quel settore della sicurezza informatica che si occupa di codificare e modellare metodi ed azioni di contrasto agli incidenti informatici. Tali strumenti possono essere utilizzati per cercare le cause che hanno determinato il problema (*digital investigation*) e le possibili contromisure in grado di rimuoverle e/o di minimizzarne i danni.

1.2.2. STANDARD DI RIFERIMENTO

Negli ultimi decenni sono nate diverse associazioni e gruppi di studio allo scopo di sviluppare un modello di riferimento sul tema. Tra le varie linee guida proposte, la serie 27000 sviluppata dall'ISO/IEC[5] è divenuta lo standard *de facto*.

Nata con l'obiettivo di fornire delle linee guida internazionalmente riconosciute ed applicabili nell'ambito della gestione della sicurezza informatica, dei rischi associati e dei controlli da

---

[4] I cd. Log files o file di log (o, ancora più sinteticamente, Log) sono informazioni prodotte dall'utilizzo delle infrastrutture ICT e costituiscono le cd. "tracce informatiche" che rappresentano un eccellente fonte di informazione per la gestione dei sistemi ICT oltre che fonte di prova ai fini investigativi.

[5] ISO Organizzazione Internazionale per la Standardizzazione e IEC Commissione Elettrotecnica Internazionale, costituiscono un sistema specializzato per la standardizzazione mondiale. Nell'ambito dell'Information Technology ISO e IEC hanno formato un comitato tecnico congiunto, denominato ISO/IEC Joint Technical Committee 1.

intraprendere nell'ambito di un sistema di gestione della sicurezza informatica o ISMS[6]; tale serie è applicabile ad un ampio spettro di problematiche collegate al mondo della sicurezza informatica. Essa non si occupa soltanto di privacy, rischi o problemi di natura tecnica, ma è stata pensata per poter essere adottata da organizzazioni di qualsiasi tipo e dimensione, che abbiano la necessità di gestire le problematiche più comuni associate all'adozione di sistemi informatici per lo svolgimento del lavoro dei propri dipendenti.

Tutte le organizzazioni e le aziende sono incoraggiate ad usufruire di tali standard per poter valutare, in particolar modo, i rischi e poter prendere adeguate contromisure per la mitigazione degli stessi.

In particolare sono stati predisposti documenti, che riguardano la gestione degli incidenti informatici, e linee guida per la gestione delle evidenze digitali:

- ISO/IEC 27035:2011 *"Information security incident management"* (pubblicata il 01.09.2011) fornisce indicazioni sulla gestione degli incidenti informatici per le organizzazioni di medie o grandi dimensioni;
- ISO/IEC 27037:2012 *"Guidelines for identification, collection, acquisition and preservation of digital evidence"* (pubblicata il 15.10.2012) fornisce linee guida per le specifiche attività di gestione delle prove digitali: identificazione, raccolta, acquisizione e conservazioni di quelle evidenze che possono avere valore probatorio;
- ISO/IEC 27041:2015 *"Guidance on assuring suitability and adequacy of incident investigative method"* (pubblicata il 15.06.2015) fornisce linee guida per garantire l'idoneità e l'adeguatezza dei metodi investigativi;
- ISO/IEC 27042:2015 *"Guidelines for the analysis and interpretation of digital evidence"* (pubblicata il 15.06.2015) fornisce indicazioni sull'analisi e l'interpretazione delle prove digitali in modo da affrontare e risolvere i problemi di continuità, validità, riproducibilità e ripetibilità;
- ISO/IEC 27043:2015 *"Incident investigation principles and processes"* (pubblicata il 15.06.2015) fornisce linee guida sulla base di modelli idealizzati per i processi di indagine sugli incidenti comuni attraverso vari scenari che riguardano gli eventi che coinvolgono prove digitali.

---

[6] ISMS - Information Security Management System, consiste in un insieme di politiche di gestione della sicurezza informatica e dei rischi associati al mondo IT.

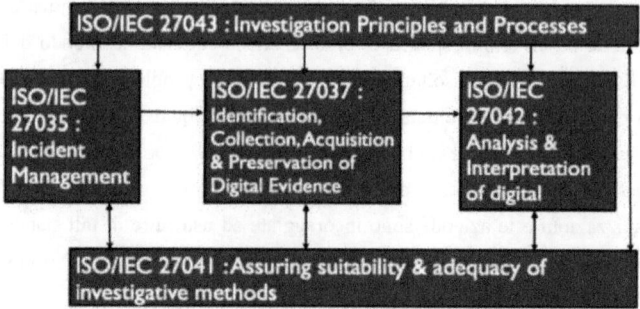

Fig. 1 - Rappresentazione delle relazioni tra le ISO inerenti la Digital Investigation, Fonte: [www.iso.org]

Nell'ambito del presente lavoro verranno illustrati gli standard ISO/IEC 27037:2012 e ISO/IEC 27042:2015 al fine di proporre una metodologia di documentazione degli eventi e del trattamento dei possibili reperti informatici, garantendo contemporaneamente la disponibilità delle fonti di prova, da poter utilizzare in sede processuale (ove necessario).

1.2.2.1. ISO/IEC 27037:2012

L'oggetto di questa ISO riguarda la fase iniziale di un'indagine forense, indubbiamente la più delicata perché, come sarà esposto successivamente, un errore commesso in questo stadio non può essere recuperato e, conseguentemente, compromette ed invalida il resto del lavoro.

Lo standard 27037 dal titolo *"Guidelines for identification, collection, acquisition, and preservation of digital evidence"* fornisce "delle linee guida, che si possono considerare il protocollo operativo di riferimento nel settore dell'informatica forense, relative alla gestione delle potenziali prove digitali, concentrandosi in particolar modo sulle fasi d'identificazione, raccolta, acquisizione e preservazione" [13]. Per ogni fase sono indicate le best practices riconosciute che consentono di utilizzare efficacemente la potenziale prova in sede processuale, tenendo conto delle possibili (e più comuni) situazioni che l'investigatore può trovarsi a dover affrontare, come ad esempio:

- Le attività di base ed aggiuntive relative al repertamento dei sistemi digitali che vengono trovati accesi;
- Le attività di base ed aggiuntive relative all'acquisizione dei sistemi digitali che vengono trovati accesi;
- Le attività di base ed aggiuntive relative al repertamento dei sistemi digitali che vengono trovati spenti;
- Le attività di base ed aggiuntive relative all'acquisizione dei sistemi digitali che vengono trovati spenti;
- Le attività di repertamento o acquisizione dei sistemi collegati in rete.

Vengono, inoltre, definite le tre figure chiave che si occupano, e sono responsabili, degli aspetti di gestione della prova digitale sopra menzionati:

1. Il DEFR o Digital Evidence First Responder è un soggetto autorizzato, formato e qualificato ad agire per primo sulla scena di un incidente, per eseguire attività di repertamento ed acquisizione delle prove, avendone inoltre la responsabilità della corretta gestione;
2. Il DES o Digital Evidence Specialist è un soggetto che ha la capacità di eseguire le stesse attività attuate da un DEFR e, in più, possiede le conoscenze specialistiche che gli consentono di gestire una moltitudine di problematiche tecniche, per esempio è in grado di portare a termine l'attività di acquisizione della rete o della memoria RAM, e ha un'ampia conoscenza dei sistemi operativi e/o dei Mainframe;
3. l'Incident Response Specialist, che normalmente è una figura professionale interna all'azienda, si occupa del primo intervento post incidente informatico. Questa figura coincide spesso, nei contesti aziendali, con l'amministratore dei sistemi informativi. Il suo principale obiettivo consiste nel mantenere operativo il sistema informativo, per cui, spesso, dopo il verificarsi di un incidente informatico, la sua attività va contro quelle di un DEFR o DES, poiché il ripristino dell'operatività dei sistemi può portare facilmente alla perdita di potenziali prove.

Il testo prescrive che i forenser "gestiscano le potenziali evidenze digitali con metodologie che siano appropriate su scala mondiale, con l'obiettivo di facilitare l'investigazione dei dispositivi e delle prove digitali in modo sistematico e imparziale, garantendone l'integrità e l'autenticità. Lo standard vuole offrire anche indicazioni ai soggetti che hanno la necessità di determinare l'affidabilità delle evidenze digitali. È, inoltre, applicabile alle organizzazioni che hanno la necessità di proteggere, analizzare e presentare le potenziali prove digitali".

"L'applicazione dello standard richiede conformità alle leggi, alle regole e ai regolamenti nazionali, non dovrà sostituire gli specifici requisiti legali di una giurisdizione, mentre può servire come una linea guida di tipo tecnico-pratico per ogni DEFR o DES durante le investigazioni che riguardano le potenziali prove digitali" [14].

Lo standard 27037 definisce delle linee guida per alcune fasi del processo di gestione della prova digitale, ad esclusione delle fasi di analisi, di redazione del report e di presentazione[7] e, inoltre, presuppone che i dati da cui estrapolare le prove si trovino già in formato digitale.

Le quattro fasi di cui si occupa sono:

1. *Identificazione*: La prova informatica può presentarsi in due diverse forme: fisica e logica. Il processo d'identificazione della prova, che riguarda la ricerca, il riconoscimento e la documentazione della potenziale prova, deve quindi permettere di

---

[7] cfr. ISO/IEC 27042:2015 "Guidelines for the analysis and interpretation of digital evidence"

identificare correttamente sia i dispositivi di elaborazione, che di memorizzazione, ed i possibili dati volatili presenti al loro interno in modo da poter prioritizzare efficacemente le fasi successive a seconda dei rischi associati al tipo di dato e/o supporto. Una volta completata questa fase, il DEFR/DES deve decidere se procedere con l'operazione di repertamento o con quella di acquisizione;

2. *Repertamento*: Questa fase consiste nella rimozione dei dispositivi, precedentemente identificati nella loro locazione originaria, al fine di trasferirli in laboratorio (o in un ambiente controllato equivalente) per effettuare le operazioni di acquisizione ed analisi. In questa fase occorre quindi porre particolare attenzione allo stato del dispositivo (acceso/spento) e, a secondo del caso, è necessario utilizzare differenti approcci e/o strumenti. La persona incaricata a svolgere la fase di repertamento deve scegliere il miglior metodo possibile basandosi sulla situazione, sul costo e sul tempo a disposizione. Inoltre, deve accuratamente documentare tutto l'approccio, inclusa la preparazione dei dispositivi al trasporto, e utilizzare appropriati strumenti d'imballaggio. Poi, nel caso in cui si scelga di non repertare tutti i dispositivi identificati, la scelta deve essere opportunamente documentata e giustificata in conformità alle normative locali;

3. *Acquisizione*: Questa fase riguarda la produzione di una copia forense del dispositivo che potrebbe contenere prove digitali e la stesura della documentazione riguardante i metodi utilizzati e le attività effettuate a tale scopo. La documentazione prodotta dovrà consentire di rendere riproducibile e verificabile tutto il processo. Inoltre, la bontà del metodo di acquisizione (identità tra fonte originale e copia) dovrebbe essere verificabile tramite l'utilizzo di una funzione di verifica attendibile (es. una funzione di hash[8]) in modo tale che l'output della funzione applicata all'originale ed alla copia sia identico. Potrebbe succedere che l'acquisizione porti ad inevitabili modifiche dei dati digitali, nel qual caso le attività svolte vanno accuratamente documentate per poter risalire alle responsabilità delle modifiche. Possono inoltre verificarsi casi in cui non è possibile effettuare la verifica del metodo di acquisizione (es. settori danneggiati, sistema in esecuzione): in situazioni di questo tipo bisogna cercare di eseguire la verifica della maggior parte dei dati (utilizzando il miglior metodo disponibile e giustificandolo) o, se non fosse proprio possibile procedere in altro modo, documentare e giustificare l'assenza della verifica. Infine, se non fosse possibile procedere con la copia forense, occorre procedere con un'acquisizione logica del sistema (a livello di file o partizione), tenendo presente che alcuni dati (ad

---

[8] Hash: funzione non invertibile che mappa una stringa di lunghezza arbitraria in una stringa di lunghezza predefinita. Esempi di funzioni hash sono MD5 e SHA-1. Queste funzioni possono essere utilizzate per verificare l identità tra originale e copia, poiché l output della funzione applicata ad entrambi sarà identico.

esempio lo slack space[9], i file cancellati) potrebbero non essere copiati;
4. *Conservazione*: Le potenziali prove digitali vanno conservate correttamente per garantire la loro utilizzabilità in fase di investigazione. Questa fase è quindi trasversale a tutte le altre ed inizia già a partire dalla fase di repertamento o acquisizione, in modo da garantire che in nessun momento la potenziale prova digitale possa venire alterata involontariamente o volontariamente. Il DEFR, quindi, dovrebbe essere in grado di dimostrare che le prove non siano mai state modificate dal momento della loro raccolta o acquisizione, o nel caso in cui vi fossero state modifiche inevitabili, che queste siano state accuratamente documentate. Nella fase di conservazione delle prove bisogna considerare anche la confidenzialità dei dati, che può essere dettata da requisiti di business (es. proprietà industriale) o da requisiti legali (es. legge sulla privacy).

Inoltre, lo standard fornisce, per ognuna delle fasi sopra elencate, delle linee guida relative alle operazioni di base ed alle operazioni addizionali da svolgere per poter garantire la bontà delle prove raccolte e quindi il loro utilizzo in sede processuale.

1.2.2.2. ISO/IEC 27042:2015

L'oggetto di questa ISO riguarda la seconda fase di un'indagine forense, quella più complessa, perché analizza il dato e prova a dargli un significato.

Lo standard 27042 dal titolo *"Guidelines for the analysis and interpretation of digital evidence"* fornisce delle linee guida che consentono di scoprire il potenziale delle prove digitali, concentrandosi in particolar modo sulle fasi di esame ed analisi, interpretazione e presentazione dei risultati.

Il documento illustra i tre sottoprocessi a cui si riferisce e sono descritti di seguito:
1. *Esame ed analisi*: esamina ed analizza le prove acquisite, utilizzando le varie tecniche di identificazione delle prove digitali e, se necessario, spiega come eseguire la ricostruzione delle stesse.
2. *Interpretazione*: si occupa dell'interpretazione dei risultati ottenuti dal processo di esame e di analisi delle prove digitali. Per illustrare i risultati ottenuti, il processo d'interpretazione utilizza metodi e tecniche scientificamente provate. Successivamente, durante la fase di reporting, i risultati del processo di interpretazione delle prove digitali, sono presentati sotto forma di un rapporto scritto nel modo più semplice possibile, chiaro, conciso e inequivocabile.
3. *Presentazione*: durante il processo di presentazione, il documento redatto nel processo

---

[9] Slack space: porzioni di disco il cui spazio non viene allocato dal sistema operativo, che potrebbe contenere informazioni relative a file presenti in precedenza che possono essere recuperati mediante l utilizzo di tool specifici.

di reporting è presentato ai diversi soggetti interessati nelle forme opportune, come le presentazioni multimediali o la relazione peritale. Questa fase è determinante perché, un'errata rappresentazione, rischia di far perdere il potenziale che può derivare dall'utilizzo delle prove digitali in un eventuale dibattimento processuale o di renderle addirittura inammissibili.

Per ogni fase vengono indicate le best practices riconosciute per consentire l'utilizzo efficace della prova digitale in sede processuale.

1.3. DIGITAL FORENSICS

Se la *digital evidence* può essere ritenuta, di fatto, la misura atomica delle indagini nel mondo digitale, la *digital forensics* (informatica forense) può definirsi come "un processo teso alla manipolazione controllata e più in generale al trattamento[10] di dati e/o informazioni digitali e/o sistemi informativi per finalità investigative e di giustizia, adottando procedure tecnico-organizzative tese a fornire adeguate garanzie in termini di integrità, autenticità e disponibilità delle informazioni e dei dati in parola. Tale disciplina, secondo alcuni una scienza chiamata anche informatica forense, non può limitare il proprio raggio d'azione alle sole indagini relative ai c.d. reati informatici[11], in quanto molti illeciti, così come le azioni della vita quotidiana, non hanno ad oggetto le tecnologie dell'informazione e della comunicazione, ma vi entrano in contatto e di conseguenza anche le indagini classiche si intersecano con questa scienza forense". [15]

1.3.1. DEFINIZIONE E OGGETTO

Prima di tutto occorre mettere in evidenza la differenza tra Informatica Forense e Sicurezza Informatica, sebbene queste aree siano strettamente collegate tra loro. "Si può pensare alla Sicurezza Informatica da un lato come elemento di ostacolo e dall'altro come fonte di strumenti e opportunità per l'Informatica Forense." [16] Infatti, il fine della Sicurezza Informatica consiste nella realizzazione di sistemi sicuri, ma se tale livello di sicurezza venisse elevato, allora dal sistema sarebbe più difficile estrarre il contenuto. L'acquisizione dei reperti informatici richiederà, in tal caso, la violazione del sistema oggetto dell'analisi, ed in questo campo la stessa Sicurezza Informatica sarà d'aiuto, in quanto fonte di studi sulle tecniche di hacking e sulla loro applicazione pratica. Inoltre, "le best practice di sicurezza definiscono molti requisiti sui sistemi che, se opportunamente applicati, potranno in un

---

[10] Cfr. la nozione di "trattamento" ex art. 4 del d.lgs. 196/03, solo per motivi di completezza della definizione, in quanto non sempre, nelle attività di informatica forense, si "trattano" dati personali, sensibili o giudiziari.
[11] Sono quell'insieme di reati in cui le tecnologie dell'informazione e della comunicazione rappresentano l'oggetto stesso dell'illecito o il principale mezzo per conseguirlo.

secondo momento rendere disponibili un gran numero di informazioni aggiuntive, utilizzabili per l'analisi forense (si considerino ad esempio i log sugli apparati connessi ai sistemi da analizzare, i controlli di accesso, ecc.)" [16].

La prima definizione completa di cui si ha traccia nella letteratura italiana, ad opera di Maioli, qualifica l'informatica forense come "la disciplina che studia l'insieme delle attività che sono rivolte all'analisi e alla soluzione dei casi legati alla criminalità informatica, comprendendo tra questi i crimini realizzati con l'uso di un computer, diretti a un computer o in cui il computer può comunque rappresentare una fonte di prova. Gli scopi dell'informatica forense sono la conservazione, l'identificazione, l'acquisizione, la documentazione e l'interpretazione dei dati presenti su un computer." [17]

A livello generale si tratta di individuare le modalità migliori per:
- Acquisire le prove senza alterare o modificare il sistema informatico su cui si trovano;
- Garantire che le prove acquisite su altro supporto siano identiche a quelle originarie;
- Analizzare i dati senza alterarli. [18]

In sintesi, si tratta di *dar voce alle prove*. "L'informatica forense comprende le attività di verifica dei supporti di memorizzazione dei dati e delle componenti informatiche, delle immagini, dei file audio e video generati da computer, dei contenuti di archivi e basi dati e delle azioni svolte nelle reti telematiche." [17] Tale definizione potrebbe far pensare che l'informatica forense si applica solo in ambito penale, viceversa è consuetudine impiegare le tecniche di digital forensics anche in ambito civile o nelle investigazioni aziendali.

1.3.2. CLASSIFICAZIONI TIPICHE

Da quando la Digital Forensics è divenuta a pieno titolo una scienza forense, sono iniziate a proliferare nuove classificazioni, alcune legate alle caratteristiche del dispositivo oggetto di analisi, altre alle modalità di acquisizione. Tanti autori hanno preferito classificarla in un determinato numero di domini, la cui composizione è oggetto di modificazione in base allo sviluppo tecnologico. Una delle distinzioni più utilizzata si basa sullo stato di funzionamento dei dispositivi oggetto di analisi:
- *Analisi post-mortem*: è l'analisi effettuata a macchina spenta, eseguita dopo la consumazione di un illecito. Questo tipo di attività è più sovente nelle azioni di polizia giudiziaria, quando, ad esempio, si sequestra un hard disk o un'altra memoria da analizzare, successivamente, in laboratorio (o presso un consulente tecnico). [11]
- *Live Forensics Analisys*: comprende le tecniche di analisi sui sistemi attivi, sviluppate negli ultimi anni; ad esempio nel caso di flagranza di reato per accesso abusivo a sistemi informatici, spesso non vi sono molte tracce sugli hard disk, ma le informazioni possono essere allocate sulla memoria RAM (quella temporanea). Tali

dati si perderebbero spegnendo il dispositivo con le modalità note nel settore[12]; inoltre, spesso, i dispositivi di memoria sono protetti da meccanismi di cifratura ed anche le chiavi sono contenute nella memoria temporanea. [11]

Un'altra di classificazione, che dipende dal target, può essere la seguente:

- *Disk Forensics*: è una specifica attività legata all'estrazione di informazioni dagli hard disk (e più in generale dalle memorie di massa) dei sistemi, previa generazione di immagini forensi, su cui effettuare le relative analisi;
- *Memory Forensics:* si riferisce al recupero dell'informazione contenuta nella memoria RAM di un computer ed è caratterizzata da una forte volatilità (generalmente non sopravvive allo spegnimento). Tale attività si interseca con la Disk Forensics, precedentemente citata, ove si consideri l'analisi dello SWAP Space;
- *Network Forensics*: il termine si riferisce all'analisi dei sistemi di rete al fine di determinare elementi probatori inerenti un determinato caso investigativo;
- *Internet Forensics*: specializza le tecniche e le metodologie proprie delle altre tipologie di forensics al caso di illeciti che coinvolgono Internet (reati commessi su Internet o mediante Internet). Può dirsi, per certi versi, una sottocategoria della Network Forensics;
- *Mobile device forensics*: è una specifica attività della digital forensics connessa all'estrazione delle informazioni dagli apparati portatili quali i telefoni cellulari, gli smartphone, i PDA, etc.;
- *Cloud Forensics:* la branca della Digital Forensics dedita ad indagini ed accertamenti tecnici sul Cloud. Soffre fortemente della mancanza di territorialità ed identificabilità tipici delle "nuvole" di Internet;
- *Analisi dei sistemi embedded*: specializza le tecniche e le metodologie proprie delle altre tipologie di forensics nel caso di apparati di altro genere con contenuto digitale.

Le due classificazioni proposte, che potrebbero arricchirsi per tipologia e per tecnica, sono ortogonali, perché ad ogni specifico campo di applicazione si può associare una determinata scelta vincolata allo stato di funzionamento del sistema.

1.3.3. FASI DEL PROCESSO DI DIGITAL FORENSICS

"Il processo di cristallizzazione della fonte di prova è un'attività mirata a congelare i dati contenuti nel sistema in modo da attribuirgli le caratteristiche di protezione richieste, definite anche dalle Best Practices del settore. Si considerino, ad esempio, le informazioni che sono

---

[12] La modalità più nota è quella della disconnessione "bruta" della corrente elettrica (per la maggior parte dei sistemi), preferibilmente staccando il cavo dal computer e non dalla presa del muro (per evitare che un sistema "tampone" possa consentire al sistema di restare accesso comunque).

memorizzate all'interno dei file di log di un server: tali log vengono sovrascritti con una certa periodicità, pertanto è essenziale estrarre le informazioni che possano configurarsi come fonte di prova prima che queste vengano cancellate o modificate." [11]

Alla luce degli standard ISO sopra menzionati, il processo di digital forensics dovrebbe prevedere l'esecuzione delle seguenti attività:

A. Riconoscimento e identificazione della fonte di prova,

B. Raccolta della fonte di prova,

C. Acquisizione del dato (o del sistema),

D. Conservazione, trasporto e protezione del dato (o del sistema), trasversale rispetto a tutte le successive fasi,

E. Analisi forense,

F. Valutazione dei risultati estratti dall'analisi (sotto il profilo tecnico, giuridico ed investigativo),

G. Presentazione dei risultati (al titolare delle indagini, al Giudice o al committente in caso di attività stragiudiziale).

Nell'ambito dell'analisi forense tali macro-attività rappresentano il ciclo di vita del dato dal momento della sua identificazione fino alla chiusura delle indagini. In particolare, le azioni più delicate di cristallizzazione sono quelle relative alle lettere A, B, C e D (cfr. ISO/IEC 27037:2012). Dalla E alla G, invece, le azioni sono meno delicate, ma più complesse, in quanto si lavora su una copia forense del dato in parola (cfr. ISO/IEC 27042:2015). Comunque, "le attività devono essere sempre affiancate dalla redazione della documentazione sulla catena di custodia e di appositi verbali nei quali vengono riportate dettagliatamente tutte le attività svolte." [11]

A. Riconoscimento e Identificazione della fonte di prova

"L'identificazione è il processo di ricerca, ricognizione e documentazione di potenziali prove in formato digitale, ovvero dei dispositivi di memorizzazione di bit che possono essere rilevanti ai fini dell'indagine, individuando, dove possibile, anche i dati che si possono trovare all'esterno o in spazi virtuali, come ad esempio i sistemi cloud. Non si tratta, comunque, solo di una banale ricerca di dispositivi, ma occorre definire le giuste priorità, tenendo conto del rischio di volatilità dei dati, allo scopo di minimizzare il danneggiamento di potenziali prove digitali e di ottenere il dato più integro e genuino possibile." [22]

B. Raccolta della fonte di prova

Dopo aver identificato i dispositivi digitali d'interesse all'indagine, l'informatico forense deve decidere se procedere seduta stante all'acquisizione dei dati, oppure se effettuare la raccolta dei supporti che verranno copiati in seguito.

"La raccolta è la fase del trattamento di dati digitali in cui i dispositivi in grado di contenere potenziale prove digitali vengono rimossi dalla loro posizione originale per essere trasportate in un laboratorio o, più in generale, in un altro ambiente controllato per l'acquisizione e la successiva analisi. Ogni reperto va etichettato riportando il numero del caso, una descrizione, la data e l'ora di raccolta e il nome del soggetto che lo ha rilevato." [14]

I dispositivi possono essere accesi o spenti. A seconda dello stato e della finalità dell'indagine, nonché dei vincoli giuridici, possono essere applicate metodologie e strumenti diversi.

La raccolta presenta alcuni vantaggi:

- *Semplicità e tranquillità*: la raccolta non richiede particolari conoscenze tecniche, sebbene la rimozione di determinati supporti di memorizzazione (p.e. RAID) richieda una certa competenza; inoltre il rinvio dell'operazione di acquisizione contribuisce ad allentare la tensione nei momenti critici di un'attività di sequestro e si evita di commettere errori;
- *Rapidità*: la raccolta prevede soltanto l'indicazione degli estremi d'identificazione del dispositivo su un verbale di sequestro;
- *Tangibilità*: il sequestro di materiale fisico trasmette maggiore tranquillità agli operatori e all'indagato che potrebbe non avere le conoscenze tecniche e giuridiche adeguate a valutare l'attività di acquisizione del dato informatico;
- *Conservazione di ulteriori prove non digitali*: oltre al dato digitale, un reperto informatico potrebbe essere utilizzato per rilevare altre tipi di prove quali ad esempio impronte digitali o DNA.

In alcune circostanze non è possibile procedere con la raccolta fisica, per esempio:

- *Sistemi informatici che non possono essere spenti*: si tratta di sistemi che erogano servizi critici in modalità 24/7;
- *Sistemi informatici che erogano servizi anche a terzi*: si tratta di sistemi che tipicamente risiedono in data center e forniscono risorse, sia computazionali, che di spazio di memorizzazione, ad altri utenti estranei al sequestro;
- *Sistemi virtuali*: si tratta di sistemi che simulano una macchina reale la cui consistenza fisica è quella del sistema sul quale è eseguita l'attività.

In ogni caso, "il processo di raccolta non si deve limitare al solo dispositivo che contiene i dati digitali, ma va esteso al materiale che lo riguarda quale, a titolo esemplificativo, i post-it con le password, i quaderni con gli appunti e gli alimentatori. Inoltre, il processo di raccolta va documentato in dettaglio per giustificare la scelta di un metodo al posto di un altro. I supporti informatici vanno imballati con cura, tenendoli lontano da fonti di calore, in modo da non rischiare di corrompere il supporto e di causare la perdita accidentale di dati." [14]

Lo schema seguente, tratto dalla ISO/IEC 27037: 2012, indica il percorso di scelta tra la possibilità di effettuare una raccolta o un'acquisizione.

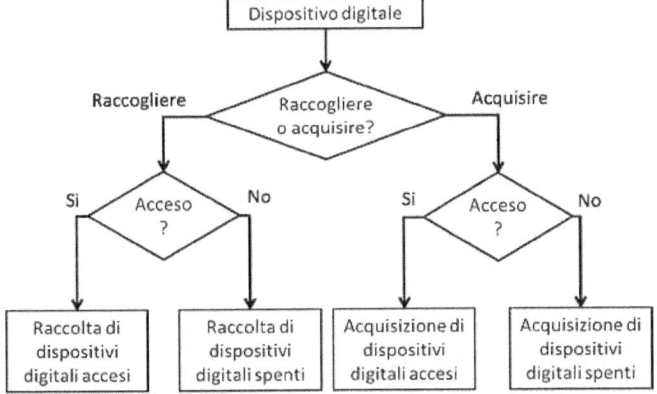

Fig. 2 - Criterio decisionale per valutare l'opportunità di raccogliere o acquisire un'evidenza digitale, Fonte: [14]

Qualora si scegliesse per la raccolta di un dispositivo spento lo schema da seguire è il seguente.

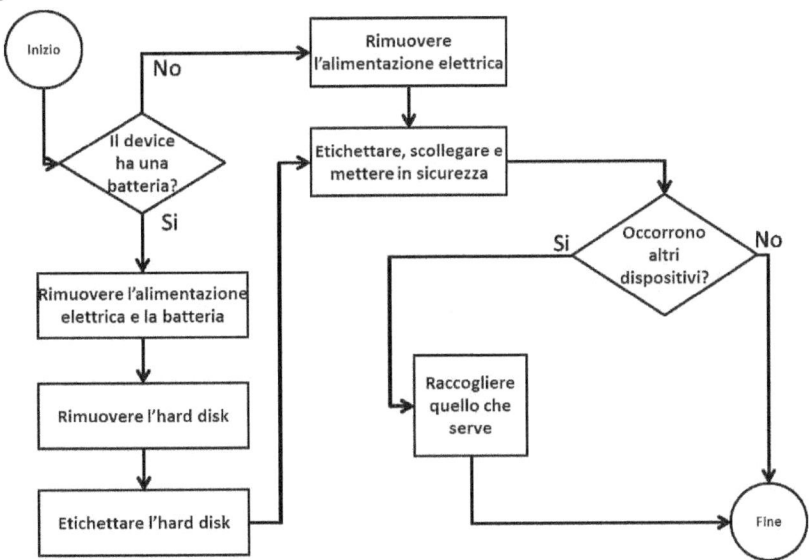

Fig. 3 – Linee guida per la raccolta di dispositivi digitali spenti, Fonte: [14]

Quando si tratta di un dispositivo acceso, lo schema è più complesso in quanto richiede la valutazione di alcuni elementi che, in caso contrario, comporterebbero la perdita definitiva di informazioni dopo lo spegnimento del sistema.

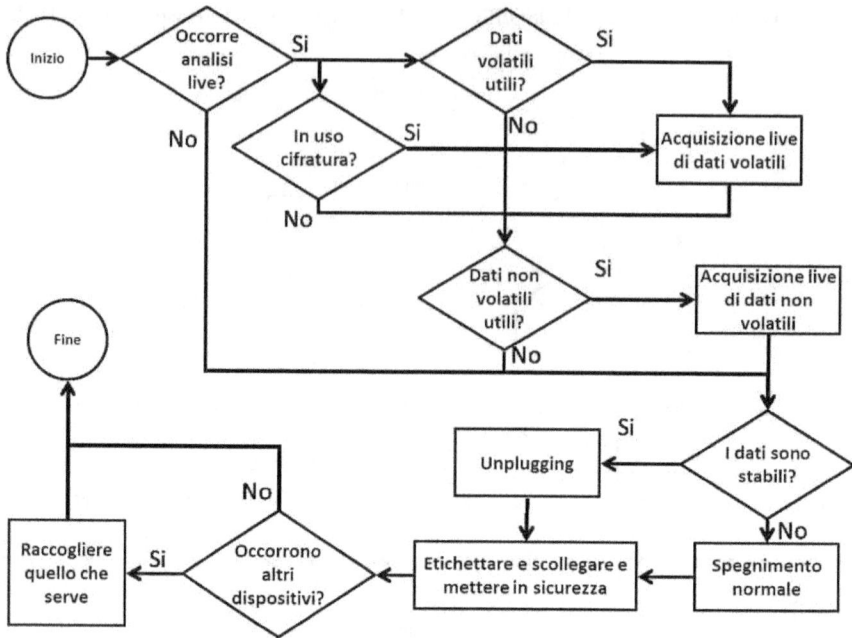

Fig. 4 – Linee guida per la raccolta e acquisizione di dispositivi digitali accesi, Fonte: [14]

C. *Acquisizione del dato (o del sistema)*

"L'acquisizione è il processo di produzione di una copia delle evidenze digitali, detta copia forense (o bit-stream image, o immagine bit a bit), ovvero una copia completa del supporto comprensivo dello spazio non allocati e slack space" [14]. Le modalità e gli strumenti utilizzati dipendono dalla situazione e, comunque, devono essere documentati affinché siano riproducibili e verificabili.

L'acquisizione deve essere il meno invasiva possibile e mirare, possibilmente, a non alterare il supporto sorgente, al fine di creare una sequenza di bit che rappresenti la fonte originaria. L'identicità, tra sorgente e destinazione, può essere attestata attraverso l'uso di algoritmi di hash[13], l'utilizzo della stessa funzione di hashing a due sequenze produce lo stesso risultato (digest) se e solo se le stesse sono identiche.

---

[13] L' hash è una funzione matematica che prende in input una sequenza di bit di qualsiasi lunghezza e produce in output una stringa di bit di dimensione fissa (la cui lunghezza dipende dall'algoritmo prescelto), solitamente espresso in formato più leggibile come stringa di caratteri esadecimali (0123456789ABCDEF). Quando l' output della stringa di hash applicata al reperto originario o a copie forensi è sempre lo stesso si ha la garanzia di integrità dei dati. MD5, SHA-1, RIPEMD-160 sono alcuni degli algoritmi più comuni che possono essere utilizzati per la creazione dell'impronta.

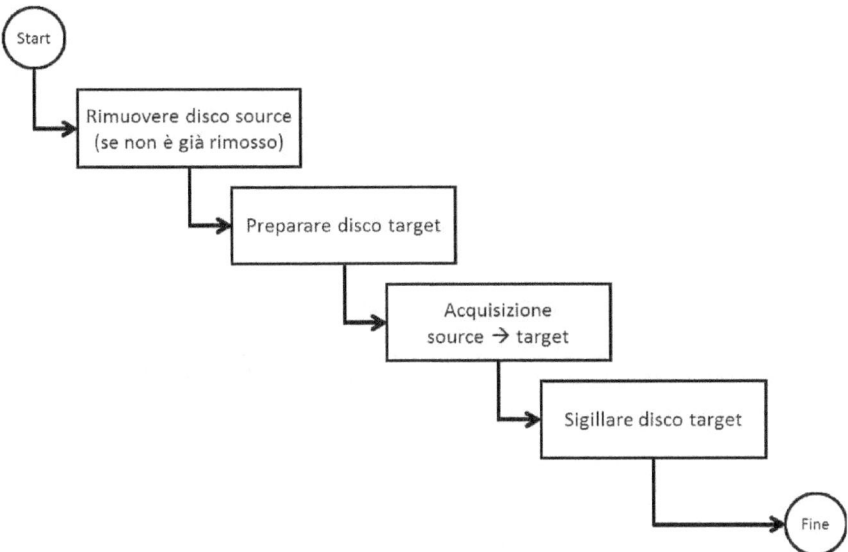

Fig. 5 – Linee guida per l'acquisizione di dispositivi digitali spenti, Fonte: [14]

D. Conservazione, protezione e trasporto del dato (o del sistema)

La fase di conservazione e trasporto richiede l'adozione di determinate precauzioni. "Dopo aver prelevato i reperti bisogna osservare precise modalità di conservazione dei supporti al fine di garantire l'integrità dei dati in essi contenuti, prevenire alterazioni ed evitare danneggiamenti o rotture e, di conseguenza, l'accettabilità e la validità in giudizio dei medesimi." [14]

Per la conservazione, lo standard ISO/IEC 27037: 2012 prescrive le seguenti caratteristiche: il mantenimento di una catena di custodia, l'uso di imballaggi idonei alle caratteristiche del reperto ed il controllo dei luoghi in cui viene preservato; per quanto riguarda il trasporto richiede: la messa in sicurezza delle parti e che tutto sia imballato.

Fig. 6 – Materiale per la conservazione finalizzata all'integrità dei dati contenuti all'interno di supporti informatici tipo cellulari e smartphone (a sinistra) e hard disk magnetici (a destra), Fonte: [14]

La catena di custodia

Durante lo stato di conservazione è basilare la presenza della '*catena di custodia*', ossia un elenco dettagliato di ciò che è stato fatto con i reperti, che consente di risalire alla storia dell'indagine: chi ha preso in carico i supporti, dove e quando, come sono stati trasportati, dove sono conservati, chi vi ha avuto accesso e che cosa ne ha fatto. L'immagine seguente riporta un esempio dei dati indicati nello standard ISO/IEC 27037:2012.

Dettagli reperto informatico e catena di custodia		
Caso:		ID reperto:
Informazioni sulle evidenze		
Dettagli macchina originaria		
Produttore:		
Modello:		
Serial number:		
Part number:		
Note aggiuntive (adesivi, etichette, username, psw...):		
Dettagli reperto		
Produttore:		
Modello:		Dim. (GB):
Serial number:		
Part number:		
HASH:	MD5:	
	SHA1:	
Note aggiuntive:		
Reperto informatico originario presentato da		
Nome e cognome:		
Data e ora:		
Luogo:		
Note aggiuntive:		
Catena di custodia		
Data e ora	In carico a	Descrizione
	Firma / Nome	
	Firma / Nome	
	Firma / Nome	
	Firma / Nome	
	Firma / Nome	

Fig. 7 – Esempio di catena di custodia per un reperto informatico, Fonte: [14]

E. Analisi forense

"L'attività di analisi consiste nel recuperare quei dati che possono risultare utili ai fini di un'indagine forense che, quindi, con tutta probabilità sono nascosti, volontariamente o no, alla vista di un comune utilizzatore: quando un file viene cancellato in realtà viene solo nascosto all'utente in quanto continua a risiedere sul disco." [14]

Altre tecniche impiegate per occultare i dati prevedono la modifica dell'estensione dei files, oppure l'occultamento dei dati all'interno di altri files utilizzando la tecnica della steganografia.[14]

Alcuni esempi di file utili alle indagini:

- *E-mail*: è una delle fonti più importanti perché mantiene molte informazioni (non solo il testo, ma anche la data, il mittente o il destinatario...);
- *File di peer-to-peer*: sono i file condivisi da applicazioni di file-sharing (necessari per risalire al download di copie pirata o alla condivisione di materiale pedopornografico);
- *File temporanei di Internet*: i browser salvano in una cartella temporanea i file scaricati per poi mostrarli effettivamente all'utente; e possibile rinvenire anche tracce della cronologia degli ultimi siti visitati;
- *File temporanei di applicazioni*: alcune applicazioni si avvalgono di file di supporto per mantenere traccia per eventuali backup (ad esempio un word processor salva periodicamente i cambiamenti effettuati sul documento);
- *File di installazione*: durante il processo di installazione vengono copiati diversi file temporanei che permettono di determinare i software installati sulla macchina e in che data;
- *File di stampa*: i processi di stampa sono messi in coda e le informazioni salvate in un file che verrà cancellato quando il processo sarà completato;
- *File parziali*: la copia di file da un dispositivo di memorizzazione di massa ad un altro talvolta potrebbe non andare a buon fine a causa dell'interruzione da parte dell'utente o per spazio insufficiente nel drive di destinazione durante un'operazione di generazione di file; in tal caso sul dispositivo destinazione saranno comunque presenti i dati copiati fino al punto in cui era disponibile spazio, ma saranno trattati come un file cancellato parzialmente sovrascritto.

In fase di indagine può rendersi necessario analizzare eventuali intrusioni nei confronti di un

---

[14] "Il termine steganografia è composto dalle parole greche steganòs (nascosto) e gràfein (scrivere) e indica una tecnica risalente all'antica Grecia che si prefigge di nascondere la comunicazione tra due interlocutori. In informatica, due utenti possono utilizzare la steganografia digitale per inviarsi messaggi nascosti all'interno di file di "copertura" (filigrana elettronica), come immagini o altri file multimediali: ad esempio, nelle immagini a colori e di grandi dimensioni l inserimento di messaggi richiederebbe una percentuale minima di bit rispetto alla totalità del file, non provocando alterazioni evidenti del contenuto dell'immagine."

computer connesso in rete: in tal caso l'analisi si propone di rintracciare gli eventuali accessi, verificando la presenza di possibili backdoor[15], analizzando i file di log, oppure scovando eventuale codice maligno presente nella macchina.

F. Valutazione dei risultati estratti dall'analisi

"Un ulteriore aspetto significativo riguarda la determinazione delle circostanze in cui un reato è stato commesso e le modalità dello stesso; anche se la vittima può essere nota, è essenziale ricostruire i dettagli per far piena luce su ciò che è accaduto." [14]

Il motivo per cui è indispensabile eseguire la fase di valutazione consiste nel fatto che il dato, preso singolarmente, da solo è un'informazione povera di significato. Come è immaginabile, il reperto può subire alterazioni, inquinamenti, contraffazioni e, pertanto, occorre controllare che non si siano verificati tali eventi e chi avrebbe potuto compiere queste azioni.

Dopo aver valutato questi requisiti, possono essere formulati giudizi sull'attendibilità del reperto, nel senso della sua integrità, e verificate eventuali alterazioni, sulla sua autenticità.

G. Presentazione dei risultati

L'ultima fase consiste nel presentare tutte le prove rinvenute e le conclusioni in una relazione che verrà valutata in dibattimento.

"All'interno della relazione tecnica dovrà essere inserita tutta la documentazione acquisita, prodotta o generata durante l'analisi. Questo mezzo è fondamentale per far conoscere le attività tecniche svolte in fase di indagine. Deve contenere argomentazioni scientifiche per verificare tutte le supposizioni. Si devono indicare, in maniera esaustiva, la metodologie usate per analizzare i dati, gli strumenti adoperati, le scoperte fatte, fornendo una spiegazione di cosa è stato fatto, perché, da chi e in quanto tempo ogni operazione è stata eseguita." [14]

1.4. PANORAMA GIURIDICO DELLA DIGITAL FORENSICS

L'essenza della Digital Forensics consiste nell'acquisizione, conservazione e analisi di evidenze informatiche secondo modalità tali da garantire che le stesse possano essere validamente utilizzate in sede processuale. Sono diversi i soggetti interessati all'utilizzo processuale di un'evidenza informatica: si pensi, per esempio, al pubblico ministero che debba provare la colpevolezza di un imputato di un reato in cui l'utilizzo della strumentazione

---

[15] "Le backdoor sono porte di servizio che consentono di superare le procedure di sicurezza attivate in un sistema informatico: possono essere intenzionalmente create dai gestori del sistema informatico per permettere una più agevole opera di manutenzione dell'infrastruttura informatica o da cracker intenzionati a manomettere il sistema. Possono anche essere installate autonomamente da alcuni malware (come virus, worm o trojan) in modo da consentire ad un utente esterno di prendere il controllo remoto della macchina senza l autorizzazione del proprietario."

informatica è mezzo o fine dell'attività criminale, all'imputato che voglia fornire prove a proprio favore o al privato (persona fisica o giuridica) che intenda far valere in giudizio la lesione di un proprio diritto da parte di un terzo, con la conseguente richiesta di un risarcimento del danno in sede civile (per esempio il danneggiamento di un server a seguito di un attacco informatico). [19]

Appare, quindi, opportuno chiarire che le normative riguardanti la formazione e l'utilizzo, nonché l'intrinseco valore probatorio, delle prove sono differenti a seconda del tipo di giudizio nella quale le stesse si inseriscono. La distinzione fondamentale, per enucleare le fonti normative applicabili concernenti le prove, è tra il processo civile e il processo penale.

In via preliminare, è bene chiarire che il processo civile è regolato essenzialmente dalle norme contenute nel Codice di Procedura Civile (c.p.c.), e che il giudice civile è chiamato a decidere sulla domanda proposta da un soggetto privato (persona fisica o giuridica) per la tutela di un proprio diritto soggettivo che assume essere stato leso da un terzo. La possibilità di attivazione della tutela giurisdizionale in sede civilistica è garantita dall'articolo 24 comma 1 della Costituzione della Repubblica Italiana, in base al quale "tutti possono agire in giudizio per la tutela dei propri diritti e interessi legittimi."[16]

Ai fini della proposizione di una domanda il soggetto agente (attore) deve innanzitutto avere un interesse ad agire (l'art. 100 c.p.c. prevede infatti che "per proporre una domanda o per contraddire alla stessa è necessario avervi interesse"[17]) ed essere legittimato all'azione stessa (in base all'art. 81 c.p.c., infatti, "fuori dei casi espressamente previsti dalla legge nessuno può far valere nel processo in nome proprio un diritto altrui").[18] Il buon esito di un'azione in sede civilistica dipende dalla dimostrazione da parte dell'attore dei fatti costitutivi dei diritti vantati e della loro lesione da parte di un terzo, posto che il giudice non ha, di regola e salvo talune eccezioni, poteri investigativi autonomi. Le prove prodotte dalle parti del procedimento, quindi, assumono un'importanza fondamentale in quanto costituiscono gli unici elementi sui quali di regola, e salvo talune eccezioni, il giudice dovrà basarsi per emettere la propria sentenza. In considerazione del ruolo che le prove rivestono all'interno del processo civile, il Codice di Procedura Civile contempla talune norme specifiche che riguardano la loro acquisizione nel processo e la loro valutazione da parte del giudice.

Nel processo penale, regolato dalle disposizioni contenute nel Codice di Procedura Penale (c.p.p.), il giudice ha il compito di valutare se la condotta tenuta da un soggetto integri o meno una fattispecie di reato espressamente prevista dalla legge ai fini dell'applicazione delle sanzioni dalla stessa comminate (trattasi del principio di legalità di cui all'art. 3 c.p.p., per il quale "nessuno può essere assoggettato a sanzioni se non in forza di una legge entrata in

---

[16] Cfr. Art. 24 Costituzione
[17] Cfr. Art. 100 c.p.c.
[18] Cfr. Art. 81 c.p.c.

vigore prima della commissione della violazione").[19] Parti necessarie di un processo penale sono il pubblico ministero, il quale ha l'obbligo di esercitare l'azione penale in base all'art. 112 della Costituzione, e l'imputato, ovvero il soggetto accusato di aver posto in essere una condotta costituente reato.

Le prove utilizzabili dal giudice nel processo penale ai fini della propria decisione devono essere acquisite in contraddittorio tra le parti nella cosiddetta "fase dibattimentale." Tuttavia, prima dell'avvio vero e proprio del processo penale, esiste la cosiddetta fase delle "indagini preliminari", durante la quale "il pubblico ministero e la polizia giudiziaria, ricevuta una notizia di reato, svolgono nell'ambito delle rispettive attribuzioni le indagini per le determinazioni inerenti l'esercizio dell'azione penale" (art. 326 c.p.p.).

Ai sensi dell'art. 327 bis introdotto nel Codice di Procedura Penale dall'art. 7 della legge 7 dicembre 2000, n. 397 "Disposizioni in materia di indagini difensive", durante le indagini preliminari il difensore dell'indagato "ha facoltà di svolgere investigazioni per ricercare e individuare elementi di prova a favore del proprio assistito".[20] Al termine della fase delle indagini preliminari il pubblico ministero potrà richiedere al giudice dell'udienza preliminare il rinvio a giudizio, se gli elementi raccolti risultano sufficienti a sostenere l'accusa nei confronti del soggetto sottoposto alle indagini, o l'archiviazione della notizia di reato e degli atti delle indagini preliminari.

In conclusione, è chiaro il motivo per il quale la disciplina delle prove è sostanzialmente differente nel processo civile e in quello penale: mentre il processo civile svolge una funzione privatistica attraverso la tutela dei diritti dei soggetti che la richiedono, il processo penale ha un rilievo pubblicistico attraverso la repressione delle condotte di reato stabilite dal nostro ordinamento giuridico.

1.4.1. NOZIONE GIURIDICA DI PROVA DIGITALE

Negli ultimi anni la prova[21] scientifica è entrata prepotentemente nelle aule dei tribunali. "Lo scienziato utilizza le proprie conoscenze, i propri studi, le proprie esperienze per produrre enunciati di carattere generale. La giurisdizione opera invece in senso esattamente opposto perché il giudice utilizza le conoscenze e gli enunciati generali per affermare qualcosa su fatti specifici." [29]

Questa constatazione ha implicazioni importantissime perché nessuna legge scientifica, nessun enunciato universale, per quanto sia certo e cogente nelle sue implicazioni, potrà dirci

---

[19] Cfr. Art. 3 c.p.p.
[20] L'attività di indagine del difensore può essere svolta personalmente dallo stesso oppure avvalendosi di sostituti, investigatori privati autorizzati e, quando sono necessarie specifiche competenze, da consulenti tecnici.
[21] La prova in senso giuridico, ed in particolare processuale, e la dimostrazione della sussistenza di fatti determinati e in ambito penale è disciplinata nell'art. 187 c.p.p.

tutto sul caso particolare che si chiede di risolvere in un'aula di giustizia. Infatti, quel caso particolare è appunto un unicum, mentre la legge scientifica parla di una classe di fatti.
"Al momento dell'ammissione, dell'assunzione e della valutazione, si usano strumenti di conoscenza attinti dalla scienza e dalla tecnica, vale a dire principi e metodologie scientifiche, metodiche tecnologiche e apparati tecnici il cui uso richiede competenze esperte." [29]
Il problema sostanziale è la verifica di come il ricorso alle leggi scientifiche, sempre mutevoli in virtù del continuo progresso tecnologico, possa avvenire nel rispetto dei principi del giusto processo e segnatamente del diritto di difesa, dal quale non si può prescindere, rimarcando che la condanna può essere inflitta soltanto se l'imputato è colpevole oltre ogni ragionevole dubbio.[22]
I dati sono fatti elementari, informazioni codificate che hanno bisogno di un'interpretazione per assumere un significato e fornire conoscenza. Il dato informatico è una rappresentazione in un sistema binario di sequenze di bit non immediatamente comprensibili all'uomo per cui necessita di una serie di operazioni attraverso cui si opera una trasformazione che può portare a risultati diversi (mostrato sul monitor in rappresentazione testuale o come un video, ma anche come un'immagine stampata su un foglio di carta).
Per sua natura, il dato digitale è:
- Immateriale, per cui necessita di un supporto idoneo per contenerlo quali ad esempio CD, hard disk, chiavette USB;
- Volatile, in quanto può essere disperso facilmente;
- Deteriorabile, modificabile in modo anonimo e/o involontario;
- Riproducibile in un numero potenzialmente infinito di copie.

"Si può considerare digital evidence ogni dato informatico allocato su un particolare dispositivo, oppure trasmesso da sistemi informatici e telematici, che possa avere una qualche rilevanza processuale." [32]
Ogni dato utilizzato per supportare o confutare una tesi, al fine di definire come ha avuto compimento un'offesa, o per stabilire l'intenzione o l'alibi, è da definirsi prova scientifica in formato digitale. Non trovando una specifica catalogazione nel codice, la prova informatica è qualificabile come prova atipica: ai sensi dell'art. 189 c.p.p., quando è richiesta una prova non disciplinata dalla legge, il giudice può assumerla se essa risulta idonea ad assicurare l'accertamento dei fatti e non pregiudica la libertà morale della persona. Il giudice provvede all'ammissione, sentite le parti sulle modalità di assunzione della prova.[23]

---

[22] La Legge 46/2006 ha modificato l art. 533 c.p.p., comma 1, relativo alla sentenza di condanna ed ha stabilito che il giudice pronuncia tale sentenza quando l imputato "risulta colpevole del reato contestatogli al di là di ogni ragionevole dubbio". La prova d accusa che lascia residuare un ragionevole dubbio è equiparata alla mancata prova.
[23] In materia di prove non vige nel nostro ordinamento il principio di tassatività, sicché, oltre ai mezzi di prova specificamente disciplinati dalla legge (testimonianza, esame delle parti, confronti, ricognizioni…) l ordinamento

Le prove digitali si pongono in una posizione in cui perde consistenza la naturale propensione dell'uomo a rapportarsi al mondo reale con l'uso dei cinque sensi, in particolare il tatto, per cui appare più difficile far assumere rilevanza a questo genere di prove. L'elevato rischio di deteriorabilità rende le prove digitali facilmente alterabili, danneggiabili o distruggibili, talvolta anche dagli stessi investigatori se non sono idoneamente preparati a svolgere un'indagine di informatica forense.

In fase processuale accade spesso che vengano contestate le operazioni di raccolta e conservazione dei dati digitali e queste problematiche sono dovute al fatto di dover lavorare con qualcosa di non tangibile ed invisibile alle persone che non hanno conoscenze specifiche in materia (un esempio può essere una traccia di attività illecita rinvenuta in un file di log).

Infine, è opportuno distinguere la prova – intesa come risultato probatorio che si forma in dibattimento, nel contraddittorio delle parti e sulla quale il giudice fonderà la propria decisione – dall'elemento di prova – ricavabile dalle fonti di prova, raccolto dal Pubblico Ministero durante le indagini preliminari e portato al giudice al fine di richiedere la condanna dell'imputato.

---

ammette anche le c.d. prove atipiche o innominate (che il legislatore non ha a priori e nominativamente previsto), sempre che ricorrano due condizioni:
- che la prova atipica sia idonea ad assicurare l accertamento dei fatti: che, cioè, abbia, almeno in astratto, capacità dimostrativa (tale non sarebbe, ad esempio, alla luce delle attuali conoscenze scientifiche, la prova medianica, consistente nell accertare i fatti di causa a mezzo di una seduta spiritica);
- che la prova atipica non pregiudichi la libertà morale della persona: che non sia, cioè, contraria all art. 188 (ad esempio, pregiudicherebbe la libertà morale della persona l uso di strumenti di tortura nel corso di una testimonianza).

2
MOBILE DEVICE FORENSICS

In questo capitolo sono evidenziate le principali peculiarità della Mobile Device Forensics. Dopo una breve introduzione alla Mobile Technology, sono illustrate le modalità e le problematiche a cui deve far fronte l'operatore forense. Si inizia dalla fase di *Preservation*, che riguarda gli aspetti di protezione, isolamento e conservazione delle evidenze di tipo mobile; successivamente è analizzata la fase di *Acquisition*, con particolare riferimento alle eventuali fonti di prova; infine è approfondita la fase di *Examination and Analysis*, in cui vengono indicate le probabili evidenze digitali rinvenibili nei dispositivi mobili, negli apparati o nei luoghi ad essi afferenti e dagli operatori telefonici. In chiusura di capitolo è inserita una brevissima rassegna degli strumenti per la Mobile Device Forensics.

2.1. INTRODUZIONE

Nel 2014 il numero di dispositivi mobili in uso ha superato la popolazione mondiale ed il trend è in continua ascesa. Uno studio del National Institute of Standards and Technology (NIST) riporta che, dal 2003, il numero di vendite dei device mobili ha superato quello dei PC con un rapporto di 3 ad 1. Secondo un altro studio, elaborato dalla Nielsen, un adulto americano passa mediamente 37 ore connesso ad Internet attraverso un dispositivo mobile, rispetto alle 27 ore tramite il PC.

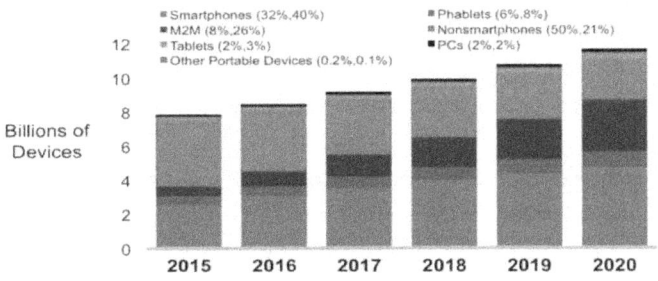

Fig. 8 – Trend di diffusione mondiale di apparati mobili, Fonte: [www.cisco.com]

Questa breve analisi dovrebbe essere sufficiente per capire che le informazioni contenute su un dispositivo mobile sono molto utili, rispetto a qualsiasi altro dato memorizzato su un computer, per comprendere le idee e le azioni di un utente.

In generale, la ricerca delle evidenze digitali richiede la comprensione della tecnologia che le ha prodotte. Questo aspetto, come si vedrà in seguito, è particolarmente rilevante nel caso in cui si debbano esaminare le evidenze estratte dalla memoria di un dispositivo mobile.

Una ricerca condotta tra investigatori e magistrati ha evidenziato l'errato convincimento che la ridotta dimensione di questa categoria di device induce molti a pensare che i dati contenuti siano primitivi e rudimentali e, di conseguenza, a credere che la loro estrazione e comprensione sia facile come lo è l'inserimento di un cavetto e la pressione del pulsante *"Find evidence"*. Piuttosto, il vero esperto di digital forensics deve essere in grado di indicare il percorso delle informazioni all'interno del file system del dispositivo e deve anche specificare il procedimento per cui i dati non hanno subito alterazioni durante l'analisi e, pertanto, prima di tutto deve conoscere la tecnologia.

La mobile device forensics si occupa del recupero delle evidenze digitali dai dispositivi portatili come, ad esempio, i telefoni cellulari e gli smartphone. In questo specifico ambito, rispetto alla computer forensics, devono essere previsti particolari accorgimenti, in quanto il contenuto dei dispositivi può subire delle variazioni anche a seguito di spostamenti effettuati senza le dovute precauzioni.

Attualmente la disciplina trova un'ampia applicazione dal momento che un utente medio possiede ed utilizza molti dei seguenti dispositivi:

- Telefono cellulare;
- Lettore MP3;
- Fotocamera digitale;
- Tablet;
- Memoria USB esterna.

Tutti questi oggetti contengono dati che un operatore forense dovrebbe, potenzialmente, essere in grado di analizzare. In tale ambito la sfida più grande è rappresentata, senz'altro, dal dovere tenere il passo con l'evoluzione tecnologica che genera dispositivi sempre più avanzati in cui, a volte, le ultime generazioni si discostano notevolmente dalle precedenti. Un esempio è il mercato dei dispositivi di telefonia mobile che, attualmente, comprende device appartenenti a categorie molto diverse tra loro: i cellulari di base, i telefoni con funzionalità avanzate e gli smartphone.

Questo lavoro tratta nello specifico la forensics applicata ai dispositivi di telefonia cellulare. È una disciplina che si è sviluppata molto velocemente, all'inizio degli anni 2000, per riuscire a gestire una diffusione sempre più rapida dei dispositivi cellulari. Basti pensare che durante il 2012, solo in Italia, abbiamo assistito ad un incremento del 35% di smartphone connessi ad internet (21 milioni di italiani con età compresa tra gli 11 e i 74 anni) e del 160% di tablet (6 milioni di utenti).[24]

Dal momento che sono disponibili apparati mobili dotati di funzionalità sempre più avanzate e che, tramite rete telefonica ed internet, viene garantita un'altissima interoperabilità, è ovvio che questi strumenti siano coinvolti nell'attuazione di crimini sia di tipo tradizionale, che strettamente informatici. Ne consegue che le informazioni contenute possano risultare particolarmente interessanti.

2.2. TARGET E CARATTERISTICHE

2.2.1. MOBILE TECHNOLOGY

I telefoni cellulari iniziarono ad essere commercializzati in Europa a partire dai primissimi anni '80, inizialmente nel Regno Unito ed in Scandinavia e, a seguire, in tutti gli altri Paesi europei. In Italia iniziarono a diffondersi solo nella seconda metà degli anni '90. In questo primo periodo ogni Paese sviluppò uno specifico sistema di telefonia, la cosiddetta I^a generazione, che, di conseguenza, risultava inaccessibile a chiunque fosse dotato di tecnologie straniere. Nel 1982 venne compiuto un primo passo: la Conference of European Posts and Telegraphs (CEPT) istituì un gruppo di studio, chiamato Groupe Spécial Mobile (GSM), con l'obiettivo di sviluppare un nuovo sistema di comunicazione europeo che:

- Garantisse una buona qualità vocale;
- Garantisse bassi costi di sviluppo e di gestione dei terminali e dei servizi;
- Garantisse la possibilità di supportare nuovi servizi e strutture;
- Potesse gestire il roaming internazionale;
- Offrisse la piena compatibilità con alcune tecnologie esistenti.

Nel 1989 il progetto fu affidato all'European Telecommunication Standards Institute (ETSI) e così, l'anno seguente, furono pubblicate le specifiche della prima versione di GSM (cd. II^a generazione). Il sistema fu commercializzato nel 1991 e si diffuse molto rapidamente: nel 1993 già si contavano 36 reti GSM in 22 Paesi. Anche se lo standard GSM nasce come standard europeo, è utilizzato in Oriente e Medio Oriente, Africa, Sud America e Australia. Per questo motivo, col tempo, l'acronimo GSM è stato adattato alle parole Global System for Mobile communication.

L'UMTS, sigla di Universal Mobile Telecommunications System, è uno standard 3G (cd. III^a generazione) di telefonia mobile. Il suo sviluppo iniziò a partire dagli anni 2000 e divenne operativo nel 2003. Inizialmente fu avviato nel Regno Unito, poi si estese negli altri Paesi dell'Europa continentale e, successivamente, negli Stati Uniti.

---

[24] Statistiche Audiweb - Dati di ottobre 2013

Lo standard UMTS mira a diventare l'erede del GSM, infatti è stato progettato partendo da una sua implementazione rinforzata. Il nuovo protocollo ha aumentato la qualità e la velocità di trasmissione delle informazioni, consentendo l'invio di contenuti multimediali (testo, voce, video e dati) in banda larga.

L'ultimo standard di telefonia mobile è l'LTE, acronimo di Long Term Evolution, promosso nel 2004 dal 3GPP (Third Generation Partnership Project), le cui specifiche sono state completate nel 2008. L'obiettivo dell'LTE è di promuovere l'uso della banda larga in mobilità, sfruttando l'esperienza e gli investimenti effettuati per le reti 3G e anticipando i tempi rispetto alla disponibilità degli standard di IV^a generazione 4G, raggiungere velocità di connessione wireless anche superiori a 1 Gbit/s e realizzare uno standard per le comunicazioni mobili veramente mondiale.

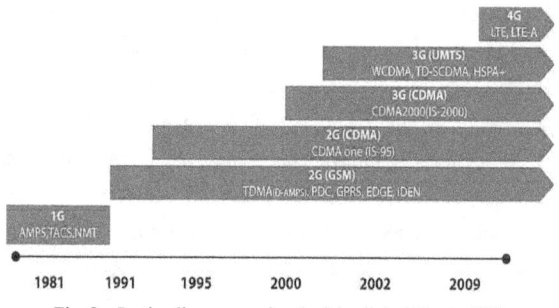

Fig. 9 – La timeline generazionale dei cellulari, Fonte: [66]

2.2.2. MOBILE DEVICE

Dalla comparsa dei primi cellulari ad oggi, il mercato della telefonia mobile si è talmente ampliato da prevedere una vasta gamma di dispositivi con funzioni diverse. I dispositivi attualmente in commercio sono in grado offrire un ventaglio di opzioni che vanno da quelle di un semplice apparato telefonico, a quelle di un computer. [59]

Le principali caratteristiche di un telefono cellulare, in grado di funzionare in mobilità, sono: le dimensioni compatte, l'alimentazione a batteria e la leggerezza.

La maggior parte di essi ha un set di funzionalità e caratteristiche che li rende comparabili fra loro. Un device mobile è composto di un microprocessore, una memoria di sola lettura (ROM), una memoria ad accesso casuale (RAM), un modulo radio, un processore per elaborare il segnale digitale, un microfono e un altoparlante, una serie di processori ed interfacce ed un display a cristalli liquidi (LCD). Il sistema operativo (OS) di un dispositivo mobile, che più di tutto caratterizza le sue potenzialità, può essere memorizzato in memoria di tipo NAND o NOR, mentre le applicazioni vengono eseguite in RAM.

I dispositivi moderni sono dotati di microprocessori in grado di ridurre il numero di chip e offrire una notevole capacità di memorizzazione interna (fino a 64GB del tipo NAND Stacked). Molti, essendo forniti di slot per ospitare le schede di memoria Secure Digital (SD) o le micro Secure Digital Extended Capacity (microSDXC), possono supportare memorie rimovibili con capacità che vanno da 64 MB a 2 TB. Inoltre, possono essere dotati di porte di comunicazioni wireless, come quelle ad infrarossi (IrDA), Bluetooth, Near Field Communication (NFC) e Wi-Fi, e possono integrare particolare protocolli di sincronizzazione e scambio dati (come per esempio i file di grafica, audio e video).

2.2.2.1. CLASSIFICAZIONE

Si possono distinguere tre differenti categorie di dispositivi di telefonia mobile:
1. *Telefoni cellulari con funzionalità di base*: strumenti con i quali possono essere effettuate poche specifiche azioni, consentendo di fatto solo l'avvio e la ricezione di telefonate, la memorizzazione della rubrica dei contatti e la gestione degli SMS;
2. *Telefoni cellulari avanzati*: strumenti dotati di requisiti aggiuntivi rispetto ai modelli di base, solitamente relativi ai servizi multimediali;
3. *Smartphone*: strumenti che comprendono tutte le funzionalità menzionate e, in più, consentono la gestione dei documenti elettronici; inoltre permettono l'esecuzione di un'ampia gamma di applicazioni.

Caratteristiche hardware

Nella tabella sottostante è proposta una comparazione delle caratteristiche hardware dei cellulari avanzati (feature phone) e degli smartphone.

	Feature Phone	Smartphone
Processor	Limited Speed (~52Mhz)	Superior Speed (~1GHz dual-core)
Memory	Limited Capacity (~5MB)	Superior Capacity (~128GB)
Display	Small Size Color, 4k – 260k (12-bit to 18-bit)	Large size Color, 16.7 million (~24-bit)
Card Slots	None	MiniSDXC
Camera	Still	Still, Panoramic, and Video (HD)
Text Input	Numeric Keypad	Touch Screen, Handwriting Recognition, Built-in QWERTY-style Keyboard
Voice Input	None	Voice Recognition (Dialing and Control)
Cell Interface	Voice and Limited Data	Voice and High Speed Data (4G LTE)
Positioning	None	GPS receiver
Wireless	IrDA, Bluetooth	Bluetooth, WiFi, and NFC
Battery	Fixed/Removable, Li-Ion Polymer	Fixed/Removable, Rechargeable Li-Ion Polymer

Tab. 1 - Comparazione caratteristiche hardware device, Fonte: [36]

Esistono alcuni punti di contatto tra queste due categorie di prodotti, come ad esempio il fatto che siano dispositivi compatti, leggeri, ideati per garantire la mobilità. Inoltre le loro caratteristiche di base sono spesso confrontabili considerando che qualunque dispositivo è sicuramente dotato di [11]:

- Un modulo di trasmissione radio per poter gestire i servizi di connessione alla rete cellulare;
- Un modulo per la lettura/scrittura della SIM card;
- Un microprocessore e un processore di segnale digitale;
- Una memoria volatile RAM che contiene i dati generati durante l'utilizzo del dispositivo;
- Una memoria non volatile ROM che contiene il software di base, ossia il firmware o il sistema operativo;
- Una memoria non volatile per il salvataggio dei dati e delle impostazioni dell'utente;
- Un microfono e uno speaker;
- Uno schermo a cristalli liquidi (LCD);
- Un qualche tipo di interfaccia hardware o meccanismo di input (come ad esempio tastiera o touchscreen);
- Una batteria ricaricabile e removibile.

I dispositivi più avanzati, che convergono verso gli smartphone, sono tipicamente più grandi rispetto a tutte le altre tipologie di telefono per supportare una maggiore risoluzione dello schermo e integrare touch-screen o tastiere QWERTY di dimensioni contenute.

Dispongono di componenti ulteriori come ad esempio:

- Slot per l'utilizzo di memorie removibili in vari formati;
- Slot o interfacce per la connessione di periferiche esterne;
- Moduli per la comunicazione wireless a onde radio (Wi-Fi, Bluetooth, NFC) o a infrarossi (IrDA);
- Un ricevitore GPS e un giroscopio;
- Una o più fotocamere.

Caratteristiche software

Di seguito è rappresentata una tabella che riassume le caratteristiche generali degli smartphone e dei cellulari avanzati (feature phone). I telefoni cellulari avanzati sono tipicamente dotati di un sistema operativo chiuso di cui non è stata resa nota la documentazione: ciò complica notevolmente le operazioni di estrazione dei dati. Esistono numerose aziende specializzate nello sviluppo di software embedded e, spesso, i produttori di dispositivi avanzati si fidelizzano con queste società per fornire il sistema operativo, e alcuni software generici (preinstallati), su determinate serie di dispositivi. Nei dispositivi smartphone, invece, è possibile trovare sistemi operativi proprietari ed aperti; attualmente i più diffusi sono: Android, iOS, Windows Phone e BlackBerry OS. Questi sistemi hanno molte più funzionalità, rispetto alle controparti installate sui cellulari avanzati, perché sono stati progettati su misura per un determinato dispositivo. In alcuni casi i produttori forniscono la suite SDK (Software Development Kit) per consentire lo sviluppo in quel determinato ambiente. Entrambe le tipologie di dispositivi supportano l'inoltro di chiamata, i messaggi (testuali e multimediali) e offrono la gestione delle informazioni personali come ad esempio la rubrica e il calendario. Inoltre gli smartphone hanno a disposizione un intero ventaglio di applicazioni scaricabili dall'application store appropriato.

	Feature Phone	Smartphone
OS	Closed	Android, BlackBerry OS, iOS, Symbian, WebOS and Windows Phone
PIM (Personal Information Management)	Phonebook, Calendar and Reminder List	Enhanced Phonebook, Calendar and Reminder List
Applications	Minimal (e.g., games, notepad)	Applications (e.g., games, office productivity and social media)
Call	Voice	Voice, Video
Messaging	Text Messaging	Text, Enhanced Text, Full Multimedia Messaging
Chat	Instant Messaging	Enhanced Instant Messaging
Email	Via text messaging	Via POP or IMAP Server
Web	Via WAP Gateway	Direct HTTP

Tab. 2 - Comparazione caratteristiche software device, Fonte: [36]

2.2.2.2. MEMORIA INTERNA

I dispositivi mobili contengono una combinazione di memorie volatili, il cui contenuto si perde allo spegnimento del dispositivo, e non volatili. Un esempio di memoria volatile è la RAM che viene utilizzata dal sistema per caricare, eseguire e manipolare elementi del sistema operativo, applicazioni o dati. La RAM può contenere importanti informazioni, solitamente utilizzate dalle applicazioni per processare i dati, come ad esempio le password, le credenziali, le chiavi di crittografia, i dati riguardanti applicazioni ed i processi di sistema.

La memoria non volatile (ROM), invece, è persistente ed i dati in essa contenuti, solitamente file di sistema e parti significative dei dati dell'utente, permangono anche in mancanza di alimentazione. Esistono principalmente due tipologie di memorie flash:

- *Memorie NOR*: un tipo di memoria che minimizza il tempo di accesso per lettura/scrittura (che avviene mediante random access) e sono utilizzate nel caso in cui si debba eseguire codice direttamente dalla memoria. Sono nate per sostituire le EEPROM e vengono impiegate, ad esempio, per contenere il firmware.
- *Memorie NAND*: una tipologia molto diffusa, tant'è che la maggior parte degli attuali

dispositivi flash (SD, MS, etc) ne fa uso. Offrono maggiori capacità di memorizzazione ed un rapido aggiornamento dei dati. Per contro sono meno stabili.
La configurazione della memoria nei dispositivi cellulari è evoluta nel tempo. Sono riconoscibili tre diverse generazioni.

- *Prima generazione*: I telefoni avanzati furono i primi dispositivi a contenere memorie flash di tipo NOR unitamente ad una memoria RAM. Questa configurazione è nota come prima generazione. I dati del sistema e dell'utente sono conservati nella NOR e poi copiati in RAM durante l'avvio per un'esecuzione più celere del codice.
- *Seconda generazione*. Con l'avvento dei dispositivi smartphone si è giunti ad una nuova configurazione (di seconda generazione), la quale aggiunge una memoria flash di tipo NAND. In questa struttura i dati del file system sono salvati nella NOR, i dati dell'utente nella NAND e la RAM è utilizzata per l'esecuzione del codice.
- *Terza generazione*. Esiste poi una configurazione di terza generazione in rapida diffusione negli smartphone di recente produzione. In questo caso è presente solo una memoria NAND e una RAM: Ciò consente di aumentare la velocità e la densità dei dati, riducendo i costi.

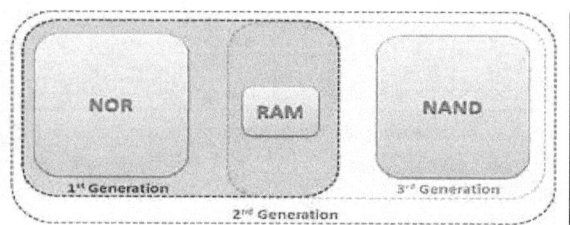

Fig. 10 - Le tre configurazioni di memoria interna, Fonte: [36]

2.2.2.3. DATI ACQUISIBILI

La RAM è la componente più difficile da esaminare per via della sua natura volatile. Essendo utilizzata per l'esecuzione dei programmi, si presta, tipicamente, a contenere informazioni che potrebbero rivelarsi interessanti nell'ambito di un'indagine. La memoria NOR contiene i dati di sistema, come ad esempio il kernel, i driver del dispositivo, le librerie di sistema, le informazioni relative all'esecuzione di applicazioni. Infine la memoria NAND contiene le informazioni personali (dati PIM), gli elementi grafici, l'audio, i video ed gli altri file dell'utilizzatore.

Per i dispositivi con la configurazione della memoria di prima generazione, la memoria NOR è sicuramente la principale fonte di evidenze digitali, mentre, nei dispositivi con configurazione di seconda e terza generazione, si rivela fondamentale la memoria NAND.

2.2.3. IDENTITY MODULE

2.2.3.1. TIPI E CARATTERISTICHE

Un UICC (Universal Integrated Circuit Card), generalmente indicato come modulo d'identità (detto anche Subscriber Identity Module [SIM], Universal Subscriber Identity Module [USIM], CDMA Subscriber Identity Module [CSIM]), è un componente rimovibile contenete le principali informazioni relative al sottoscrittore del servizio mobile (utente). Lo scopo principale dell'UICC è quello di consentire l'autenticazione dell'utente del dispositivo mobile alla rete che fornisce l'accesso ai servizi sottoscritti. L'UICC, inoltre, offre la possibilità di immagazzinare le informazioni personali, come ad esempio la rubrica dei contatti, i messaggi di testo, gli ultimi numeri chiamati e le informazioni relative al servizio.

La separazione del modulo UICC dal dispositivo mobile, definita con lo standard GSM, ha consentito la portabilità. Infatti, spostando un UICC tra device compatibili, si trasferisce automaticamente l'identità dell'utente ed alcune informazioni associate.

Di recente alcuni dispositivi incorporano il modulo UICC al loro interno per questioni di contenimento dello spazio occupato.

Un UICC può contenere fino a tre applicazioni: SIM, USIM e CSIM. Gli UICC presenti nei dispositivi mobili GSM e UMTS utilizzano le applicazioni SIM e UMTS SIM (USIM), mentre i dispositivi CDMA sfruttano l'applicazione CSIM. Un UICC con tutte e tre le applicazioni fornisce agli utenti una portabilità aggiuntiva. Poiché l'applicazione SIM era originariamente sinonimo della stessa carta fisica, il termine SIM è spesso utilizzato per riferirsi alla scheda fisica in luogo di UICC. Allo stesso modo i termini USIM e CSIM possono fare riferimento sia alla carta fisica, così come le rispettive applicazioni supportate dal UICC.

Un UICC è un tipo speciale di Smart card che contiene un processore e una Programmable Read Only Memory (EEPROM) con la capacità compresa tra i 16 e i 128 kbyte. Comprendono anche la RAM, per l'esecuzione del programma, e la ROM, per il sistema operativo, l'autenticazione dell'utente e gli algoritmi di cifratura dati e delle altre applicazioni. Il file system di un UICC risiede in una memoria persistente e contiene i dati menzionati. Il sistema operativo del UICC controlla l'accesso agli elementi del file system. I diritti di accesso vengono assegnati ad un utente attraverso codici di 4-8 cifre denominati Personal Identification Number (PIN).

Lo slot della scheda UICC, di norma, non è accessibile dall'esterno del dispositivo mobile per proteggere l'inserimento e la rimozione. Solitamente si trova sotto il vano della batteria.

Nella maggior parte dei casi, l'UICC deve essere prima rimosso dal portatile e successivamente letto con un lettore Personal Computer / Smart Card (PC / SC).

CAPITOLO 2

La rimozione del UICC offre la possibilità di leggere ulteriori dati che possono essere recuperati (come per esempio i messaggi di testo cancellati).

Le chiavi di crittografia e gli algoritmi di cifratura, contenuti all'interno del UICC, consentono un'autenticazione sicura alla rete e la protezione dei dati contenuti e trasmessi attraverso l'interfaccia di rete.

Un UICC è simile ad un dispositivo mobile in quanto è dotato di memoria volatile e non volatile e può contenere le stesse categorie di dati che si trovano in un dispositivo mobile. Esso può essere pensato come un sub-processor che si interfaccia ad un dispositivo e viene alimentato da esso. Il file system risiede nella memoria non volatile di una UICC ed è organizzato come una struttura gerarchica.

Ad ogni UICC è associato un numero di telefono univoco, detto MSISDN (Mobile Subscriber Integrated Services Digital Network-Number).

Quando l'UICC è in roaming su un'altra rete gli viene associato un numero telefonico temporaneo detto MSRN (Mobile Station Roaming Number).

Le UICC sono disponibili in quattro differenti formati:
- Full-size o Standard SIM di dimensioni 85,60x53,98x0,76mm. (Dismesso);
- Mini SIM (2FF) di dimensioni 25x15x0,76mm;
- Micro SIM (3FF) di dimensioni 15x12x0,76mm;
- Nano SIM (4FF) di dimensioni 12,30x8,80x0,67mm.

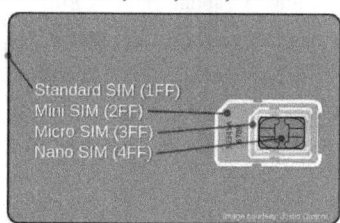

Fig. 11 - Formati delle UICC, Fonte: [36]

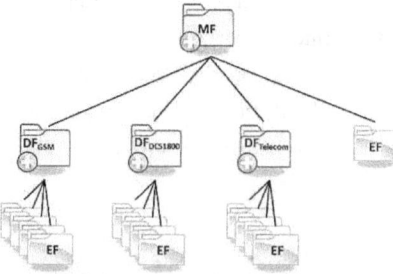

MF - Master File (root and main container of DF and EF)
DF - Directory File
EF - Elementary File

Fig. 12 - SIM File System (GSM) , Fonte: [36]

2.2.3.2. Dati Acquisibili

Ci sono diversi tipi di prove digitali che possono essere presenti nei file sparsi su tutto il file system e che possono essere recuperate da un UICC. Alcune di queste possono essere trattenute nella memoria del dispositivo mobile e non presenti sul UICC. Tra le diverse categorie di dati che si possono ricavare ci sono le seguenti:

- Le informazioni relative al servizio, inclusi gli identificatori unici per l'UICC, l'Integrated Circuit Card Identification (ICCID) e l'International Mobile Subscriber Identity (IMSI);
- La rubrica e le informazioni di chiamata, come la composizione abbreviata dei numeri (ADN) e gli ultimi numeri chiamati (LND);
- Le informazioni di messaggio inclusi sia gli Short Message Service (SMS), messaggi di testo, e gli Enhanced Messaging Service (EMS), semplici messaggi multimediali;
- L'applicazione USIM supporta il salvataggio dei collegamenti per le chiamate in ingresso (EFICI) ed in uscita (EFOCI);
- Le informazioni sulla localizzazione: le Location Area Information (LAI) per le comunicazioni vocali e le Routing Area Information (RAI) per le trasmissioni di dati.

2.2.4. Media Storage Card

I telefoni cellulari avanzati e gli smartphone dispongono di slot per ospitare memorie aggiuntive removibili. Questa proprietà di espandibilità della memoria è sempre più diffusa e permette di ampliare notevolmente lo spazio a disposizione dell'utente per il salvataggio dei suoi dati. Le memorie aggiuntive sono di tipo flash e sono principalmente:

- SD card (Secure Digital card): sono utilizzate nei formati miniSD e microSD. Per tali formati la capacità massima è attualmente di 128GB; utilizzano connettori superficiali e sono molto resistenti agli urti.
- MMC card (MultiMedia card): vengono utilizzate nei formati Reduced Size (RS-MMC), MMCmobile e MMC Micro. La capacità massima è attualmente di 8GB; utilizzano connettori superficiali e sono molto resistenti agli urti.

Le memorie aggiuntive vengono sfruttate principalmente per memorizzare applicazioni, dati e contenuti multimediali. In particolar modo, grazie al notevole incremento di spazio che deriva dal loro utilizzo, sui dispositivi di telefonia mobile possono essere salvate numerose fotografie anche ad alta risoluzione. Quando a questi contenuti si aggiunge la possibilità, data oramai da qualunque smartphone, di utilizzare il GPS per salvare le coordinate geografiche nei metadati dell'immagine (Exif), l'acquisizione si può ritenere estremamente utile.

2.2.5. ALTRI SISTEMI DI COMUNICAZIONE

2.2.5.1. CONNETTIVITÀ A CORTO RAGGIO

Le comunicazioni di un telefono mobile non si limitano all'accesso ai servizi di una rete cellulare, ma possono coinvolgere anche altri dispositivi, reti locali e hot spot. Si parla in questo caso di connettività a corto raggio.

In particolare, i moderni telefoni cellulari offrono solitamente una o più delle seguenti tecnologie di connettività a corto raggio:

- *IrDA*: una tecnologia ad infrarossi che consente l'interconnessione bidirezionale tra dispositivi distanziati tra loro, da 20/30 cm ad un metro, e permette di scambiare files, o altri dati in formato digitale, utilizzando una tecnologia a basso costo, veloce e non suscettibile alle interferenze radio. L'IrDA è sfruttata con i cellulari, computer portatili, palmari, stampanti, che si scambiano informazioni senza dover utilizzare cavi di collegamento;
- *Bluetooth*: una tecnologia a radiofrequenza per la connessione dei dispositivi in un raggio tipicamente di 10 m (esistono anche soluzioni Bluetooth con portata di 100 m). Le connessioni Bluetooth sono utilizzate per collegare auricolari senza fili, impianti vivavoce, ricevitori GPS esterni, Smartwatch e trasferire file (generalmente di dimensioni modesta) da e verso computer o altri dispositivi. Gli apparecchi Bluetooth cifrano la connessione ed utilizzano un meccanismo di muto accoppiamento che permette a due dispositivi di riconoscersi ed accettare connessioni entranti automaticamente;
- *WiFi*: una tecnologia a radiofrequenza per la connessione a reti locali o a hot spot per la navigazione in luoghi pubblici con una portata limitata a circa 100 m. Le connessioni wireless possono essere cifrate con soluzioni caratterizzate da un livello di sicurezza differente;
- *NFC*: (acronimo di Near Field Communication) è una tecnologia a radiofrequenza che consente lo scambio di dati in modalità wireless, una caratteristica che sta aprendo scenari a molte applicazioni innovative e che è ormai implementata in molti smartphone di ultima generazione. Inizialmente sfruttata prevalentemente per l'identificazione e il controllo degli accessi, successivamente è stata utilizzata, integrandola sugli smartphone connessi ad internet, per i pagamenti veloci, l'acquisto di biglietti di mezzi pubblici, i parcheggi, ecc.

Come visto per la connettività remota, anche la connettività a corto raggio ha un duplice impatto sulle tecniche della mobile device forensics e, più in generale, sulle attività di acquisizione delle fonti di prova, in quanto:

- Nonostante la connettività cellulare possa essere stata disattivata o non sia disponibile, è possibile che le connessioni a corto raggio, se non opportunatamente gestite, costituiscano un canale alternativo per alterare lo stato del reperto o consentirne la manomissione a distanza;
- Le tracce che le connessioni a corto raggio lasciano sia nei dispositivi, che nelle reti con le quali hanno comunicato, possono fornire evidenze di rilievo riguardanti l'uso del reperto stesso, la sua posizione nel tempo o permettere di identificare altri sistemi che potrebbero costituire, a loro volta, altre fonti di prova, come ad esempio i server collegati ad una rete locale.

2.2.5.2. TECNOLOGIA DI LOCALIZZAZIONE

Il sistema di localizzazione è un accessorio presente su quasi tutti i moderni telefoni cellulari. Questa tecnologia abilita il dispositivo a conoscere le proprie coordinate geografiche attraverso i sistemi satellitari ad uso civile: GPS, Glonass, Beidou.

Le informazioni ricavate possono essere utilizzate, attraverso apposite applicazioni installate sul dispositivo, per assistere la navigazione terrestre, ma anche per inserire o far conoscere la propria posizione agli altri (p.e. aggiungendo le coordinate alle fotografie, ad un messaggio di chat), oppure semplicemente per risalire alla posizione del dispositivo in caso di furto.

È indubbia l'utilità delle informazioni che si possono ricavare dalla geo-localizzazione di un dispositivo nel corso di un indagine informatica, oppure da questo tipo di informazioni memorizzate a vario titolo sul dispositivo.

2.2.6. MOBILE DEVICE BACKUP

L'aumento della gamma e della quantità di informazioni gestite e memorizzate sui dispositivi mobili è la principale proprietà che ha costretto, gli addetti ai lavori, a coniare il termine "smartphone" per distinguere i moderni telefoni, da quelli che consentivano solo di effettuare e ricevere chiamate. Tutto ciò ha sollecitato la creazione di sistemi di backup dei dati per evitare di perderli in caso di furto o danneggiamento del dispositivo che li contiene.

Queste feature permettono all'utente del dispositivo di esportare o spostare i dati memorizzati verso altre memorie esterne.

La funzionalità di backup può variare per il tipo di supporto di destinazione:
- *Backup su memorie esterne*: con questa terminologia si identificano quelle copie dei dati effettuate direttamente dal dispositivo d'origine su schede o dispositivi di memoria collegati allo stesso. Questa opzione è preferita nel caso si desideri spostare velocemente i dati da un dispositivo ad un altro;
- *Backup o sincronizzazione su PC*: con questo tipo si individuano quelle copie

effettuate attraverso appositi programmi di sincronizzazione (Apple iTunes, Nokia PC Suite, Samsung Kies, Microsoft ActiveSync), presenti contemporaneamente sul terminale sorgente e su quello di destinazione, e consentono di effettuare backup o ripristino dei dati in entrambi i versi. Questa operazione è preferita nel caso in cui si desidera effettuare una copia sicura dei dati, eventualmente protetta da password, o per elaborarli in formati diversi;

- *Backup su cloud storage*: la presenza di connettività ad Internet sempre attiva e veloce ha permesso la diffusione di quest'altro tipo di backup che consiste nel copiare o trasferire i dati dal dispositivo su uno spazio di archiviazione online. Spesso lo spazio è offerto dalla stessa casa madre del s.o. installato sul dispositivo (p.e. Apple iCloud, Google Drive, Microsoft OneDrive), l'accesso è protetto da credenziali e i dati vengono cifrati. Questa funzionalità è molto apprezzata da parte degli utenti perché, rispetto alle altre, non richiede nessun accessorio aggiuntivo ed avviene in maniera del tutto automatica.

Nell'ambito delle indagini digitali questa opzione risulta essere la migliore alternativa per ricavare i dati e le informazioni dai dispositivi bloccati o con l'accesso interdetto.

2.2.7. Dati Potenzialmente Significativi

Per riepilogare tutte le informazioni descritte nei paragrafi precedenti è possibile schematizzare, attraverso una tabella, le tipologie di dati che ci si attende di poter reperire su un dispositivo mobile, mettendole in relazione al tipo di device ed all'obiettivo dell'indagine che dovrà rispondere alla regola delle 6 W (Who, What, Where, When, Why and hoW).

I DATI \ LE "6" W	Who	What	Where	When	Why	How	
Identificativi intestatario o dispositivo	■						ALL PHONE
Registri di chiamate	■			■			
Rubrica	■						
Calendario	■	■	■	■	■	■	
Messaggi	■	■	■	■	■	■	
Messaggi chat / mail	■	■	■	■	■	■	SMARTPHONE
Localizzazione spaziale			■	■			
Weburl / Contenuti web	■	■	■	■	■	■	
Immagini/Audio/Video	■	■	■	■	■	■	
Altri dati	■	■	■	■	■	■	

Tab. 3 - Mappatura tra i dati e gli obiettivi dell'indagini

2.3. PROCEDURE PER LA MOBILE DEVICE FORENSICS

In questo paragrafo è descritta la procedura forense applicata ai dispositivi mobili.
In particolare, senza ripetere i concetti e le metodologie già esposte nel capitolo precedente, vengono esaminati esclusivamente gli aspetti e le problematiche che caratterizzano il target d'analisi.

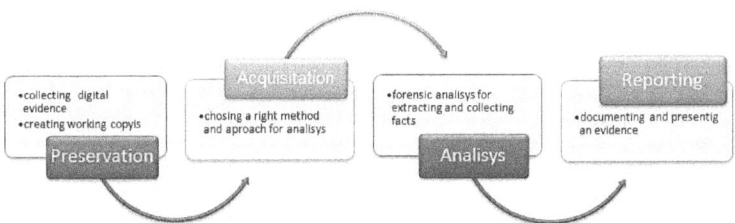

Fig. 13 - Fasi della Mobile Device Forensics, Fonte: [Google Images]

2.3.1. PRESERVATION

Con il termine *Evidence preservation* si intende la procedura che consente di mantenere inalterate, e non modificate, le proprietà dei dati che risiedono sui dispositivi mobili e sui supporti rimovibili. Questa fase è il primo passo del procedimento per il recupero delle prove digitali: inizia con la conservazione dei reperti e finisce con il trattamento dei dispositivi.
La *preservation* è propedeutica alle attività di ricerca, identificazione, documentazione e raccolta delle evidenze digitali. Le prove, per poter essere utilizzate in tribunale o in altri procedimenti stragiudiziali, devono essere preservate. La mancata conservazione dello stato originale può mettere a repentaglio un'intera indagine e, potenzialmente, far perdere importanti informazioni legate al caso.

2.3.1.1. PROTEZIONE E VALUTAZIONE DELLA SCENA DEL CRIMINE

L'applicazione di errate metodologie o l'uso improprio di un dispositivo mobile durante il sequestro possono causare la perdita di dati digitali. Potrebbe anche rendersi necessario l'attuazione di rilievi tradizionali, come le impronte digitali o le tracce di DNA, per stabilire un collegamento tra un dispositivo e il suo proprietario o utilizzatore. Se il device non viene maneggiato correttamente, le prove fisiche possono essere contaminate e rese inutilizzabili.
Occorre fare molta attenzione alle caratteristiche del dispositivo, alle eventuali criticità (p.e. la memoria volatile) ed avere familiarità con gli accessori (p.e. le schede di memoria, i cavi e gli adattatori). Nei dispositivi mobili le fonti di prova sono il device, la UICC e le memorie associate. Possono essere interessanti anche le periferiche associate come i cavi, gli adattatori

di corrente e gli altri accessori. Per non tralasciare evidenze pertinenti devono essere ispezionate accuratamente tutte le aree della scena. I componenti associati al dispositivo, come le memorie removibili, le UICC o i personal computer, potrebbero rivelarsi più preziosi dello stesso device. I supporti di memoria possono variare in termini di dimensioni e possono essere facilmente nascosti e difficili da trovare. Di solito le schede rimovibili sono identificabili dalla loro forma distintiva e dalla presenza di contatti elettrici che servono a stabilire un'interfaccia con il dispositivo. I personal computer possono essere particolarmente utili per accedere ad un device bloccato, se questo ha precedentemente stabilito una relazione di fiducia con il telefono. Per esempio Apple prevede un processo di accoppiamento che crea un file (Lockdown certificate) e può essere utilizzato con opportuni software di analisi forense per accedere al cellulare bloccato. [43]

Durante l'interrogatorio del proprietario o dell'utente del telefono conviene prendere in considerazione la richiesta di eventuali codici di sicurezza, password o gesture, indispensabili per accedere al contenuto. Per esempio i telefoni GSM possono avere codici di autenticazione per la memoria interna e/o per la UICC.

Mentre si mette in sicurezza un dispositivo mobile, occorre fare attenzione ai permessi di gestione del dispositivo perché molti cellulari hanno codici di reset che cancellano il contenuto del dispositivo e ripristinato le impostazioni di fabbrica. I master reset code possono essere eseguiti anche da remoto, per cui è necessario prendere le dovute precauzioni, come l'isolamento dalla rete, per garantire che le prove non possano essere modificate o distrutte.

I dispositivi mobili possono essere anche in uno stato compromesso tale da rendere difficile il sequestro, per esempio potrebbe essere immerso in un liquido. In queste situazioni gli investigatori dovrebbero seguire specifiche procedure. Un metodo prevede la rimozione della batteria per impedire cortocircuiti, mentre il resto del dispositivo viene sigillato in un apposito contenitore, riempito con lo stesso liquido, per il trasporto in laboratorio, purché il liquido non sia corrosivo. Alcuni stati di compromissione, come ad esempio la contaminazione del sangue o l'uso di esplosivo (vale a dire come componente della bomba) possono rappresentare un pericolo per il tecnico che raccoglie le prove. In queste situazione dovrebbe essere consultato uno specialista per ricevere specifiche istruzioni ed assistenza.

I dispositivi ed i relativi accessori possono anche essere trovati in uno stato corrotto, per cause accidentali o intenzionali. I dispositivi o i supporti con danni visibili non necessariamente impediscono l'estrazione dei dati. I dispositivi danneggiati devono essere portati in laboratorio per un esame più approfondito. Può darsi che sia possibile eseguire la riparazione del componente danneggiato e ripristinare la funzionalità stesso per le successive fasi di ricerca ed analisi.

I componenti di memoria non danneggiati possono essere rimossi dal dispositivo danneggiato ed il contenuto può essere recuperato in maniera indipendente. Questo procedimento deve essere utilizzato con attenzione, in quanto non è applicabile a tutti i tipi di apparecchiature.

2.3.1.2. DOCUMENTARE LA SCENA DEL CRIMINE

Le prove devono essere identificate e rappresentate con precisione. Il materiale pertinente non elettronico, come le fatture, i manuali e gli imballaggi possono fornire informazioni utili sulle funzionalità del dispositivo, la rete utilizzata, le informazioni sull'abbonamento e i codici di sblocco del PIN. Può essere utile fotografare la scena del crimine e relazionare sullo stato di ogni dispositivo digitale trovato per sciogliere in seguito eventuali dubbi sull'ambiente.

È opportuno creare un record di tutti i dati visibili. Tutti i dispositivi digitali, inclusi quelli mobili, in grado di contenere dati dovrebbero essere fotografati insieme a tutti i cavi delle periferiche, i connettori di alimentazione, i supporti rimovibili e le connessioni. Mentre si effettuano i rilievi fotografici occorre evitare di toccare e contaminare il dispositivo mobile e l'ambiente in cui è stato trovato. Se il display del dispositivo è in uno stato visibile, dovrebbe essere fotografato anche il contenuto dello schermo e, se necessario, registrare manualmente l'orologio, la data, lo stato di servizio, il livello della batteria e le altre icone visualizzate.

2.3.1.3. ISOLAMENTO

Alcuni dispositivi offrono la possibilità di eseguire il blocco o la cancellazione dei dati tramite l'invio di un comando da remoto (per esempio un messaggio di testo). Un altro buon motivo per disattivare la connettività di rete è quello di evitare l'arrivo di dati in entrata (ad esempio le chiamate o i messaggi di testo) che possono modificare lo stato attuale dei dati memorizzati sul telefono. Possono essere indesiderati anche i dati in uscita come la posizione corrente del GPS.

Pertanto, quando gli investigatori mettono in sicurezza un dispositivo mobile, devono essere consapevoli di queste eventualità e devono prendere le giuste precauzioni per cercare di attenuare le occasioni di modifica dei dati.

Il documento dello Scientific Working Group on Digital Evidence (SWGDE) "Best Practices for Mobile Phone Forensics" illustra le migliori pratiche per il corretto isolamento dei dispositivi mobili. [60] Ci sono diversi metodi [61] per isolare un dispositivo dalle comunicazioni radio e prevenire i problemi citati. Ogni metodo presenta alcuni inconvenienti.

- L'attivazione del "Airplane mode" richiede l'interazione tramite tastiera con il dispositivo mobile, ciò pone qualche rischio, a meno che il tecnico abbia familiarità con il dispositivo in questione e documenta le azioni intraprese (ad esempio su carta o in video). Nota: la modalità aereo non impedisce al sistema di utilizzare altri servizi come il GPS.

- Lo spegnimento del dispositivo può attivare i codici di autenticazione (per esempio UICC PIN e/o codice di sicurezza dell'apparato) che verranno richiesti al momento dell'accensione del dispositivo e, quindi, complicare l'acquisizione e ritardarne l'esame.
- Mantenere il dispositivo acceso, isolando le connessioni radio, riduce la durata della batteria perché il dispositivo tenta di connettersi con il massimo del segnale e causa un aumento del consumo di potenza. In alcuni dispositivi, dopo un certo periodo, la mancanza di connessione alla rete può causare l'azzeramento dei dati di rete che, invece, potrebbero risultare utili. [62] Le gabbie di Faraday possono attenuare il segnale radio, ma non lo eliminano completamente, e consentire la comunicazione con la stazione base nelle sue immediate vicinanze. Esiste anche il rischio di sigillare impropriamente il contenitore Faraday (ad esempio i cavi che collegano alla workstation forense possono fungere da antenna) e consentire l'accesso alla rete cellulare.
- Cellular Network Isolation Card (CNIC) - Un CNIC imita l'identità della UICC originale e impedisce l'accesso alla rete da / per il ricevitore. Tali carte impediscono al portatile di cancellare il registro delle chiamate a causa dell'inserimento di un nuova SIM. Questa tecnica permette l'acquisizione senza la preoccupazione delle interferenze wireless.

2.3.1.4. IMBALLAGGIO, TRASPORTO E CONSERVAZIONE DELLE EVIDENZE

Una volta che il dispositivo mobile è pronto per essere sequestrato, l'operatore forense dovrebbe sigillarlo in un apposito contenitore e posizionare l'etichetta in modo appropriato secondo le specifiche richieste.

A causa della natura volatile, alcuni dispositivi mobili devono essere immediatamente controllati in un laboratorio di informatica forense per analizzare e individuare i requisiti di alimentazione. I dispositivi alimentati a batteria, e tenuti in magazzino per più di un giorno, rischiano di perdere la potenza e i dati a meno che è in atto un procedimento per evitarlo.

Gli impianti di stoccaggio delle prove dovrebbero fornire un luogo fresco, un ambiente asciutto ed adeguato alle apparecchiature elettroniche. Tutte le prove dovrebbero essere posizionate in contenitori sigillati ed in zone sicure ad accesso controllato.

2.3.2. ACQUISITION

L'acquisizione è il processo che consente di ottenere l'immagine o, in alternativa, le informazioni da un dispositivo mobile e dai supporti di memoria associati. Se si esegue un'acquisizione sulla scena del crimine si ottiene il vantaggio di evitare la perdita di informazioni a causa dell'esaurimento della batteria, oppure per i danni che possono sopravvenire durante il trasporto e lo stoccaggio. Le acquisizione on-site, a differenza di quelle effettuate in laboratorio, possono essere più complicate a causa dell'assenza di un ambiente dedicato in cui lavorare con un'attrezzatura adeguata e che soddisfa ulteriore prerequisiti.

L'acquisizione forense inizia con l'identificazione del dispositivo mobile. La procedura, da seguire per la creazione di una copia forense del contenuto del dispositivo, è determinata dal tipo di dispositivo, dal sistema operativo installato e da altre caratteristiche. In generale, il tipo di dispositivo ed i dati da estrarre indicano quali strumenti e quali tecniche occorre utilizzare in una determinata indagine.

2.3.2.1. IDENTIFICAZIONE DEL DISPOSITIVO

Per procedere in maniera efficace è innanzitutto necessario identificare la marca, il modello ed il fornitore dei servizi del dispositivo mobile. Se il dispositivo non è identificabile, allora può essere utile effettuare fotografie del lato anteriore, posteriore e laterale del dispositivo per identificare la marca, il modello e lo stato attuale (ad esempio il blocco dello schermo) in un secondo momento. Gli utilizzatori possono provare ad ostacolare gli specialisti alterandone le caratteristiche. La trasformazione può consistere nella rimozione delle etichette di fabbrica oppure all'applicazione di altri loghi. Inoltre, in alcune situazione, può essere stato sostituito il sistema operativo e rendere completamente diverso il comportamento rispetto a quello previsto. Queste eventualità devono sempre essere prese in considerazione.

Ci sono altri indizi che consentono l'identificazione di un dispositivo mobile come il logo del produttore, i numeri di serie o le caratteristiche di progettazione (candy bar, clam shell). In generale, se si conosce la marca ed il modello è possibile circoscrivere i potenziali fornitori di servizi, differenziando il tipo di rete su cui opera il dispositivo (p.e. GSM, non GSM), e viceversa. Anche il software di sincronizzazione, scoperto su un computer associato, può aiutare a distinguere la famiglia del sistema operativo.

2.3.2.2. SELEZIONE DEGLI STRUMENTI

Una volta che sono noti la marca ed il modello del dispositivo mobile è possibile consultare, collegandosi al sito del produttore, i relativi manuali tecnici. Se si digita il numero del modello su un motore di ricerca si possono scoprire una notevole quantità di informazioni aggiuntive. Come accennato in precedenza, il modello è determinante per la scelta degli strumenti forensi. I seguenti criteri sono stati suggeriti come l'insieme basilare di requisiti che gli strumenti forensi devono avere per essere considerati nel momento della scelta:

- *Usabilità*: la possibilità di presentare i dati in un formato utile all'investigatore,

- *Completezza*: la possibilità di presentare tutti i dati in modo che possano essere identificati, contemporaneamente, gli elementi a carico e discarico,
- *Precisione:* sono stati testati i risultati dello strumento,
- *Deterministico:* la possibilità di produrre lo stesso output dallo stesso insieme di istruzioni e di input,
- *Verificabile:* la possibilità di garantire la precisione dell'output, avendo accesso alla traduzione intermedia ed ai risultati della presentazione,
- *Testato:* la possibilità di determinare se, noti i dati presenti nella memoria interna del dispositivo mobile, questi non vengano modificati e riportati con precisione dallo strumento.

Così come è stato detto per la ricerca delle prove, devono essere stabilite procedure da seguire durante il processo tecnico di acquisizione. Raramente possono verificarsi nuove circostanze che richiedono il controllo delle procedure esistenti o, in qualche caso, richiedono l'ideazione di nuove procedure e metodi.

Le procedure devono essere testate per assicurare che i risultati ottenuti siano validi e riproducibili. Il test dovrebbe avvenire sullo stesso modello di dispositivo, prima di tentare le procedure sul dispositivo del caso. Lo sviluppo e la validazione delle procedure devono essere documentate e comprendono le seguenti fasi [39]:

- Identificare il processo o il problema,
- Proporre le possibili soluzioni,
- Provare ogni soluzione su un dispositivo di prova e nelle condizioni di controllo note,
- Valutare i risultati del test,
- Completare la procedura.

2.3.2.3. Acquisizione della Memoria del Dispositivo

Spesso i dispositivi sono portati in laboratorio per recuperare solo determinati contenuti, come ad esempio il registro delle chiamate o le immagini. Prima di iniziare la fase di acquisizione dei dati è utile chiarire questo aspetto, per evitare che, l'uso di specifici tools, possa contaminare il device.

A volte, anche se non è stato chiesto di recuperare tutti i dati, conviene effettuare una acquisizione completa della memoria in modo tale che, nel caso siano richiesti dati aggiuntivi, si possa evitare di dover rifare il processo. Nel caso in cui l'esame richieda l'estrazione di un set limitato di dati (ad esempio solo i messaggi di testo) ed è stata effettuata un'estrazione completa della memoria, allora occorre prestare attenzione affinché gli elementi inseriti nel report finale siano solo quelli richiesti.

Per poter acquisire i dati di un dispositivo mobile è necessario stabilire un collegamento tra lo stesso e la workstation forense. Prima di procedere all'acquisizione è fondamentale consultare la documentazione dello strumento che verrà utilizzato e verificarne la compatibilità. Inoltre, come indicato in precedenza, occorre usare molta cautela durante la manipolazione dello stesso, per evitare di alterare lo stato del dispositivo mobile. Una volta che la connessione è stabilita, il tool o il software forense procede all'acquisizione dei dati dal dispositivo mobile.

I dispositivi mobili possono essere forniti di un'interfaccia per una scheda di memoria aggiuntiva. Di solito, i tools forensi effettuano un'acquisizione logica del contenuto di una scheda di memoria installata. Se il dispositivo si trova in uno stato attivo, dovrebbe essere acquisita prima la memoria interna del dispositivo mobile e, successivamente, quella degli altri supporti (come la scheda Micro SD). In caso contrario, se il dispositivo si trova in uno stato spento, deve essere effettuata prima l'acquisizione fisica dei supporti rimovibili. In entrambi i casi, lo strumento forense potrebbe non essere in grado di decodificare i dati recuperati dalla scheda aggiuntiva e, pertanto, potrebbe essere necessario effettuare ulteriori passaggi manuali.

Quando l'acquisizione è terminata, l'operatore deve confermare che il contenuto del dispositivo è stato catturato correttamente. Può capitare che un tool non riesca a leggere e, di conseguenza, il tecnico deve effettuare un ulteriore tentativo. Nel caso in cui si verificassero delle difficoltà con lo strumento iniziale è consigliabile disporre di più strumenti per essere in grado di passare ad un altro.

Inevitabilmente non tutti i dati presenti su un dispositivo possono essere ottenuti e decodificati attraverso un'acquisizione logica. Effettuare la videoregistrazione di un'interrogazione manuale dei contenuti, tramite i menu di interfaccia, consente di ottenere i dati non catturati e conferma che i contenuti riportati dallo strumento sono coerenti con i dati osservabili. L'estrazione manuale deve essere effettuata sempre con cautela, per preservare l'integrità del dispositivo, nel caso in cui sia necessario effettuare ulteriori acquisizioni.

La memoria di un dispositivo mobile contiene spesso informazioni, come i dati cancellati, che non è possibile recuperare attraverso le estrazioni logiche o manuali. In assenza di un software in grado di effettuare un'acquisizione fisica, può essere necessario ricorrere a tecniche basate sull'hardware. Le alternative più comuni sono l'acquisizione attraverso l'interfaccia JTAG, se presente sul dispositivo, e quella che legge direttamente il chip di memoria rimosso dal dispositivo [40].

2.3.2.4. DOTAZIONE A CORREDO

La dotazione a corredo di un dispositivo mobile può includere tecnologie in grado di memorizzare i dati. Le principali categorie sono: le schede di memoria, i computer in cui sono stati sincronizzati i dati e l'archiviazione basata sul cloud.

Gli smartphone possono essere forniti di un'interfaccia per supportare le memorie rimovibili (ad esempio le schede microSD o MMC) in grado di contenere una significativa quantità di dati. Le schede di memoria sono tipicamente memorie flash e sono utilizzate come memoria ausiliaria dei file utente, oppure come mezzo per spostare i file da un dispositivo ad un altro. I dati possono essere acquisiti attraverso l'uso di write-blocker e di applicazioni di analisi forense.

I dati memorizzati su un dispositivo mobile spesso sono presenti su un personal computer per via della funzionalità di sincronizzazione o condivisione delle informazioni di cui sono dotati alcuni dispositivi mobili. Questi personal computer o workstation sono definiti device sincronizzati. A volte, grazie alla funzione di sincronizzazione, può essere recuperata una notevole quantità di dati del dispositivo mobile agendo, attraverso l'uso dei tools di acquisizione ed analisi forense, sui dischi dei portatili o personal computer del proprietario.

2.3.2.5. SERVIZI DI CLOUD

Il mobile cloud computing è la combinazione del servizio di rete mobile e di cloud computing. Esso consente di memorizzare sul cloud (vale a dire sui server Internet) le applicazioni utente e i dati, piuttosto che sulla memoria del dispositivo mobile. Questi dati possono essere memorizzati in sedi geograficamente diverse.

La progettazione degli ambienti di cloud computing sono complessi e, spesso, geograficamente divisi. La loro localizzazione è scelta in base ai requisiti economici e per evitare la ridondanza dei dati. In ambito forense, l'identificazione della posizione dei dati potrebbe rappresentare un problema (competenze territoriale). La mobilità e l'esigenza di accedere ad una vasta mole di dati ha fatto sì che questo servizio sia in continua crescita.

Il Cloud storage apre numerose possibilità per gli sviluppatori di applicazioni per dispositivi. Poiché le applicazioni mobili si stanno evolvendo, il recupero dei dati diventa trasparente per l'utente, e non è importante se i dati siano memorizzati sul cloud o nella memoria interna del dispositivo.

Ci sono diversi elementi, all'interno degli ambienti di cloud computing, a cui i forensers devono far fronte. Questi richiedono un approccio ibrido che include tecniche forensi dal vivo e "dead box". Inoltre, il recupero dei dati dell'utente memorizzati nel cloud potrebbe diventare un problema di natura legale. Il loro recupero dovrebbe seguire dei regolamenti transnazionali e delle linee guida specifiche sulla forensics cloud.

L'analista non dovrebbe trascurare i dati presenti sul cloud (ad esempio la cache del browser) collegati con quelli presenti sul dispositivo, perché questo lo aiuterebbe sicuramente a capire cosa è accaduto su un determinato dispositivo.

2.3.3. EXAMINATION AND ANALYSIS

Il processo di ricerca consente di trovare le prove digitali, comprese quelle nascoste o bloccate. I risultati ottenuti, attraverso l'applicazione di metodi scientificamente provati, dovrebbero descrivere in maniera completa il contenuto, lo stato dei dati, la fonte ed il loro potenziale significato. Una volta che tutti i dati sono stati estratti, si può procedere alla loro riduzione effettuando la separazione dei dati pertinenti dalle informazioni irrilevanti. Il processo di analisi differisce dalla ricerca in quanto considera i risultati della ricerca per il loro significato ed il valore probatorio che possono assumere per il caso. La ricerca è un processo tecnico di competenza dello specialista forense. Mentre, l'analisi può essere effettuata con ruoli diversi dallo specialista, dall'investigatore o dall'analista forense.

Il processo di ricerca inizia con la realizzazione di una copia delle prove acquisite dal dispositivo mobile. Fortunatamente la quantità di dati acquisiti con i dispositivi mobili è molto più piccola rispetto all'esame effettuato sui personal computer o sui server di rete. Dal momento che i file creati durante l'acquisizione sono quasi sempre salvati in formati proprietari, è necessario adoperare il toolkit utilizzato per l'acquisizione. Anche se fosse possibile effettuare l'interoperabilità tra i servizi di acquisizione e ricerca con strumenti diversi, solo pochi supporterebbero questa caratteristica. La ricerca e l'analisi, realizzata utilizzando strumenti di terze parti, solitamente è effettuata tramite l'importazione di un dump della memoria in un tools che supporta le immagini dei dispositivi di software di terze parti.

Per fornire un punto da cui far partire la ricerca di potenziali prove, l'investigatore forense avrà bisogno di informazioni relative al caso ed alle parti in causa. L'attività di ricerca è un lavoro di gruppo tra l'analista forense e l'investigatore. L'investigatore consente di comprendere meglio il tipo di informazioni richieste, mentre l'analista forense fornisce i mezzi per trovare le informazioni rilevanti presenti sul sistema.

La comprensione del caso dovrebbe fornire le idee sul tipo di dato da cercare e specificare le parole chiave o le frasi da utilizzare durante la consultazione dei dati acquisiti. La strategia può variare a seconda del tipo di caso. Per esempio un caso di pornografia minorile può iniziare con l'esplorazione di tutte le immagini fotografiche del sistema, mentre un caso relativo ad un reato commesso su Internet potrebbe iniziare con la navigazione di tutta la cronologia di Internet.

2.3.3.1. POTENZIALI EVIDENZE

Generalmente i produttori di dispositivi mobili offrono lo stesso set di caratteristiche e funzionalità per la gestione delle informazioni, tra cui le applicazioni per il Personal Information Management (PIM), la messaggistica e la posta elettronica e la navigazione sul web. L'insieme di caratteristiche e funzionalità variano in base al periodo in cui è stato prodotto il dispositivo, alla versione del firmware installato, alle modifiche apportate da un particolare fornitore di servizi e alle eventuali modifiche o applicazioni installate dall'utente. Le evidenze che questi dispositivi possono contenere includono i seguenti elementi:

Gli identificatori del device e del sottoscrittore	Registro delle chiamate
Data / ora, lingua e altre impostazioni	Messaggi istantanei / Chat
Rubrica / Informazioni di contatto	Attività legate alla navigazione web
Calendario	Documenti digitali
Messaggi di testo	Dati relativi ai Social media
Messaggi multimediali	Dati relativi alla applicazioni
Posta elettronica	Informazioni sulla localizzazione
Foto	Dati di geo localizzazione
Registrazioni audio e video	Elenco password

Tab 4 – Elenco delle potenziali evidenze

Anche le informazioni di rete, trovate su un UICC, possono risultare utili all'indagine. Per esempio se una rete rifiuta l'aggiornamento della posizione di un telefono che tenta di registrarsi, viene inserita nell'elenco delle voci di rete bloccate nella PLMN Forbidden (Public Land Mobile Network) [45].

Gli elementi presenti su un dispositivo dipendono non solo dalle sue caratteristiche e dalla sua capacità, ma anche dai servizi voce e dati sottoscritti dall'utente. Ad esempio il servizio prepagato può escludere la possibilità di fruire della messaggistica multimediale, della posta elettronica e della navigazione sul web. Allo stesso modo un contratto di abbonamento può prevedere l'esclusione di alcuni tipi di servizio anche se il telefono li può supportare.

In genere si svolgono due tipi di indagini forensi. Il primo tipo è quando si verifica un incidente, ma l'identità del colpevole è sconosciuta (ad esempio un incidente di hacking). La seconda è quando sono noti il sospetto e l'incidente.

Dopo aver predisposto tutti gli elementi del caso, il forenser e l'analista possono procedere alla attuazione dei seguenti obiettivi:

- Raccogliere le informazioni sulle persone coinvolte { *chi* },
- Determinare la natura esatta degli eventi che si sono verificati { *cosa* },
- Costruire la cronologia degli eventi { *quando* },
- Scoprire le informazioni che spiegano la motivazione del reato { *perché* },
- Scoprire quali strumenti o exploit sono stati utilizzati { *come* }.

In molti casi i dati sono marginali all'indagine, oppure utili per corroborare e confutare le affermazioni di un individuo su qualche incidente. A volte, possono aiutare a conoscere direttamente la motivazione e l'intenzione. Le principali fonti di prova dei dispositivi mobili sono: i dati di contatto, i dati delle chiamate, i messaggi, le immagini, i video, i social media e le informazioni relative a Internet. Le applicazioni utente possono fornire ulteriori fonti di prova. Altre fonti di prova importanti sono i file utente immessi sul dispositivo per il rendering, la visualizzazione e la modifica. Oltre ai file grafici, sono rilevanti le registrazioni audio e video, i fogli di calcolo, le presentazioni e tutti gli altri documenti digitali.

Anche i programmi installati possono avere rilevanza in determinate situazioni. Spesso i dati più importanti recuperati sono quelli che collegano alle informazioni in possesso del fornitore di servizi. I fornitori di servizi gestiscono le banche dati dei registri delle chiamate, per la fatturazione e l'addebito, e possono essere interrogate tramite gli identificativi degli abbonati o dei dispositivi. Allo stesso modo possono essere recuperati i messaggi di testo, multimediali o vocali non consegnati. Questo consente all'investigatore di convalidare i risultati ottenuti dal dispositivo con i dati in possesso al fornitore del servizio.

2.3.3.2. UTILIZZO DEGLI STRUMENTO PER LA MOBILE DEVICE FORENSICS

Dopo avere realizzato una copia dell'acquisizione dei dispositivi, i passi successivi prevedono la ricerca dei dati, l'identificazione delle prove e lo sviluppo dei contenuti per la relazione finale. In questa fase è estremamente utile conoscere ed aver avuto esperienza con gli strumenti che saranno utilizzati per l'esame, in quanto l'abilità e la capacità di un tools possono notevolmente accelerare il processo di ricerca.

È importante ricordare che, come tutte le tecnologie, anche gli strumenti forensi possono avere un certo grado di errore di funzionamento. Per esempio potrebbero contenere errori di programmazione, oppure le specifiche dei file possono essere imprecise o non aggiornate. I test condotti sui tools indicano prevalentemente errori nella formattazione e nella visualizzazione dei dati. [46]. Per cui è essenziale avere un elevato grado di conoscenza dello strumento e la comprensione della capacità di funzionare correttamente. Il National Institute of Standards and Technology (NIST) ha avviato il progetto Computer Forensics Tool Testing (CFTT) al fine di produrre specifiche, metodi di test e rapporti di test in grado di fornire suggerimenti ai produttori, per migliorare gli strumenti, ed una panoramica di eventuali anomalie riscontrate agli utenti, per effettuare scelte consapevoli.

Un individuo esperto può interferire con la comprensione delle informazioni del dispositivo, per esempio può modificare volontariamente l'estensione di un file per fuorviare il funzionamento del tool forense, alterare la data e l'ora del device per falsificare i timestamp associati alle attività registrate, creare false transazioni sulla memoria del cellulare o del UICC, oppure utilizzare un software di pulitura per rimuovere o eliminare i dati dalla

memoria (metodi di antiforensics).
Gli analisti che tentano di scoprire le evidenze dovrebbero conoscere, a grandi linee, il sospetto, il reato e un set di termini da usare per la ricerca. La ricerca di espressioni dovrebbe essere sviluppata in modo sistematico, per esempio si può partire dalla rubrica o dall'elenco delle ultime chiamate. Se si procedesse sistematicamente, l'analista creerebbe un profilo con i potenziali contatti da utilizzare per effettuare la ricerca. Il Dipartimento di Giustizia Americano ha realizzato una guida [47] con cui evidenzia i seguenti suggerimenti utili all'analisi dei dati estratti:

- *Proprietario e utilizzatore*: Identifica le persone che hanno creato, modificato o acceduto un file; chiarisce il dubbio di chi, tra proprietario e utilizzatore, abbia utilizzato il dispositivo in una particolare data; localizza i file di interesse in posizioni non predefinite; recupera le password che indicano utente o proprietario; identifica il contenuto dei file specifici di un utente.
- *Analisi delle applicazioni e dei file*: Identifica le informazioni rilevanti all'indagine, attraverso l'esame del contenuto dei file; correla i files alle applicazioni installate; individua le relazioni tra files (per esempio e-mail con allegati); determina il significato dei tipi di file sconosciuti; verifica le impostazioni di configurazione del sistema; analizza i metadati del file;
- *Analisi temporale:* Attraverso l'esame dei file di log e delle date e ore presenti sul file system si può determinare quando si sono verificati determinati eventi sul sistema, in modo da poter associare l'utilizzo con un determinato individuo. A tal fine possono rivelarsi utili anche i registri delle chiamate, le date e le ore contenute nei messaggi e nelle e-mail. (Questi ultimi possono essere confermati anche con i tabulati del fornitore del servizio);
- *Analisi dei dati nascosti:* Individuare e recuperare i dati nascosti può aiutare a approfondire le conoscenza, il proprietario e il movente; accedere ai file cifrati o protetti da password; accedere alla immagini trattate con la steganografia; accedere allo spazio non allocato del file system.

La capacità e le caratteristiche dei tools, rispetto al sistema operativo ed al tipo di dispositivo da esaminare, determinano quali informazioni possono essere recuperate, identificate e mostrate. Il motore di ricerca svolge un ruolo significativo durante la scoperta delle informazioni.

La ricerca di informazioni su elementi a carico o discarico può richiedere molto tempo. Alcuni strumenti hanno un motore di ricerca semplice che risponde solo a stringhe di testo e, pertanto, consente solo ricerche elementari. Altri strumenti incorporano motori di ricerca con più funzionalità in grado di utilizzare contemporaneamente modelli di espressioni regolari e filtri.

2.3.4. Reporting

Il reporting è il processo di preparazione di una relazione dettagliata su un determinato caso e comprende tutte le attività eseguite, le misure adottate e le conclusioni raggiunte nel corso delle indagini. Pertanto, il reporting è subordinato al mantenimento di un accurato registro su cui sono riportate tutte le azioni e le osservazioni, descrive i risultati dei test e delle ricerche ed espone le conclusioni che sono state tratte dai dati. Un ottimo rapporto si avvale di una solida documentazione, di appunti, delle fotografie e dei contenuti generati dagli strumenti.

L'attività di reporting si effettua una volta che i dati sono stati accuratamente individuati e sono stati evidenziati gli elementi rilevanti. Molti tools forensi integrano la funzione di reporting basata su modelli predefiniti o personalizzabili per ottenere format professionali.

Indipendentemente da come vengono generati i report, è importante verificare che i dati rappresentati siano coerenti con i dati presenti nell'interfaccia utente. Ciò è fondamentale per identificare ed eliminare eventuali incongruenze [46].

Il rapporto relativo ad un'analisi forense dovrebbe contenere tutte le informazioni necessarie ad identificare il caso e la sua fonte, a descrivere i test e i risultati ottenuti e recare la firma del responsabile del suo contenuto.

In generale, la relazione dovrebbe contenere le seguenti informazioni [39]:
- La denominazione dell'agenzia o dell'ufficio,
- Il numero di identificazione del caso,
- Il nome dell'investigatore,
- La denominazione del richiedente,
- La data di ricevimento delle prove,
- La data della relazione,
- L'elenco analitico degli elementi sottoposti all'esame, includendo il numero di serie, la marca ed il modello,
- L'identità e la firma dell'operatore,
- Le apparecchiature utilizzate per l'esame,
- Una breve descrizione delle misure adottate durante l'esame, le stringhe ricercate, la ricerca di immagini grafiche ed il recupero di file cancellati,
- I materiali di supporto, le stampe di particolari elementi di prova, le copie digitali delle evidenze e la catena di custodia,
- I dettagli dei risultati:
    - Specifici file attinenti all'indagine,
    - Altri file, inclusi i file cancellati, che supportano i risultati,
    - Le stringhe cercate,

- Le evidenze relative ad Internet, come l'analisi del traffico di un sito web, i log, i file di cache, le e-mail e le attività di newsgroup o chat,
- L'analisi delle immagini grafiche,
- Gli elementi che indicano il proprietario, che potrebbero includere anche i dati di registrazione del programma,
- L'analisi dei dati,
- La descrizione dei programmi utilizzati sugli elementi esaminati
- Le tecniche utilizzate per offuscare i dati, come la crittografia, la steganografia, gli attributi nascosti, le partizioni nascoste e le anomalie nei nomi dei file,

• Le conclusioni del rapporto.

Le evidenze digitali, così come gli strumenti, le tecniche e le metodologie utilizzate durante l'esame, sono soggette ad essere messe in discussione durante il procedimento giudiziario o di altra natura. Pertanto è fondamentale fornire una adeguata documentazione per consentire a chiunque di ripetere il procedimento di ricerca dall'inizio alla fine.

2.3.5. RASSEGNA DEGLI STRUMENTI PER LA MOBILE DEVICE FORENSICS

La gamma di tools forensi per i dispositivi mobili è completamente differente da quelli per i computer, perché i computer differiscono dai dispositivi mobili sia dal punto di vista hardware, che software. La maggior parte dei sistemi operativi in uso sui cellulari è open source, ma le funzioni sono generalmente proprietarie e, di conseguenza, l'interpretazione della gestione dei dati spesso risulta essere complessa. Esistono diversi dispositivi che usano lo stesso sistema operativo, ma che variano nella struttura del file system. Queste differenze creano importanti complicazioni ai produttori di tools ed agli analisti.

Per un analista è importante conoscere i vari tipi di strumenti di acquisizione e i dati che sono in grado di recuperare. Il sistema di classificazione, illustrato di seguito, fornisce un modello per confrontare i metodi di estrazione utilizzati dai vari tools. L'obiettivo di questo modello è di consentire all'analista forense di classificare e confrontare facilmente i vari metodi di estrazione. Il sistema di classificazione [40] indica il grado d'invasività dal basso verso l'alto.

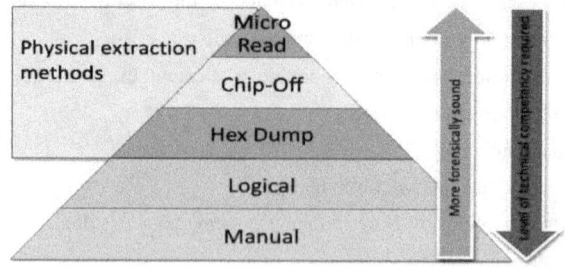

Fig. 14 - Sistema di classificazione degli strumenti di acquisizione, Fonte: [36]

Per ogni strato ci sono i pro e i contro per ogni tipologia di estrazione. Di seguito è dettagliatamente descritto ogni livello ed il metodo utilizzato per l'estrazione dei dati:

- *Estrazione manuale.* Il metodo di estrazione manuale prevede la visualizzazione del contenuto dei dati memorizzati su un dispositivo mobile. La visualizzazione del contenuto sullo schermo LCD richiede l'utilizzo dei pulsanti, tastiera o touch screen, del terminale. Le informazioni trovate possono essere registrate utilizzando una fotocamera digitale esterna. A questo livello non è possibile recuperare informazioni eliminate. Sono stati sviluppati alcuni tools per consentire al forenser di documentare e classificare le informazioni registrate più rapidamente. Tuttavia, se vi è una grande quantità di dati da acquisire, l'estrazione manuale può durare molto tempo e i dati possono inavvertitamente subire modifiche, cancellazioni o sovrascritture. L'estrazione manuale diventa più difficile, e forse irrealizzabile, quando lo schermo LCD è rotto o mancante, oppure è danneggiata o mancante la tastiera. Altre difficoltà possono verificarsi se il dispositivo è configurato per l'uso di una lingua sconosciuta all'operatore;

- *Estrazione Logica.* Per prima cosa si deve connettere il dispositivo mobile alla stazione di lavoro forense. La connettività può essere via cavo (USB o RS-232) o senza fili (IrDA, Wi-Fi o Bluetooth). Il tecnico deve essere consapevole dei problemi associati alla scelta di un metodo di connettività specifica, perché alcuni tipi di connessione, e protocolli associati, possono provocare la variazione dei dati (per esempio gli SMS non letti) oppure cambiare la quantità e il tipo di dati estratti. Gli strumenti di estrazione logica iniziano a lavorare con l'invio di una serie di comandi tramite l'interfaccia stabilita tra il computer e il dispositivo. Questo risponde in base alle richieste di comando. Le risposte (dati del dispositivo mobile) sono inviate alla workstation e presentate all'operatore per la creazione di un report;

- *Hex dumping e JTAG.* I metodi di estrazione Hex dumping e Joint Test Action Group (JTAG) offrono un accesso diretto alle informazioni grezze memorizzate sulla memoria flash. La principale difficoltà, che si può incontrare con questo metodo di estrazione, è la capacità di analizzare e decodificare i dati acquisiti. Per agevolare il lavoro dell'operatore forense è possibile realizzare la vista logica del file system e la segnalazione degli altri di dati che potrebbero essere presenti.

    o *Hex dumping.* Questa tecnica è il metodo di estrazione più utilizzato di questo livello. Comporta il caricamento di un loader modificato in un'area protetta della memoria del dispositivo. Questo processo di caricamento si ottiene collegando la porta dati del dispositivo mobile ad una Flasher box e quest'ultima è, a sua volta, collegata alla workstation forense. Dalla Flasher box vengono inviati al dispositivo una serie di comandi per collocarlo in

modalità diagnostica. Nella modalità diagnostica la Flasher box cattura tutta (o sezioni) la memoria flash e la invia alla workstation forense. [43];
  - *JTAG* - Molti produttori supportano lo standard JTAG. Esso definisce un'interfaccia comune per il testing del processore, della memoria e degli altri chip. Il tecnico forense può comunicare con un componente JTAG-compliant utilizzando speciali programmi indipendenti per sondare definiti test point. [52]. L'unità di test JTAG può essere utilizzata per chiedere gli indirizzi di memoria della componente JTAG-compliant ed accettare la risposta per lo stoccaggio e la resa [53]. JTAG offre la possibilità di acquisire i dispositivi bloccati o che hanno avuto danni minori e non possono essere interfacciati. Questo metodo prevede il collegamento di un cavo (o cablaggio) tra la stazione di lavoro e l'interfaccia JTAG [54]. Le estrazioni JTAG differiscono da quelle effettuate con l'Hex dumping per il livello di invasività. Il processo è solitamente irreversibile e non riproducibile.
- *Chip-Off* – Il metodo del Chip-Off si riferisce al tipo di acquisizione dei dati effettuata direttamente dalla memoria flash del dispositivo. Questa estrazione richiede la rimozione fisica dei chip di memoria. La tecnica offre la possibilità di realizzare un'immagine binaria del chip rimosso. Per consentire all'operatore di disporre dei dati in formato binario è necessario effettuare la decodifica a basso livello. Questo tipo di acquisizione è molto simile all'acquisizione fisica dei dischi rigidi. Per poter eseguire, con successo, estrazioni di questo tipo, è necessario possedere una formazione completa. L'estrazione chip-off deve contemplare una miriadi di tipi di chip ed un vasto numero di formati grezzi, oltretutto c'è sempre il rischio di provocare un danno fisico al chip durante il processo di estrazione. Queste difficoltà fanno preferire la tecnica JTAG;
- *Micro Read* – La tecnica Micro Read consiste nell'osservazione fisica delle porte NAND e NOR del chip attraverso l'uso di un microscopio elettronico. A causa delle difficoltà estreme che comporta lo svolgimento di una lettura Micro Read, questa tecnica di acquisizione è utilizzata solo per i casi di alto profilo equiparati ad una crisi della sicurezza nazionale e dopo che sono state escluse tutte le altre tecniche di acquisizione. Per questo tipo di intervento occorre un team di esperti, l'attrezzatura adeguata, il tempo e la conoscenza approfondita delle informazioni riservate. Attualmente non c'è in commercio un tool per applicare questa tecnica.

Sul sito NIST Tool Taxonomy[25] è reperibile un elenco aggiornato degli strumenti di analisi forense.

---

[25] http://www.cftt.nist.gov/tool_catalog/populated_taxonomy/

3
ANDROID AND iOS DEVICE FORENSICS

In questo capitolo sono presentate le principali caratteristiche dei sistemi operativi utilizzati negli Smartphone di ultima generazione (Android di Google e iOS di Apple) ed, in particolar modo, le tecniche per acquisire ed analizzare le informazioni di probabile interesse investigativo memorizzate al loro interno.

L'analisi forense dei mobile phone device, così come avviene per quella relativa ai computer, è strettamente legata al sistema operativo utilizzato sul dispositivo. Ciò è dovuto alle caratteristiche del file system adottato ed al modo con cui vengono gestite e protette le informazioni presenti in memoria.

3.1. OVERVIEW

Nel 2015, l'International Data Corporation (IDC) ha comunicato che i dispositivi mobili basati sui SS.OO. Android ed iOS dominano il mercato della telefonia mobile in tutto il mondo, rispettivamente con l'82,8% e 13,9%. Ciò lascia pochi dubbi sul fatto che questi due sistemi operativi condizionano il lavoro degli investigatori.

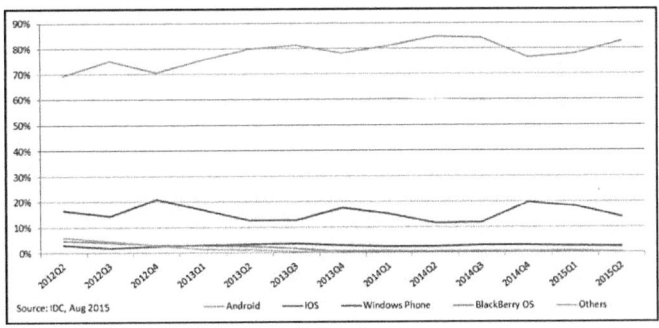

Fig. 15 - Smartphone OS Market Share, 2015 Q2, Fonte: [www.idc.com]

3.2. ANDROID DEVICE

In questi ultimi anni il numero di smartphone basati sul S.O. Android è cresciuto in proporzione al numero dei consumatori. Allo stesso tempo, come conseguenza dell'entrata in scena di nuovi smartphone, sono evolute le esigenze investigative. Al fine di rispondere ad alcune domande attinenti all'Android forensics, questo paragrafo porterà alla luce alcuni elementi importanti sulla struttura interna del sistema operativo Android, sul file system adottato, sulla struttura dei dati utilizzata e sui modelli di sicurezza implementati. Verranno, inoltre, illustrate le tecniche per effettuare l'acquisizione logica e fisica di un dispositivo basato su Android ed alcuni metodi per aggirare i lock screen, la sicurezza e la crittografia ed, infine, un'analisi avanzata dei dati rinvenibili all'interno della memoria. [66]

3.2.1. INFORMAZIONI GENERALI

Android è un sistema operativo open source, basato su Linux, sviluppato da Android Inc. nel 2003. Nel 2005 il progetto è stato acquisito da Google e, nel 2007, è iniziata la sua distribuzione sul mercato globale.
Android, come la maggior parte dei sistemi operativi, è costituito da una pila di componenti software suddivisa in quattro strati principali e cinque sezioni, come illustrato nello schema seguente[26]. Ogni strato fornisce servizi allo strato precedente. [67]

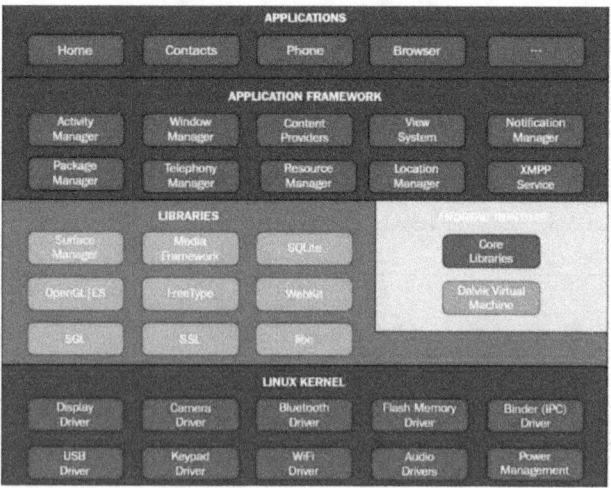

Fig. 16 – Architettura del S.O. Android, Fonte: [67]

Nella maggior parte dei dispositivi smartphone possiamo distinguere due tipi di applicazioni: le applicazioni di sistema, che sono installate di default sul dispositivo dall'azienda che lo

---

[26] https://upload.wikimedia.org/wikipedia/commons/a/af/Android-System-Architecture.svg

commercializza (il browser predefinito, il contact manager, il client SMS e così via) le quali - a partire da Android 4.4 - sono generalmente installate nel percorso /system/priv-app/; e le applicazioni che vengono scaricate ed installate dall'utente, che solitamente di trovano nella cartella /data/directory.

3.2.2. MODELLO DI SICUREZZA

Un enorme problema dell'analisi forense è capire il modello di sicurezza del sistema operativo di ogni smartphone. Tutti i fornitori e produttori di smartphone hanno a cuore la sicurezza dei dati dei propri utenti e, nella maggior parte dei casi, il modello di sicurezza adottato può causare un vero e proprio rompicapo per l'operatore forense. Come è noto, Android è un sistema operativo open source basato sul kernel di Linux e fornisce un ambiente in grado di eseguire più applicazioni contemporaneamente. Ogni applicazione è firmata digitalmente ed è isolata in una propria sandbox; ogni *application sandbox* definisce i privilegi dell'applicazione. Tutte le attività sopra il kernel hanno un accesso limitato al sistema. [66]

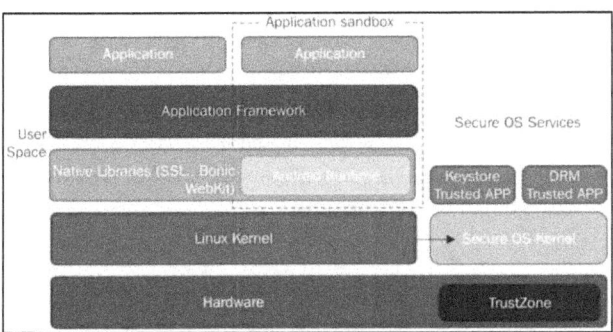

Fig. 17 – Modello di sicurezza di Android, Fonte: [67]

La maggior parte dei moderni dispositivi Android forniscono un *secondary environment / OS*: il *Secure OS*. Quest'ultimo è dedicato ad eseguire le operazioni sensibili alla sicurezza e, di solito, questa capacità è implementata in un processore separato o può anche essere condivisa sullo stesso processore, come ad esempio la tecnologia ARM TrustZone[27].

Generalmente gli OEM utilizzano i Secure OS services per fornire servizi ed applicazioni specifiche del dispositivo. Tutti i servizi crittografici basati sui Secure OS sono esposti per le applicazioni Android tramite l'API *KeyChain*. Per fornire le funzionalità di crittografia e protezione dei dati fa uso di algoritmi standard e garantisce tre funzioni principali: il *device encryption*, *l'application security* e la *network connectivity e encryption*.

---

[27] Per saperne di più TrustZone, è possibile fare riferimento a
http://www.arm.com/products/processors/technologies/trustzone/

3.2.2.1. FULL DISK ENCRYPTION

In ambiente Android i dati dell'utente sono crittografati, tramite una chiave di cifratura, prima che siano scritti sul disco e, parallelamente, tutte le operazioni di lettura decrittano automaticamente tutti i dati prima che vengano resi fruibili. Questo processo di crittografia/decrittografia è svolto dal *dm-crypt level*, che è una feature del kernel. Il processo di cifratura/decifratura rilascia una *128 AES with cipher-block chaining (CBC)* e *ESSIV: SHA256*; gli OEM possono cifrare utilizzando master key del tipo AES da 128 bit oppure superiori. [67]

Con l'introduzione di Android 5.0 sono state offerte alcune nuove funzionalità di crittografia tra cui quella veloce che, se non è stato impostato il flag ForceEncrypt, cripta solo la partizione dati dell'utente e consente di guadagnare tempo in fase di avvio. Inoltre ha introdotto l'*hardware-backed storage* della chiave di crittografia, il supporto per la crittografia senza password ed il supporto per i *pattern*.

A seconda di come viene impostato il dispositivo, Android 5+ offre quattro tipi di crittografia: quella di default, il PIN, la password ed il pattern. Al primo avvio, viene generata una master key casuale di 128 bit, che viene *hashed* con una password di default, e viene memorizzata e firmata attraverso un ambiente di esecuzione di fiducia (come il TrustZone).[28]

Con la creazione di un codice PIN/password/pattern, la chiave a 128 bit viene recriptata, ma non causa la recrittografia dei dati dell'utente. In Android la crittografia è gestita da *init and vold*.*init calls vold (volume daemon)*, che stabilisce una serie di proprietà di sistema per attivare i vari compiti e le fasi sui processi di codifica/decodifica/montaggio e, successivamente, comunica lo stato attuale per il *services framework*. Per cifrare/decifrare la partizione /data, viene montato un file system temporaneo (*on-memory filesystem*), che consente di esporre l'interfaccia utente e di smontare, successivamente, la partizione fisica. Per poter passare alla partizione fisica /data, vengono arrestati tutti i processi ed i servizi di sistema con i file aperti sul filesystem temporaneo e, successivamente, riavviati nella partizione attuale. Queste azioni di arresto/avvio sono attivate ogni qualvolta che viene impostata la proprietà vold.decrypt su uno dei seguenti valori: trigger_restart_framework, trigger_restart_min_framework o trigger_shutdown_framework. Vold e init comunicano con gli altri attraverso le proprietà impostate. [29]

Per i dispositivi basati su Android ci sono due flussi principali: cifrare un dispositivo precedentemente decifrato ed avviarne uno criptato. Ogni flusso ha, rispettivamente, due opzioni: criptare un dispositivo precedentemente in chiaro con *ForceEncrypt* e crittografare, a

---

[28] La password di default è default_password ed è definita nell'Android Open Source project cryptfs.c at https://android.googlesource.com/platform/system/vold/+/master/cryptfs.c.
[29] Un elenco delle proprietà disponibili per la cifratura è disponibile all'indirizzo https://source.android.com/security/encryption

richiesta dell'utente, un dispositivo precedentemente in chiaro (a partire da Android L, gli utenti possono avviare la crittografia dal dispositivo), per cui vi è la possibilità di avviare il dispositivo criptato senza impostare una password (utilizzando la password di default) ed avviare il dispositivo crittografato che ha la password impostata.

KeyChain and KeyStore
Android implementa una serie di algoritmi crittografici standard. Questi algoritmi sono forniti come API ai diversi protocolli del livello alto (come SSL e HTTPS) ed alle applicazioni che devono utilizzare la memoria delle credenziali di sistema per le chiavi private e le catene di certificati. [66]
A partire da Android 4.0, la classe KeyChain consente alle applicazioni di accedere alle chiavi private e alla loro catena di certificati corrispondenti attraverso il sistema di storage delle credenziali. Per quanto riguarda il Wi-Fi e le VPN, una volta che viene richiesta una chiave privata, l'applicazione riceve una chiamata da un *X509KeyManager* (un key manager per le coppie di chiavi basate su certificati X509). Successivamente chiama il choosePrivateKeyAlias, un metodo pubblico che inizializza l'attività per selezionare l'alias di una coppia di chiavi/certificato privato e poi restituisce l'alias selezionato (se non nullo) tramite il callback KeyChainAliasCallback. La chiave privata e l'X509Certificate vengono restituiti, rispettivamente, dopo che sono state chiamate la getPrivateKey (Context, String) e la getCertificateChain (Context, String).
Dopo l'uscita di Android 4.3 (API level 18) è stata introdotta la classe KeyStore che ha consentito alle applicazioni di memorizzare le credenziali e le chiavi crittografiche in store per irrobustire la loro estrazione. Il tipo di chiave di sistema può essere modificata impostando la proprietà keystore.type nel file identificato con JAVA_HOME/lib/security/java.security.

3.2.2.2. SICUREZZA DELLE APPLICAZIONI

Android, come la maggior parte delle piattaforme mobili, si concentra sulla sicurezza delle applicazioni fornendo diversi livelli di protezione, al fine di garantire che l'applicazione sia usabile, stabile ed integra. Vi sono diverse metodologie di protezione delle applicazioni in Android; le principali sono: l'*Application sandboxing and permissions, il Security Enhanced Linux (SELinux) e l'Application signing.* [67]

Application sandboxing and permissions
In Android ogni applicazione gira in una propria sandbox virtuale dedicata; questo consente di isolare le applicazioni l'una dall'altra. L'application sandbox è nel kernel ed è un modello esteso del codice nativo; ogni applicazione sopra il kernel layer viene eseguita all'interno dell'application sandbox.

Le risorse applicative sono identificate ed isolate in base al modello di protezione Linux user-based, in cui, per ciascuna applicazione, viene assegnato un unique User ID (UID) (che viene generato automaticamente) e viene eseguito da quell'utente in un processo separato. La sicurezza, tra le applicazioni e il sistema, è mantenuta a livello di processo tramite i servizi standard di Linux, quali l'ID utente e di gruppo, che vengono assegnati alle applicazioni. Ogni applicazione ha la propria data directory, la quale, a livello di file, assicura che questa abbia il permesso di leggere e scrivere solo all'interno del proprio /data directory.

Tutti i sistemi con unique user ID vengono definiti nel file di configurazione android_filesystem_config.h, tutti gli application UID partono da 10000 (AID_APP), ed i nomi utente, corrispondenti ai dispositivi che non supportano più utenti fisici, sono nella forma uX_aYYY, dove X corrisponde all'Android user ID (per esempio, all'utente root viene assegnato 0) e YYY è l'offset da AID_APP.

In teoria, un Android application sandbox può essere rappresentata come segue:

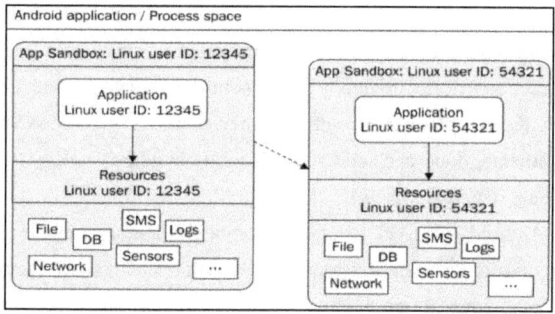

Fig. 18 – Sandbox dell'applicazione in Android, Fonte: [67]

Tutte le applicazioni sono eseguite senza che sia assegnata un'autorizzazione; tuttavia possono richiedere i permessi attraverso il loro manifest files. Le autorizzazioni vengono concesse in due modi: attraverso la richiesta dei permessi desiderati presenti nei propri manifest-permissions (AndroidManifest.xml), oppure eseguendo lo stesso processo con altre applicazioni attendibili.

Il file AndroidManifest.xml è obbligatorio e tutte le applicazioni di Android lo contengono nella loro directory principale. Tutte le autorizzazioni, richieste da una data applicazione, sono dichiarate al suo interno. Questi permessi hanno lo scopo di consentire ad un'applicazione di accedere a determinate API e risorse.

Security Enhanced Linux – SELinux

SELinux è una implementazione *mandatory access control (MAC)* del kernel Linux utilizzata come modulo di protezione di Linux. Android, a partire dalla versione 4.3, ha avviato l'integrazione di una versione di SELinux modificata dal Security Enhancements for Android project[30]. L'obiettivo di SELinux in Android è quello di definire dei confini ben determinati per le application sandboxes. [66] SELinux migliora il controllo di accesso, obbligatorio su tutti i processi, per limitare i privilegi ed automatizzare la creazione di policy di sicurezza. SELinux opera sulla *default denial policy*, il che significa che tutto ciò che non è esplicitamente permesso viene negato. Ci sono tre modalità di funzionamento di base di SELinux: *disabled, permissive mode and enforcing mode*.

Tutte operano nell'ambito della politica di SELinux (l'insieme delle regole che guidano il motore di sicurezza SELinux):

- *Disabled*: SELinux è disabilitato e non viene caricata alcuna politica, tranne la protezione predefinita Discretionary Access Control (DAC).
- *Permissive*: In questa modalità, la politica viene caricata e SELinux emette solo avvisi e registra i permessi negati.
- *Enforcing*: Questa modalità consente e carica la politica, inoltre registra le violazioni ed anche le negazioni.

A partire da Android 5.0 è stato abilitato il *full enforcement* che copre tutti i domini Android (processi, gruppo di processi e quant'altro); è possibile verificare e modificare la modalità di SELinux con i comandi getenforce e setenforce.

Application signing

L'Application signing in Android è basata sul Java JAR signing. In sostanza, tutte le application signing hanno lo scopo di garantire l'autenticità (identificazione e verifica dell'identità dell'autore) e l'integrità (assicurandosi che l'applicazione non venga alterata in alcun modo). Il processo di firma viene implementata da una firma digitale che utilizza una chiave privata e dei certificati X.509. In Android il certificato viene utilizzato principalmente per verificare che gli aggiornamenti delle applicazioni siano provenienti da un'autorità corretta, che applica la *same origin policy* e stabilisce un rapporto di fiducia tra le applicazioni. [67] Firmare un'applicazione Android in release mode richiede un key store, una chiave privata, il raggiungimento della configurazione della firma per il file di generazione del modulo App, e l'invocazione del costruttore assembleRelease di Android Studio.[31]

3.2.3. METODI PER BYPASSARE LA SICUREZZA

Il sistema di blocca-schermo rappresenta, senza alcun dubbio, il primo punto da cui inizia ogni esame forense di un dispositivo mobile. Android, come tutti i sistemi operativi per

---

[30] http://seandroid.bitbucket.orgdal
[31] È disponibile una guida dettagliata: https://developer.android.com/tools/publishing/appsigning.html

smartphone, offre una modalità per controllare l'accesso ad un determinato dispositivo, attraverso la richiesta di autenticazione degli utenti; il problema, che si presenta con le recenti implementazioni dei blocca-schermo nei sistemi operativi moderni in generale e di Android (dal momento che è l'argomento di questo paragrafo), è che al di là di controllare l'accesso all'interfaccia utente del sistema e delle applicazioni, il blocca-schermo è stato esteso a più aspetti - come lo sblocco del sistema di gestione delle chiavi, l'estrazione della chiave di crittografia (utilizzata per crittografare il disco) o delle credenziali per accedere all'area di archiviazione delle chiavi - e, di conseguenza, è diventata la fase più impegnativa dell'attività forense. [66]

Il problema di bypassare il blocca-schermo (chiamato anche keyguards) è che le tecniche che possono essere utilizzate dipendono principalmente dalla versione e dal modello del dispositivo interessato, per cui non esiste un metodo generalizzato, né una tecnica che funziona in tutti i casi.

Il blocco della tastiera è un'applicazione fondamentale di Android, in quanto è presente su un layer superiore ad ogni finestra, e consente di intercettare i tasti di navigazione per produrre l'effetto "lock". Ogni metodo di sblocco (PIN, password, pattern e face unlock) è un'implementazione ospitata dal KeyguardHostView, che è una classe di visualizzazione del container.

Tutti i metodi /modes utilizzati per mettere in sicurezza un dispositivo Android sono attivati impostando la modalità selezionata nel SecurityMode della classe KeyguardSecurityModel. Il seguente frammento di codice mostra come è stato implementato il KeyguardSecurityModel.SecurityMode.

```
enum SecurityMode {
    Invalid, // NULL state
    None, // No security enabled
    Pattern, // Unlock by drawing a pattern.
    Password, // Unlock by entering an alphanumeric password
    PIN, // Strictly numeric password
    Biometric, // Unlock with a biometric key (e.g. finger print or face unlock)
    Account, // Unlock by entering an account's login and password.
    SimPin, // Unlock by entering a sim pin.
    SimPuk // Unlock by entering a sim puk
}
```

Prima di iniziare a mettere in pratica le tecniche per bypassare o rompere i blocchi è necessario che i file di sistema o il "system protected files" soddisfino almeno uno dei seguenti criteri:

- Se si sta utilizzando l'Android Debug Bridge (ADB):
    - Il dispositivo deve essere *rooted* e deve essere stato abilitato l'*USB debug;*
- Avviare il device in una modalità di recupero personalizzata;
- Acquisire una copia fisica bit-a-bit tramite JTAG o chip-off.

3.2.3.1. CRACKING DEL LOCK PATTERN

L'implementazione della modalità di sicurezza basata sul pattern lock KeyguardSecurityModel.SecurityMode.Pattern richiede una sequenza di sblocco tramite il disegno di un modello predefinito su una griglia 3x3.

Il pattern dei punti della griglia sono registrati in ordine, a partire da 0 nell'angolo in alto a sinistra a 8, in corrispondenza del punto in basso a destra. Un pattern, per essere valido, deve comprendere almeno 4 punti ed un massimo di 9 ed, inoltre, ogni punto utilizzato non può essere riutilizzato nello stesso pattern, il che significa che statisticamente il numero di combinazioni di una sequenza di sblocco è notevolmente ridotta rispetto ad un PIN di nove cifre. Infatti, non è un grosso problema avere tutte le combinazioni comprese tra 0123 e 876.543.210.

Inoltre, la sequenza di blocco viene memorizzata sotto forma di valore SHA-1, come si può vedere dal progetto Android nella classe LockPatternUtils:

```
private static byte[] patternToHash(List<LockPatternView.Cell> pattern) {
    if (pattern == null) {
        return null;
    }
    final int patternSize = pattern.size();
    byte[] res = new byte[patternSize];
    for (int i = 0; i < patternSize; i++) {
        LockPatternView.Cell cell = pattern.get(i);
        res[i] = (byte) (cell.getRow() * 3 + cell.getColumn());
    }
    try {
        MessageDigest md = MessageDigest.getInstance("SHA-1");
        byte[] hash = md.digest(res);
        return hash;
    } catch (NoSuchAlgorithmException nsa) {
        return res;
    }
}
```

In tutte le versioni di Android, il valore hash della sequenza di sblocco viene memorizzata nel file /data/system/gesture.key (se multi-utente in /data/system/users/<user ID>/gesture.key):

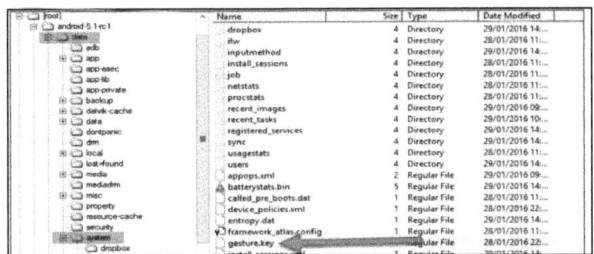

Fig. 19 –File gesture.key, Fonte: [67]

È possibile estrarre il file gesture.key tramite il comando ADB: adb pull /data/system/gesture.key e, successivamente, decifrarlo attraverso le tabelle che fanno corrispondere il codice hash trovato alla corretta sequenza[32]; oppure si può rimuovere direttamente il file ed eliminare il pattern di sblocco.

3.2.3.2. CRACKING DEL PIN/PASSWORD

La principale differenza tra il PIN/password ed un pattern di sblocco (oltre al diverso modo con cui vengono memorizzati) è che il primo viene preservato mentre, come abbiamo visto, ciò non avviene per il pattern lock. In sostanza, la gestione dei PIN e delle password è equivalente; viene confrontato l'hash dell'input dell'utente con un hash memorizzato. Il *salt* utilizzato è un valore casuale di 64 bit memorizzato nel file /data/system/password.key (nei sistemi multi-utente si trova in /data/system/users/<ID utente>/password.key). [67]

Il seguente è un esempio di un hash del file /data/system/password.key:

F507780CA6762594B2C39F61279D544EA06AF3C95AA4CA29D6221FC7DE4AEC5349C257F3.

Infatti, come è possibile apprendere dalla classe LockPatternUtils, l'hash calcolato è una concatenazione degli hash SHA1 e MD5[33]:

```
public byte[] passwordToHash(String password, int userId) {
    if (password == null) {
        return null;
    }
    try {
        byte[] saltedPassword = (password + getSalt(userId)).getBytes();
        byte[] sha1 = MessageDigest.getInstance("SHA-1").digest(saltedPassword);
        byte[] md5 =
        MessageDigest.getInstance("MD5").digest(saltedPassword);
        byte[] combined = new byte[sha1.length + md5.length];
        System.arraycopy(sha1, 0, combined, 0, sha1.length);
        System.arraycopy(md5, 0, combined, sha1.length, md5.length);
        final char[] hexEncoded = HexEncoding.encode(combined);
        return new String(hexEncoded).getBytes(StandardCharsets.UTF_8);
    } catch (NoSuchAlgorithmException e) {
        throw new AssertionError("Missing digest algorithm:",e);
    }
}
```

Ciò significa che il PIN / password può essere visto come un password.key = SHA1($pass . $salt) . MD5($pass .$salt).

---

[32] There are several freely available scripts to generate all the possible hashes and their respective patterns (https://github.com/kevinis/AndroidPatternCracker) and there are freely available precompiled tables (http://www.android-forensics.com/tools/AndroidGestureSHA1.rar)

[33] https://github.com/android/platform_frameworks_base/blob/master/core/java/com/android/internal/widget/LockPatternUtils.java

A partire da Android 4.4, il *salt* utilizzato per il calcolo dell'hash viene memorizzato in un database dedicato chiamato locksettings.db, la versione più recente ha un'unica tabella e può essere trovata in /data/system/locksettings.db.

La seguente query SQL restituisce il *salt*:

> select value from locksettings where name='lockscreen.password_salt'

Il risultato è un numero a 64-bit (intero lungo): 2678589428530746611.

Come si può vedere, a questo punto del PIN si conosce:

- SHA1: F507780CA6762594B2C39F61279D544EA06AF3C9
- MD5: 5AA4CA29D6221FC7DE4AEC5349C257F3
- Salt: \ (la forma esadecimale del salt)

Dal file /data/system/device_policies.xml è possibile raccogliere ulteriori informazioni sul PIN / password :

> <policies><active-password quality="196608" length="4" uppercase="0"
> lowercase="0" letters="0" numeric="4" symbols="0"
> nonletter="4"/></policies>

Con questi elementi è possibile decifrare l'hash più debole (MD5) attraverso l'uso degli strumenti disponibili in rete.[34] Il PIN può essere rotto in poco tempo, in questo caso è pari a 0912. È interessante notare che è possibile bypassare un blocco-schermo per Android 5.x sfruttando una vulnerabilità (prima del rilascio dell'LMY48M) che consente di mandare in crash il blocco-schermo e di ottenere l'accesso ad un dispositivo bloccato anche se è stata abilitata la crittografia. La vulnerabilità colpisce i dispositivi protetti da password. La vulnerabilità è conosciuta come Elevation of Privilege Vulnerability in Lockscreen (CVE-2015-3860).[35]

Android 3.0 ha introdotto, per la prima volta, il Full Disk Encryption (FDE), l'implementazione è rimasta identica fino all'uscita di Android 4.3. Tutte le versioni di Android utilizzano il *crypto footer*, che è un'implementazione simile alla encryption partition header utilizzata dal Linux United Key Setup (LUKS), ma in un modo molto leggero (con tutte le funzionalità di anti-forensics, split/merge ed altre già risolte). Android supporta solo una decryption passphrase. Per cui, l'unico modo per verificare se la password inserita è corretta consiste nel cercare di montare la partizione cifrata; se si riesce, la passphrase è giusta, altrimenti la frase è sbagliata.

Se si visita cryptfs.h, del progetto Android open source, si può vedere che il crypto footer in Android 4.3 è simile al seguente:

> struct crypt_mnt_ftr {
> __le32 magic; /* See above */

---

[34] https://hashcat.net/hashcat/
[35] These steps are fully documented with screenshots at http://sites.utexas.edu/iso/2015/09/15/android-5-lockscreen-bypass/, and more details about CVE-2015-3860 can be found at https://web.nvd.nist.gov/view/vuln/detail?vulnId=CVE-2015-3860.

```
    __le16 major_version;
    __le16 minor_version;
    __le32 ftr_size; /* in bytes, not including key following */
    __le32 flags; /* See above */
    __le32 keysize; /* in bytes */
    __le32 spare1; /* ignored */
    __le64 fs_size; /* Size of the encrypted fs, in 512 byte sectors */
    __le32 failed_decrypt_count; /* count of # of failed attempts to decrypt and
    mount, set to 0 on successful mount */
    unsigned char crypto_type_name[MAX_CRYPTO_TYPE_NAME_LEN]; /* The type of
    encryption needed to decrypt this partition, null terminated */
};
```

Considerato che, nella versione 1.0 del FDE, la master key è cifrata con una chiave AES-128 key-encryption derivata dal PIN/password dell'utente e dal *salt* con 2000 iterazioni di Password-Based Key Derivation Function 2 (PBKDF2). Per cui, per ottenere una copia del crypto footer, si deve utilizzare un attacco di brute-forcing, che risiede in una partizione dedicata il cui nome è specificato nel flag encryptable nel file fstab e la partizione cifrata userdata.[36]

Un PIN di 4 cifre può essere forzato con un elevato tasso di successo tramite l'uso dello script bruteforce_stdcrypto.py[37].

La principale differenza presente in Android 4.4 è la sostituzione di PBKDF2 con lo scrypt (htttps://www.tarsnap.com/scrypt.html), dopo aver generato la disk-encryption key (DEK). *"Android 4.4 applies scrypt with N=15, r=3, and p=1 to the user PIN/password and salt to produce a 32-bit keyencryption key, so as a part of the upgrade, the crypto footer in Android 4.4 looks similar to the following:"*

```
struct crypt_mnt_ftr {
    __le32 magic;
    __le16 major_version;
    __le16 minor_version;
    __le32 ftr_size;
    __le32 flags;
    __le32 keysize;
    __le32 spare1;
    __le64 fs_size;
    __le32 failed_decrypt_count;
    unsigned char crypto_type_name[MAX_CRYPTO_TYPE_NAME_LEN];
    __le32 spare2;
    unsigned char master_key[MAX_KEY_LEN];
    unsigned char salt[SALT_LEN];
    __le64 persist_data_offset[2];
    __le32 persist_data_size;
```

---

[36] A very interesting discussion about cracking the FD3 v1.0 can be found at https://hashcat.net/forum/thread-2270.html.
[37] A detailed step-by-step guide is available on https://santoku-linux.com/howto/mobile-forensics/how-to-bruteforce-android-encryption/

```
    __le8 kdf_type;
    /* scrypt parameters. See www.tarsnap.com/scrypt/scrypt.pdf */
    __le8 N_factor; /* (1 << N) */
    __le8 r_factor; /* (1 << r) */
    __le8 p_factor; /* (1 << p) */
};
```

Questa struttura è considerata la versione 1.2 di FDE, che, se viene utilizzata un PIN molto semplice, rimane ancora vulnerabile ad un attacco di forza bruta che utilizza lo stesso script distribuito all'interno del Santoku Linux.

Android 5.0 porta con sé una versione 1.3 di FDE con un nuovo crypto footer:

```
struct crypt_mnt_ftr {
    __le32 magic; /* See above */
    __le16 major_version;
    __le16 minor_version;
    __le32 ftr_size; /* in bytes, not including key following */
    __le32 flags; /* See above */
    __le32 keysize; /* in bytes */
    __le32 crypt_type; /* how master_key is encrypted. Must be a
                        * CRYPT_TYPE_XXX value */
    __le64 fs_size;
    __le32 failed_decrypt_count;
    unsigned char crypto_type_name[MAX_CRYPTO_TYPE_NAME_LEN];
    __le32 spare2;
    unsigned char master_key[MAX_KEY_LEN];
    __le64 persist_data_offset[2];
    __le32 persist_data_size;
    __le8 kdf_type; /* The key derivation function used. */
    /* scrypt parameters. See www.tarsnap.com/scrypt/scrypt.pdf */
    __le8 N_factor; /* (1 << N) */
    __le8 r_factor; /* (1 << r) */
    __le8 p_factor; /* (1 << p) */
    __le64 encrypted_upto;
    __le8 hash_first_block[SHA256_DIGEST_LENGTH];
    __le8 keymaster_blob[KEYMASTER_BLOB_SIZE];
    __le32 keymaster_blob_size;
    unsigned char scrypted_intermediate_key[SCRYPT_LEN];
};
```

Il miglioramento più importante di questa implementazione risiede nel fatto che non vi è alcuna necessità di impostare un PIN/password e che la key-encryption ha una protezione a livello hardware, come suggerito dal keymaster_blob[KEYMASTER_BLOB_SIZE], che riferisce la dimensione della asymmetric hardware-bound private key (KBK)[38].

---

[38] Come descritto dalla documentazione ufficiale (https://source.android.com/security/encryption/)

La chiave di crittografia è memorizzata nei metadati della crittografia stessa. L'Hardware backing è implementato utilizzando la capacità di firma Trusted Execution Environment (TEE). In precedenza, la master key veniva crittografata con una chiave generata mediante l'applicazione di scrypt alla password dell'utente ed al *salt* memorizzato. Al fine di rendere la chiave resistente agli attacchi off-box, questo algoritmo è stato esteso firmando la chiave risultante con una TEE key memorizzata. La firma risultante viene poi trasformata in una chiave di lunghezza appropriata da un'altra applicazione di scrypt. Questa chiave viene quindi utilizzata per cifrare e decifrare la master key.

Ciò significa che, al momento, gli attacchi di brute-forcing ai dischi criptati con Android 5+ non sono più efficaci e, ad oggi, non è conosciuta nessun'altra tecnica idonea.

3.2.4. Acquisizione Logica dei Dati

L'acquisizione logica di un dispositivo Android consente di raccogliere i dati utente attraverso una comunicazione con il sistema operativo. Nella maggior parte dei casi, e se i prerequisiti sono verificati (per lo più un dispositivo *rooted* con la modalità *USB Debug* abilitata), l'acquisizione logica può esporre informazioni importanti presenti sul dispositivo, tra cui gli SMS, la cronologia delle chiamate, i dati delle applicazioni, i log di sistema ed i file multimediali. [66]

Negli scenari di Android forensics, ottenere l'accesso root è uno step molto importante e la decisione di effettuarlo richiede l'approvazione di un giudice. Gli strumenti forensi disponibili in commercio (come XRY, Oxygen Forensic Suite, Device Seizure di Paraben o NowSecure Forensics Suite) offrono un root per i dispositivi Android automatizzato e temporaneo, ma il risultato dipende ancora molto dal dispositivo e dalla versione di Android.

Il processo di acquisizione logica dei dispositivi Android può essere effettuate manualmente tramite le funzionalità offerte da ADB. Infatti, ADB offre una serie di funzionalità, oltre a quelle specifiche per lo sviluppo e il debugging, che sono utili in un contesto legale in quanto consente all'operatore di: copiare i files e le cartelle da e verso il dispositivo, eseguire comandi shell sul dispositivo, ottenere i log di sistema e delle app, installare e rimuovere applicazioni ed effettuare il debug delle applicazioni in esecuzione[39].

La cosa interessante da fare, durante un esame forense, è acquisire qualsiasi computer che è stato precedentemente autorizzato dal momento che le chiavi generate adbkey e adbkey.pub sono state memorizzate nelle seguenti posizioni:
- In Windows: %USERPROFILE%\.android o %SYSTEMPROFILE%\.android
- In Mac OS: /Users/<username>/.android

---

[39] Un guida completa è presente all'indirizzo: http://www.howtogeek.com/125769/how-to-install-and-use-abd-the-Android- debug-bridge-utility/

La memorizzazione di questi file sul computer rende il dispositivo stesso attendibile.
Se è stata abilitata la modalità USB debug, si può iniziare ad effettuare il pull delle evidenze dal device utilizzando il comando *abd pull*.
La sintassi è la seguente:

```
adb pull [-p] [-a] <remote file path on device> [<local file path>]
```

Ecco i passi:
1. Dopo aver selezionato il dispositivo collegato alla postazione forense:
   ```
   $ adb devices
   ```
   Lista dei dispositivi collegati
   ```
   * Daemon non è in esecuzione. a partire subito sulla porta 5037 *
   * Demone avviato con successo *
   dispositivo 90000a7854ca
   ```
2. Si può aprire una UNIX shell direttamente sul dispositivo:
   ```
   $ adb shell di root @ generico: / #
   ```
3. A questo punto è possibile eseguire il comando UNIX ls –l data/data/ per esplorare il contenuto. Come è possibile vedere, tutte le cartelle /data/data/<app package>, presenti sui dispositivi Android, hanno la stessa architettura di sottodirectory:

Folder	Description
shared_prefs	XML of shared preferences
lib	Custom library files required by app
files	Developer saved files
cache	Files cached by the app
databases	SQLite databases and journal files

Tab 5 – Le sottodirectory delle App di Android app, Fonte: [67]

In Android, come nella maggior parte dei sistemi operativi per smartphone, le evidenze più importanti risiedono all'interno di database SQLite.
Per prelevare, per esempio, il database del browser di Android: /data/data/com.android.browser/:
- Il nome del file è browser2.db
- il suo percorso completo è /data/data/com.android.browser/databases/browser2.db

```
-rw------- u0_a15    u0_a15       428512 2016-02-04 13:50 browser2.db-wal
root@generic:/ # ls -l /data/data/com.android.browser/
drwxrwx--x u0_a15    u0_a15              2016-02-04 13:16 app_appcache
drwxrwx--x u0_a15    u0_a15              2016-02-04 13:16 app_databases
drwxrwx--x u0_a15    u0_a15              2016-02-04 13:16 app_geolocation
drwxrwx--x u0_a15    u0_a15              2016-02-04 13:16 app_icons
drwxrwx--x u0_a15    u0_a15              2016-02-04 13:16 app_webview
drwxrwx--x u0_a15    u0_a15              2016-02-04 13:50 cache
drwxrwx--x u0_a15    u0_a15              2016-02-04 13:16 databases
drwxrwx--x u0_a15    u0_a15              2016-02-04 13:16 files
lrwxrwxrwx install   install             2016-02-03 01:11 lib -> /data/app-lib/com.android.browser
drwxrwx--x u0_a15    u0_a15              2016-02-04 13:43 shared_prefs
root@generic:/ # ls -l /data/data/com.android.browser/databases
-rw-rw---- u0_a15    u0_a15       483328 2016-02-04 13:48 browser2.db
-rw------- u0_a15    u0_a15        32768 2016-02-04 13:50 browser2.db-shm
-rw------- u0_a15    u0_a15       428512 2016-02-04 13:50 browser2.db-wal
root@generic:/ #
```

Fig. 20 – Directory contenente i DB di Android, Fonte: [67]

4. Per uscire dalla modalità shell digitare il comando exit e per estrarre il file del database si utilizza adb pull, come illustrato di seguito:

```
$ adb pull /data/data/com.android.browser/databases/browser2.db
/home/soufiane/Desktop/AndroidBrowserDBs/browser2.db
1466 KB/s (483328 bytes in 0.321s)
$ adb pull /data/data/com.android.browser/databases/browser2.db-shm
/home/soufiane/Desktop/AndroidBrowserDBs/browser2.db-shm
395 KB/s (32768 bytes in 0.080s)
$ adb pull /data/data/com.android.browser/databases/browser2.db-wal
/home/soufiane/Desktop/AndroidBrowserDBs/browser2.db-wal
1242 KB/s (428512 bytes in 0.336s)
```

Il comando adb pull è in grado di estrarre anche un'intera directory.

Per esempio, per scaricare la cartella /telephony, che contiene il database degli SMS, è sufficiente eseguire il seguente comando:

```
adb pull /data/data/com.android.providers.telephony/ /Destinazione/
```

Il risultato è mostrato di seguito:

```
root@generic:/ # exit
soufiane@soufiane-VirtualBox:~$ adb pull /data/data/com.android.providers.telephony /home/soufiane/Desktop/Telephony
pull: building file list...
pull: /data/data/com.android.providers.telephony/databases/mmssms.db-journal -> /home/soufiane/Desktop/Telephony/databases/mmssms.db-journal
pull: /data/data/com.android.providers.telephony/databases/mmssms.db -> /home/soufiane/Desktop/Telephony/databases/mmssms.db
pull: /data/data/com.android.providers.telephony/databases/telephony.db-journal -> /home/soufiane/Desktop/Telephony/databases/telephony.db-journal
pull: /data/data/com.android.providers.telephony/databases/telephony.db -> /home/soufiane/Desktop/Telephony/databases/telephony.db
pull: /data/data/com.android.providers.telephony/databases/HbpcdLookup.db-journal -> /home/soufiane/Desktop/Telephony/databases/HbpcdLookup.db-journal
pull: /data/data/com.android.providers.telephony/databases/HbpcdLookup.db -> /home/soufiane/Desktop/Telephony/databases/HbpcdLookup.db
pull: /data/data/com.android.providers.telephony/shared_prefs/preferred-apn1.xml -> /home/soufiane/Desktop/Telephony/shared_prefs/preferred-apn1.xml
pull: /data/data/com.android.providers.telephony/lib -> /home/soufiane/Desktop/Telephony/lib
failed to copy '/data/data/com.android.providers.telephony/lib' to '/home/soufiane/Desktop/Telephony/lib': No such file or directory
8 files pulled, 0 files skipped.
262 KB/s (222899 bytes in 0.829s)
soufiane@soufiane-VirtualBox:~$
```

Fig. 21 – Risultato del comando Pull Directory, Fonte: [67]

Ciò significa che, se si vuole tirare la maggior parte dei dati delle applicazioni di un utente, è sufficiente eseguire il comando adb pull /data/data/ /destinazione/ e si ottiene la copia logica dei dati di un utente *ready-to-esame*.

ANDROID AND IOS DEVICE FORENSICS

ADB offre la possibilità di estrarre un backup completo del dispositivo utilizzando il seguente comando:

```
adb   backup   [-f   <file>]   [-apk|-noapk]   [-shared|-noshared]   [-all]
      [-system|nosystem]   [<packages>]
```

I parametri del comando sono i seguenti:
- -all: *This will back up applications and user data without including APKs to the current directory as a backup.ab file.*
- -f: *Lets you choose the path and backup file name.*
- -apk or -noapk: *Lets you choose whether or not APKs should be included in your backup.*
- -shared or -noshared: *Lets you choose whether or not to back up data from shared storage and the SD card.*
- -system or -nosystem: *Indicates whether or not the -all flag includes system applications.*
- <packages>: *Explicitly lists packages that you especially want to backup.*

Il backup estratto è un file TAR compresso che utilizza una combinazione dell'algoritmo LZ77 e della codifica di Huffman (deflated), ma può essere analizzato utilizzando il Backup Extractor Android[40], e può essere eseguito con il comando abe.jar unpack backup.tar backup.ab.

Se il comando ha avuto successo, verrà creato un file backup.tar che può essere esplorato tramite una qualsiasi utility di compressione/decompressione:

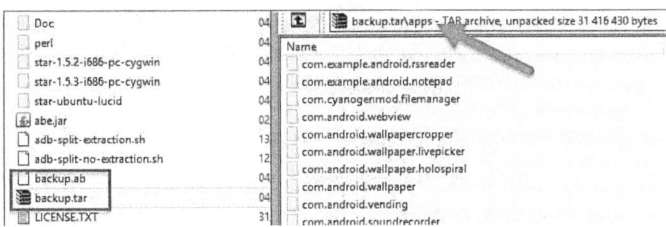

Fig 22 – File Android Full Backup, Fonte: [67]

3.2.5. ACQUISIZIONE FISICA DEI DATI

Acquisire un'immagine fisica di un qualsiasi dispositivo significa estrarre una copia esatta bit-a-bit della memoria flash del dispositivo originale. A differenza dell'acquisizione logica, le immagini acquisite fisicamente contengono lo spazio non allocato e tutti i dati presenti nello stack del volume di memoria. [67]

Nel contesto di Android, per ottenere i privilegi di superutente ed accedere pienamente alla

---

[40] Java open source tool that you can download from http://sourceforge.net/projects/adbextractor/

ADB shell, è necessario effettuare il *root* del dispositivo. Una acquisizione fisica può essere effettuata tramite un bootloader personalizzato, cambiando l'immagine di ripristino personalizzata, oppure utilizzando gli strumenti per effettuare il flash della memoria. Esistono anche tecniche di acquisizione basate sull'hardware come il JTAG ed il chip-off. L'acquisizione fisica di un dispositivo significa che è stato acquisito indirettamente tutto il contenuto del dispositivo.

I sistemi operativi basati su Linux includono un tool integrato, a linea di comando, chiamato dd, utilizzato (per definizione) per copiare dalla sorgente alla destinazione, blocco per blocco, indipendentemente dal tipo di filesystem o dal sistema operativo. Questa utilità è inclusa anche in Android.

Come si è visto in precedenza, se si collega il dispositivo *rooted* ed in un terminale si digita adb shell, è possibile eseguire la shell remota in modo interattivo.

Se il dispositivo è *rooted*, ed è collegato correttamente, è possibile eseguire il comando *mount* per attaccare il file system trovato sul dispositivo ad un file tree esterno, come si può vedere nello screenshot di seguito:

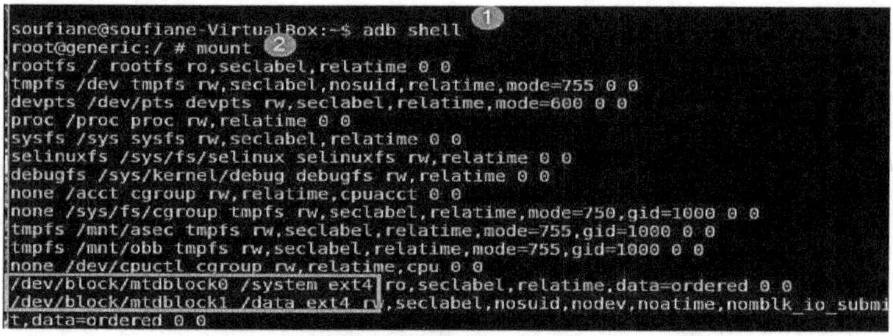

Fig. - 23 – Montaggio delle partizioni di Android, Fonte: [67]

Come evidenziato nella schermata precedente, la partizione dei dati è /dev/block/mtdblock1. Ora che si conosce quale partizione si vuole acquisire fisicamente, è necessario estrarla bit-a-bit. A questo punto occorre scegliere se salvare il dump della memoria su una scheda SD, oppure trasmetterlo tramite una rete direttamente sul computer dell'operatore.

Il comando dd per eseguire il dump di mtdblock1 sulla /sdcard è il seguente

```
dd if=/dev/block/mtdblock1 of=/storage/sdcard/physicalImage.dd bs=512
conv=notrunc,noerror,sync
```

Per trasferire l'immagine fisica dalla scheda SD al computer dell'operatore si utilizza il comando adb pull /storage/sdcard/ /path/ oppure si esplora la scheda SD tramite explorer:

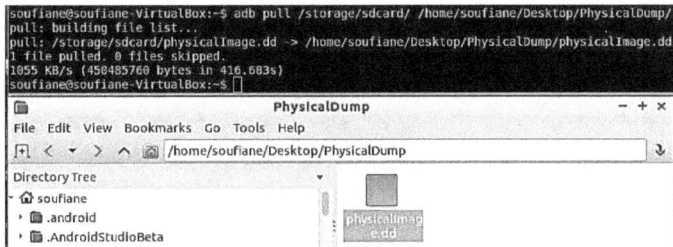

Fig. 24 – Immagine fisica di Android, Fonte: [67]

Se si vuole acquisire l'immagine tramite rete, si dovrà prima abilitare il port di inoltro sul dispositivo tramite ADB. Il comando è adb forward tcp:1986 tcp:1986
Successivamente, nella finestra di shell, verrà eseguito il comando dd:

```
dd if = / dev / block / mtdblock1 conv = notrunc, noerror,
sincronizzazione | nc -1 -p 1986
```

L'immagine acquisita può essere montata ed esplorata. In Windows, è possibile utilizzare strumenti quali AccessData FTK Imager[41], che dà accesso ad una immagine montata logicamente e permette di visualizzare i tipi di file, con le relative associazioni di Windows, e copiare i file dall'immagine montata in un'altra posizione.

Per effettuare un analisi più approfondita è possibile utilizzare l'applicazione open source Autopsy[42].

I ricercatori Seung Jei Yang, Jung Ho Choi, Ki Bom Kim e Tae Joo Chang hanno introdotto una nuova tecnica di acquisizione; il nuovo metodo si basa sui protocolli di aggiornamento del firmware, analizzando i comandi utilizzati dal processo di aggiornamento in-firmware[43].

3.2.6. ANALISI DEI DATI RILEVANTI

Questo paragrafo è dedicato alla ricostruzione ed analisi dei numerosi file memorizzati all'interno del file system di Android. Così come si effettua un'analisi logica dei dispositivi Android, per poter effettuare un'analisi avanzata, è necessario che il file system sia reso disponibile all'operatore. Questa analisi può essere eseguita utilizzando un backup del dispositivo, una tecnica non invasiva di rooting, un acquisizione tramite JTAG (Joint Test di Action Group) oppure una procedura di chip-off. Si possono ottenere anche alcuni file con il metodo (MTP) Media Transfer Protocol, che consente di ottenere l'area memoria interna come se fosse un supporto esterno.

Utilizzando le SQLite query e gli Python scripting, l'operatore è in grado di analizzare gli

---
[41] http://accessdata.com/product-download/digital-forensics/ftk-imager-version-3.4.2
[42] http://www.sleuthkit.org/autopsy/
[43] http://www.sciencedirect.com/science/article/pii/S1742287615000535

artefatti che uno strumento automatico è incapace di analizzare. In ogni esame dovrebbe essere eseguita un'analisi approfondita del file system di Android.

Questo paragrafo elenca le aree comuni di memorizzazione, come gli SMS, i contatti, gli MMS e i registri delle chiamate, insieme agli altri file che si trovano nella maggior parte dei file system di Android.

3.2.6.1. INFORMAZIONI DELL'ANDROID DEVICE

Per l'operatore forense non è importante il produttore, ma il file system adottato. Il file system è gestito dal sistema operativo Android e dipende dalla versione utilizzata dal dispositivo. Un dispositivo Android potrebbe apparire sotto qualsiasi involucro, ma l'operatore dovrebbe capire che i dati sotto il guscio, compreso l'aspetto del file system, è quasi sempre identico in tutti i modelli. Certamente, il firmware di un dispositivo Android può fare la differenza, per esempio i modelli prodotti da Samsung potrebbero includere alcuni file che Motorola non fa, e quelli LG potrebbero includere altri file che non si trovano in un dispositivo ZTE. Il punto è che un dispositivo Android potrebbe essere diverso nella parte esterna, ma il file system di base è sempre molto simile. [65]

Gli operatori forensi devono effettuare l'esame del dispositivo prendendo in considerazione le caratteristiche della versione del sistema operativo installato e non semplicemente il modello del device.

Fintanto che un file system è disponibile per l'analisi, i diversi metodi utilizzati per ottenere le informazioni non dovrebbero condizionare il lavoro. Infatti la posizione dei dati all'interno del file system non cambia sia se l'immagine è ottenuta da un binary dump, da un backup o da un'estrazione JTAG.

Partitions

Quando un operatore ha completato un'acquisizione fisica, invasiva o non, di un dispositivo Android, può trovare molte partizioni all'interno del file system. Alcuni tecnici affermano che ci possano essere sei partizioni, ma si possono incontrare, grazie alla varietà di sistemi e di versioni, anche quattro, otto e dodici partizioni. [65]

In Windows il partizionamento del disco crea aree indipendenti, assegna una lettera di unità, decide dove può essere caricato un sistema operativo attivo e determina in che modo i file possono essere memorizzati. Nei dispositivi Android, tuttavia, non si utilizzano le lettere di unità, ma si utilizzano i punti di montaggio, le directory sotto la root directory (/) contengono i dati di ogni partizione. Tutte le partizioni sono all'interno della memoria interna del dispositivo Android, ma sono logicamente separate (vedi Figura 25). Il sistema Android vede le partizioni, come media indipendenti e separati, anche se sono montati in un unico luogo logico sotto root. La posizione root è, in realtà, un puntatore virtuale alla posizione attuale dei

dati nei flash media e questo è evidente, in particolar modo, quando si guarda un dump
binario JTAG o chip-off, dove molte cartelle si trovano sotto root e contengono vari file e
cartelle del file system.

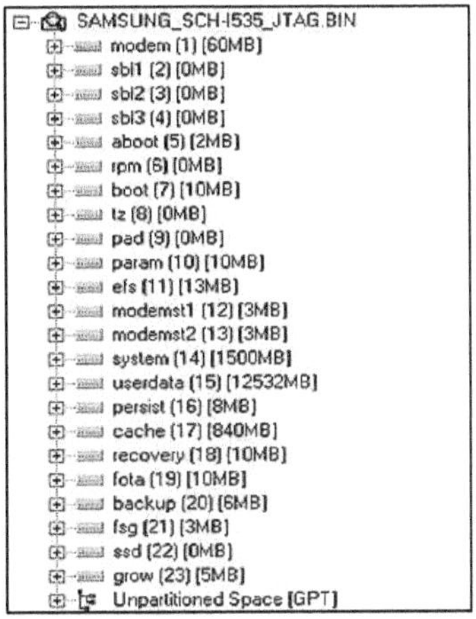

```
SAMSUNG_SCH-I535_JTAG.BIN
    modem (1) [60MB]
    sbl1 (2) [0MB]
    sbl2 (3) [0MB]
    sbl3 (4) [0MB]
    aboot (5) [2MB]
    rpm (6) [0MB]
    boot (7) [10MB]
    tz (8) [0MB]
    pad (9) [0MB]
    param (10) [10MB]
    efs (11) [13MB]
    modemst1 (12) [3MB]
    modemst2 (13) [3MB]
    system (14) [1500MB]
    userdata (15) [12532MB]
    persist (16) [8MB]
    cache (17) [840MB]
    recovery (18) [10MB]
    fota (19) [10MB]
    backup (20) [6MB]
    fsg (21) [3MB]
    ssd (22) [0MB]
    grow (23) [5MB]
    Unpartitioned Space [GPT]
```

Fig. 25 - File system completo di Android, Fonte: [66]

Un operatore, a seconda della versione del sistema operativo di Android, può incontrare varie opzioni. Ad esempio, prima di Honeycomb (versione 3.0) la partizione /*sdcard0* poteva essere accessibile all'interno della tabella delle partizioni e spesso veniva inclusa in un'acquisizione mediante l'uso di un *symlink* (link simbolico) a /mnt/sdcard, il punto di mount per la scheda di memoria. Tuttavia, nelle versioni dei dispositivi prima di Gingerbread (versione 2.3), l'operatore vedeva un altro *external media card* che poteva effettivamente essere la scheda di memoria interna. Poiché alcuni dispositivi possono contenere supporti interni ed esterni, un operatore deve sempre esaminare le partizioni sdcard ed ext_sd (sdcard2, sd, external_sd).

OS Version	Release Date	Common Name
1.0	November 2007	Beta
1.5	April 2009	Cupcake
1.6	September 2009	Donut
2.0	October 2009	Eclair
2.2	May 2010	Froyo
2.3.x	December 2010	Gingerbread
3.0	February 2011	Honeycomb (tablet only)
4.0-4.2.x	October 2011	Ice Cream Sandwich
4.3	July 2013	Jellybean
4.4	October 2013	KitKat
5.0	November 2014	Lollipop (Android L)

Tab 6 - Android Operating Systems, Fonte: [66]

Nell'esaminare un dispositivo Android di solito si cercano gli artefatti più importanti nella partizione /*userdata*, ma, spesso, anche la partizione /*cache* contiene dati altrettanto interessanti. I vari tipi di file system, insieme ai percorsi dei file, saranno trattati nella sezione seguente; la Tabella 7 mostra vari partizioni di memoria e le descrizioni che potrebbero essere presenti. Si noti che questo elenco non è completo, ma rappresenta le partizioni comunemente riscontrate.

Partition Name	Description
boot	RAMDisk, kernel
cache	App and OS cache area; may include artifacts
data	User data, settings, applications, and third-party apps for some Samsung devices; can be represented as userdata as well
dbdata	User data, settings, and some stock applications and settings (Samsung)
emmc	Internal media card
misc	System feature settings; used by the device for configuration and hardware settings
modem	Firmware for modem; hardware dependent
radio	Firmware for radio, cellular, GPS, data connection, and Bluetooth; hardware dependent
recovery	Device stock recovery image often used as alternative boot partition by mobile forensic tools; no user data here unless hidden by user
sdcard	Internal or external media card; for some phones, other partitions could be sd, emmc, and so on, depending on device type and whether internal or external to the device
system	Operating system and settings, built-in application settings
userdata	User data, settings, applications and third-party apps for some Samsung devices; can also be represented as data
wimax	Firmware for WiMAX; hardware dependent

Tab. 7 – Partizioni presenti in un Android Mobile Device, Fonte: [66]

The File System

I vari tipi di file system di Android vanno dai primi dispositivi Android che utilizzavano YAFFS (Yet Another Flash File System) o YAFFS2, al Robust File System (RFS), alle variant dell'EXT (Extended File System) ed al F2FS (Flash-friendly File System) sviluppato da Samsung. Se il dispositivo utilizza una scheda di memoria interna o esterna, potrebbe utilizzare altri formati di file system, come ad esempio il File Allocation Table (FAT). Oggi questi vari file system sono interpretati dalla maggior parte dei tools di mobile forensics, con delle differenze nei file di sistema, nei log, nella velocità di lettura e scrittura e nelle dimensioni minime / massime dei file. [65]

I moderni tools di analisi mobile forense possono distinguere e montare questi file system e, inoltre, consentire all'operatore di visualizzarli, navigarli ed analizzali senza alcun problema. Nei primi anni di analisi dei sistemi Android era tipico che l'operatore utilizzasse gli strumenti di Linux e le istruzioni a riga di comando per analizzare questi file system e per visualizzarli in modo corretto.

La partizione /*userdata* non contiene solo le aree che contengono i dati degli utenti, ma anche le informazioni delle applicazioni, i file di configurazione, il codice non compilato delle app ed il codice compilato della sandbox virtuale. Con l'unica eccezioni della partizione /*dbdata*, presente su alcuni dispositivi Samsung Android, all'interno della quale l'operatore trova un tesoro di informazioni.

La partizione di /cache (Figura 26) può contenere /backup, /lost + found e le /recovery folders. La /backup folder spesso contiene gli Android app packages con i relativi dati temporanei memorizzati e può produrre ottimi artefatti. La cartella /lost + found contiene i file che sono stati recuperati a seguito di un filesystem corruption e, pertanto, dovrebbe essere esaminata come tutte le altre. Infine, la cartella /recovery contiene i file di log che elencano le operazioni di recupero del dispositivo.

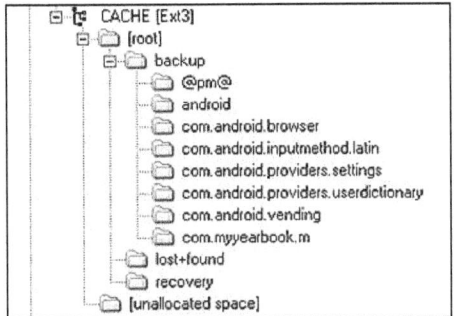

Fig. 26 – La partizione cache in un Android device, Fonte: [66]

Nelle figure 27 e 28 sono riportate rispettivamente le partizioni Android /dbdata e /userdata. Tra le due partizioni ci sono evidenti differenze. All'interno della partizione /userdata è memorizzata la maggior parte dei dati degli utenti presenti all'interno di un file system Android, compresi i principali dati delle app ed i file di configurazione del sistema; la partizione /dbdata contiene importanti dati degli utenti nella directory /database. La separazione dei dati degli utenti tra partizioni non è tipica e, in generale, l'operatore si concentrerà per cercare gli artefatti all'interno della partizione di memorizzazione /userdata e dei /media (come sdcard, EMMC, sd). [65]

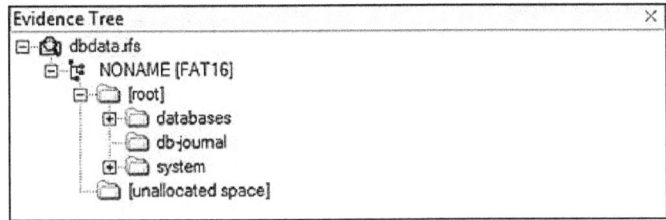

Fig. 27 - La partizione dbdata in un Android device, Fonte: [66]

CAPITOLO 3

Fig. 28 - La partizione userdata in un Android device, Fonte: [66]

Folder (data partition)	Data Description
anr	(App Not Responding) Debug and threading information, including dates and times for app execution.
app	Android application package files (APK).
app-private	Apps marked as private by the developer for copy protection. Beginning with Android 4.4, an app can have an app-private folder within its own file system, depreciating this folder from use for an app storage or APK file.
backup	File metadata, settings, and other user data marked to be backed up using enterprise, Google, or other backup services.
clipboard	Any data copied and pasted into an app; Samsung devices generally.
davlik-cache	DEX (Dalvik Executable) files for APK files installed on the system. Third-party apps are prefixed with *data@*, system files are prefixed with *system@*.
data	All user data, stored app data.
local/tmp	Temporary files that are removed upon restart. An examiner can often see files used to exploit and obtain root access (such as BusyBox, superuser).
log	System-critical errors and built-in app errors (such as CallDropInfoLog.txt, CallNosvcInfoLog.txt).
media	Internal storage location for apps, media files (images, videos, documents), phone media files (DCIM folder), and phone settings.
property	Persistent mobile device settings (language, country, time zone).
system	Password key, account information, SIM information, and other system-level files
tombstones	Used for diagnostic work for app crashes; contains log files that can be used for debugging purposes.
[unallocated space]	Not a folder, but space unused by the Android system; also contains valuable deleted files no longer used by the system and user apps.
Folder (sdcard/ emmc partition)	
Android/data	App file storage area for third-party apps storing data to the removable media.
DCIM	Thumbnail and camera data.
download	Device storage for downloads from apps, if specified, on the device.
Pictures	Apps storage for editors, apps.
ScreenCapture	Screen shots produced on the Android.
Various app folders	Apps can store data within the root of the media and produce folders to hold media files.
Folder (dbdata partition)	
databases	Storage for user system-level apps.
databases/system	Storage for all installed apps with permissions along with installation paths.

Tab 8 – Partizioni Android: userdata, dbdata, sdcard, and emmc, Fonte: [66]

All'interno di ogni partizione Android può essere osservato lo spazio non allocato. Questa zona è tipicamente destrutturata perché il software non è in grado di ricostruire una visione dei file. In generale, un operatore che vuole esaminarla deve utilizzare i tools per il data carving.

Molti software forensi contengono alcuni tipi di data carving. Il carving dello spazio non allocato, se disponibile, dovrebbe restituire molti file probatori come: le immagini, i video, i file di database, le stringhe di testo ed altri.

Naturalmente, se il file system di un dispositivo Android è stato crittografato, il recupero è molto più difficile e, talvolta, impossibile. [65]

I dispositivi Android utilizzano una crittografia basata su *dm-crypt*, che opera a livello di dispositivo a blocchi e può cifrare il dispositivo ed i supporti rimovibili. Questa non è una crittografia a livello di file, ma una cifratura completa del disco.

La cifratura completa del disco di un dispositivo Android si applica solo alla partizione utente (*/data*) e non all'intero sistema. Ciò significa che la partizione di sistema, contenente il sistema operativo, è in chiaro e, spesso, le tecniche di decrittografia sfruttano il sistema operativo tramite la partizione di sistema. La crittografia è robusta se lo è anche la password, poiché l'algoritmo si basa sulla complessità della password o della frase.

Alcuni metodi rompono i dispositivi che hanno il bootloader sbloccato, sostituendo la partizione del sistema operativo e tentando di catturare la password inserita dall'utente tramite un keylogger. Altri, come Santoku Linux, testato fino ad Android 4.0, utilizza l'attacco di forza bruta della password o della passphrase e, quindi, sfrutta le informazioni per decodificare i dati utente.

La forza di tutti questi strumenti è un bootloader sbloccato, perché l'utilizzo di questi metodi su un bootloader bloccato può portare alla cancellazione di tutti i dati della partizione utente.

Gli strumenti open source, come hashkill, possono rompere il codice di accesso o la frase in versioni di Android fino alla 4.4, anche quando è stata usata un'altra password di cifratura insieme con il PIN o con la password di sblocco.

I dispositivi Android 5.x sono commercializzati con la cifratura attiva, ma senza una password, e usano una chiave casuale fornita con il dispositivo, i dati utente sono disponibili solo quando il dispositivo è acceso. Se l'utente non immette una password, il dispositivo rimane bloccato ed i dati saranno accessibili solo con i tools forensi compatibili.

Un esame logico del dispositivo Android non consente l'accesso al file system del dispositivo, dal momento che i metodi impiegati dalle soluzioni software utilizzano, semplicemente, un file APK installato per eseguire il codice ed interrogare i database conosciuti.

I dati possono essere estratti solo se il database ha un livello di autorizzazione adatto alla comunicazione con un'altra applicazione.

3.2.6.2. Principali Tipi di File Rinvenibili

I dispositivi Android contengono un gran numero di tipi di file che comprendo: APK, DEX, LOG, SO, ASEC, DB, JSON e per finire i file TXT e XML. Inoltre, sono disponibili i file WAL ed i journal files per i SQLite database. Dal punto di vista dell'analista verranno prevalentemente utilizzati artefatti nei formati SQLite e XML.

I database SQLite contengono informazioni significative e, pertanto, un investigatore che non effettuasse un'analisi completa di questi file, commetterebbe una grossa negligenza. I database SQLite contengono tabelle e campi che fanno riferimento alle preferenze degli utenti, ai dati ed a tutti quei dati persistenti che gli utenti o le app hanno necessità di memorizzare per un uso successivo. Sono disponibili centinaia di migliaia di applicazioni da installare su qualsiasi dispositivo Android ed i tools forensi coprono soltanto lo 0,01 per cento delle applicazioni distribuite. Oltretutto, di quelle applicazioni supportate, spesso l'analisi dei dati è anche viziata dal fatto che le applicazioni possono cambiare ad ogni aggiornamento ed un tool può diventare superato o obsoleto al momento del nuovo rilascio, per cui, tutte queste soluzioni, sono sempre in svantaggio tecnologico. Un operatore che sia in grado di analizzare le applicazioni in maniera manuale avrà sempre un vantaggio in più, rispetto a questi aggiornamenti.

I file XML (eXtensible Markup Language) sono ampiamente utilizzati, all'interno del file system di Android, per memorizzare le impostazioni, le password, i protocolli applicativi, la condivisione dei dati di rete ed altre preferenze. I file XML più significativi si trovano nella cartella *shared_pref* all'interno della cartelle delle applicazioni. XML è un tipo di file che utilizza come intestazione <? Xml version = "1.0" encoding = "utf-8"?>, con una serie di regole per la codifica dei documenti in forma intelligibile dalla macchina. Un file XML può essere analizzato tramite script Python in grado di decodificare e visualizzare le chiavi ed i valori elencati all'interno dello stesso file.

All'interno del file system di Android vi sono altri tipi di file, come i file di testo e i log file, che verranno presentati nelle sezioni seguenti.

3.2.6.3. Artefatti

Se si riuscisse ad acquisire il file system completo di un dispositivo Android, si scoprirebbero centinaia di file, come i database SQLite, i file XML, i file di testo, i file multimediali ed altro ancora, all'interno dell'area contenete i dati utente del dispositivo.

L'estrazione logica di un dispositivo Android produce molti dati, ma l'informazione non è completa perché è il risultato di una query predeterminata ad una database ed i dati sono visibili all'interno di un'interfaccia utente. Questi file potrebbero contenere campi valorizzati che non sono stati interrogati dal tool forense, ma che potrebbero diventare accessibili se si riuscisse ad ottenere direttamente il file originale.

Inoltre, possono essere recuperati anche i dati cancellati ancora presenti all'interno del database, insieme ai file WAL utilizzati.

Questi elementi ed i loro percorsi sono elencati nella tabella seguente e possono agevolare l'operatore nel trovare i dati che non possono essere recuperati con un approccio logico. [65]

Artifact	Path and Description
Bluetooth devices	/data/com.android.bluetooth/btopp.db
Browser bookmarks	/data/com.android.browser/browser.db Or if dbdata exists, /dbdata/databases/com.android.browser/browser.db Bookmarks table in browser.db and bookmark = 1
Browser history	/data/com.android.browser/browser.db Or if dbdata exists, /dbdata/databases/com.android.browser/browser.db Bookmarks table in browser.db and bookmark = 0
Browser searches	/data/com.android.browser/browser.db Or if dbdata exists, /dbdata/databases/com.android.browser/browser.db Searches table in browser.db
Call history	/data/com.android.providers.contacts/contacts2.db **Motorola:** /data/com.motorola.blur.providers.contacts/contacts2.db Calls table in contacts2.db **Samsung:** /data/com.sec.android.provider.logsprovider/logs.db Or if dbdata exists, /dbdata/databases/com.sec.android.provider.logsprovider/logs.db Calls in log table and logtype = 100
Contacts	/data/com.android.providers.contacts/contacts2.db Or if dbdata exists, /dbdata/databases/com.android.providers.contacts/contacts2.db
Media (images, video, audio)	/data/com.android.providers.media/external.db or if dbdata exists /dbdata/databases/com.android.providers.media/external.db
MMS	This is the mediastore that is used to determine the location of media files cached and used by forensic tools to location media on the device. /data/com.android.providers.telephony/mmssms.db Or if dbdata exists, /dbdata/databases/com.android.providers.telephony/mmssms.db MMS in PDU table
SMS	/data/com.android.providers.telephony/mmssms.db Or if dbdata exists, /dbdata/databases/com.android.providers.telephony/mmssms.db SMS in SMS table
Installed apps	/system/packages.list—text file no permission listings /system/packages.xml—XML file with app permissions
Wi-Fi hotspots	/misc/wifi/wpa_supplicant.conf /wifi/bcm_supp.conf

Tab. 9- Dati di Android con il percorso del Database, Fonte: [66]

All'interno del file system di Android sono disponibili anche dei file aggiuntivi, come ad esempio i file di sistema, i log file e le impostazioni utente, che possono rivelare molte cose sul dispositivo tra cui: la versione del sistema operativo, le specifiche dei dispositivi mobili, le informazioni degli utenti ed altri elementi pertinenti utilizzati dai dispositivi mobili. Se l'operatore facesse riferimento solo ad un'acquisizione logica di un dispositivo Android, limiterebbe il suo esame ad una piccola percentuale di dati disponibili all'interno del dispositivo mobile.

3.2.6.4. DATI SIGNIFICATIVI

I tools forensi utilizzati dall'operatore su un dispositivo Android spesso riescono ad acquisire dati significativi. Questi elementi, denominati *active data,* sono dei database con all'interno i dati degli utenti e, generalmente, includono i contatti, i registri delle chiamate, gli SMS, gli MMS, i file multimediali, i browser, i dati Wi-Fi e pochi altri. Questi sono i dati più importanti e visibili, ma la maggior parte delle informazioni risiede in altri file. Un'estrazione logica è relativa solo agli *active data*, mentre non saranno interrogati i dati delle pagine inattive e, di conseguenza, non saranno disponibili. Tuttavia, utilizzando i metodi di ricerca avanzata, l'operatore può raccogliere l'intero file system, inclusi i file dei database e gli altri, ed effettuare un'analisi avanzata. La Tabella 9 rappresenta i dati tipici che vengono estratti utilizzando il file APK di un mobile tool. Tramite i percorsi associati, l'operatore può indagare i vari file dei database ed ottenere ulteriori informazioni. Inoltre, le informazioni acquisite logicamente, con i tool forensi, possono essere verificate e validate per garantire che siano accurate. Per esempio da questi percorsi possono essere estratte ulteriori informazioni che l'acquisizione logica ha escluso.

Additional File System Locations

Un errore comune fatto da molti operatori è quello di iniziare immediatamente l'indagine andando nello spazio utilizzato dalle applicazioni. Anche se *l'app area* è un luogo ricco, che attrae anche gli operatori più esperti, la migliore soluzione è quella di avventurarsi in tutte le aree all'interno del file system di Android. [65]

Spesso i file di configurazione del dispositivo, i registri delle applicazioni installate e dei dispositivi, le impostazioni utente, i dettagli del dispositivo e le informazioni sulle password sono raccolti al di fuori della cartella dati delle app. Inutile dire che, i file APK ed i file DEX possono essere ottenuti solo con una estrazione dei file a livello di sistema. La sezione seguente illustra alcune delle aree più ricche per la raccolta delle informazioni di un sistema. Tutti le informazioni sul percorso della cartella principale ed il percorso dei dati si trova nella Tabella 8 inserita precedentemente in questo paragrafo.

Clipboard Information

Il percorso /clipboard/ si trova generalmente soltanto all'interno di un dispositivo Samsung Android e contiene varie cartelle, ognuna identificata con un numero univoco. Un sistema nativo Android memorizza gli appunti nella RAM attraverso il servizio Clipboard. Tuttavia, ogni cartella contiene un file chiamato clip. L'intestazione del file contiene un valore, android.sec.clipboard.list.ClipboardData <type of data> e la fine dell'intestazione è xpt$X$ (dove X è un valore variabile che cambia a seconda del file di clip). Se il <type of data> è testo, il contenuto degli appunti sarà una stringa di testo; se è HTML, si tratta di una pagina web; se Bitmap, si tratta di un file di immagine. Se nell'intestazione è indicata una bitmap, il file di immagine sarà nella stessa cartella del file clip. Se invece è testo o HTML, i dati seguiranno immediatamente l'intestazione. [65]

Log Files

Nei dispositivi Android, i servizi segnalano gli errori e quindi li registrano all'interno della cartella dei log per le eccezioni con un'applicazione o un servizio del dispositivo. In queste cartelle, e nei file di testo associati, un operatore può trovare informazioni significative.

In [66] è presente un elenco di alcuni file di testo di interesse investigativo.

System Configuration

Le impostazioni che devono rimanere persistenti, anche dopo il riavvio di un dispositivo Android, possono essere memorizzate all'interno della cartella /property. Ciò può aiutare un operatore a determinare le impostazioni utente e del dispositivo. Questi file sono tutti preceduti dal prefisso *persist* e poi il *<data description>*. [66]

Usage and Logs

La cartella /system contiene una mole di informazioni utili all'operatore forense, comprese molte impostazioni, i file di archivio per le funzioni di sistema, le informazioni sull'account, le informazioni di sicurezza e l'elenco delle app.

Wi-Fi Information

In molte indagini le informazioni relative alle reti Wi-Fi possono risultare importanti. I dati, che si trovano all'interno della cartella /misc/wifi, sono recuperabili e contengono le informazioni del Wi-Fi e degli hotspot utilizzati. Questi dati spesso mostrano le impostazioni dei SSID e della configurazione. [66]

Cartella /data

La fonte primaria per l'analisi dell'operatore è la cartella /data. Questa cartella contiene non solo le applicazioni Android, come l'e-mail, i contatti, i registri delle chiamate, gli SMS e gli MMS, ma anche le applicazioni specifiche del dispositivo, che possono essere presenti p.e. solo sui dispositivi Samsung. Questa cartella contiene anche le applicazioni di terze parti ed i relativi contenuti. All'interno della cartella /data si trovano tutte le applicazioni ed alcune impostazioni di Android.

Android ha stabilito di utilizzare lo schema di denominazione *reverse-DNS* per le applicazioni che si trovano in questa cartella.

Le API di Android e le linee guida SDK per gli sviluppatori indicano come un'app dovrebbe archiviare i dati. Android non indica che alcune cartelle debbano essere utilizzate per determinate circostanze. Ciò è descritto nella Tabella 10.

Folder	Description
/cache	Temporary data for the Android application. This folder can have many subfolders organized according to the type of files within the folder (such as audio, image, upload).
/databases	One or more SQLite databases to support the main app and significant data for the examiner.
/files	App files that do not belong within the database or are referenced from the database. An app developer can use this area for many different file types.
/lib	Library files for the app. These files are generally .so files, which are library files for Linux and used by the app to perform functions.
shared_prefs	Settings that can be accessible by other apps and the mobile device. These files are often XML files that can contain valuable information for an examiner.

Tab 10 –Le cartelle comuni delle App, Fonte: [66]

Cartelle dei software dello Stock Android

Di solito i dispositivi Android contengono queste cartelle all'interno della cartella /data. Android ha due livelli di posizionamento per la memorizzazione dei dati: un livello utilizza com.android.providers.<name of app> e l'altro usa com.android.<name of app>.

Le applicazioni com.android.providers utilizzano la classe android.providers, che consente ad altre applicazioni di accedere ai contenuti offerti all'interno delle applicazioni che sfruttano la stessa classe. Queste applicazioni sono generalmente quelle con i contatti, le immagini, il calendario, ecc..

Un operatore dovrebbe riconoscere tutti questi elementi, utilizzando questa classe, poiché la maggior parte di loro sono artefatti che possono essere estratti utilizzando un'acquisizione logica. Per accedere agli archivi di contenuti all'interno di un dispositivo Android, i tools forensi utilizzano un file APK, i tipi di dati accessibili devono essere conformi alle classi consentite da Android.

Le applicazioni standard com.android sono fornite con il sistema operativo; in genere non consentono un controllo di tipo com.android.provider e sono raramente utilizzate.

Alcune apps com.android contengono dati, come ad esempio com.android.browser, ma in genere queste applicazioni sono prive dei dati degli utenti. [65]

Le applicazione dello Stock Google Stock

Poiché Android è di Google, non dovrebbe meravigliare che la maggior parte dei dispositivi Android sono popolati con le applicazioni di Google. In [65] vengono descritte alcune di queste applicazioni e dove un operatore potrà trovare artefatti supplementari durante l'esame del file system Android.

Third-Party Apps

Anche le applicazioni di terze parti vengono memorizzate, insieme a tutte le altre, nella cartella /data. Le applicazioni di terze parti utilizzano il formato nome di dominio descritto in precedenza.

Attualmente, sul portale Google Play, sono disponibili più di 1,5 milioni di applicazioni Android e, pertanto, documentare ogni applicazione occuperebbero centinaia di pagine. Un operatore deve comprendere che il layout delle cartelle all'interno di ogni applicazione e dei relativi database utilizzati per memorizzare gli artefatti sono generalmente simile a quello che viene indicato nella Tabella 10. Una delle cose più difficili da realizzare in un'analisi automatizzata consiste nel fatto che i progettisti delle app possano costruire le proprie strutture di cartelle e che la struttura e la denominazione dei database possa cambiare anche con un aggiornamento della stessa applicazione.

In genere le applicazioni di terze parti memorizzano i dati temporanei all'interno della cartella /*cache*, che può includere anche cartelle aggiuntive, come ad esempio *webViewCacheChromium*. La cartella /*database* contiene i database per l'applicazione, insieme ad un altro database, chiamato *webview.db,* che memorizza il modulo delle informazioni e le informazioni utente da utilizzare all'interno di una visualizzazione Web in app. Questo database può contenere le password, i nomi utente e altri dati importanti per un operatore. Anche se lo sviluppo di Android incoraggia chiaramente gli sviluppatori ad utilizzare i controlli corretti di questa classe, *WebViewDatabase*, questo database deve essere ancora interpretato.

Le applicazioni utilizzano la cartella /*shared_prefs* all'interno della struttura applicazione, la quale contiene i file XML che delineano le preferenze per l'applicazione, compresi i nomi utente e le password. Dato che, per motivi di sicurezza, alcune applicazioni non memorizzano i dati sul dispositivo mobile, l'applicazione utilizza semplicemente un browser integrato per interfacciarsi con un server sicuro, ma le informazioni di accesso, spesso automatizzato, si trovano all'interno della cartella /*shared_prefs*. Per effettuare un esame completo delle applicazioni di terze parti dovrebbe essere esaminata anche questa posizione.

Tanto per fare un esempio basti pensare che nei giochi più popolari, gli utenti possono chattare tra loro, spesso aggiungendo informazioni all'indagine.

3.3. IOS DEVICE

Lo scopo di questo paragrafo è fornire una panoramica all'approccio forense applicato ad un dispositivo basato sul S.O. iOS. Prima di tutto saranno introdotti i componenti dell'architettura iOS ed il file system utilizzato. In seguito, verrà esposta la metodologia, le tecniche e gli strumenti utilizzati per acquisire le prove dai dispositivi con iOS, sarà rilevata anche la differenza tra le diverse modalità di recupero (DFU, recovery, jailbreaking ed altre ancora) ed, infine, verrà presentata un'analisi avanzata dei dati rinvenibili all'interno della memoria. [67]

3.3.1. ARCHITETTURA DI IOS

Il sistema operativo iOS, originariamente chiamato iPhone OS, è sviluppato da Apple ed è distribuito esclusivamente all'interno dei propri dispositivi (iPhone, iPad e iPod touch). iOS, come la maggior parte dei sistemi operativi, è a strati. Le applicazioni che vengono *deployed* sui dispositivi che utilizzano iOS non interagiscono direttamente con l'hardware sottostante, perché si comporta come un layer d'interfacce di sistema tra le applicazioni e l'hardware sottostante; iOS è diviso in quattro livelli astratti.

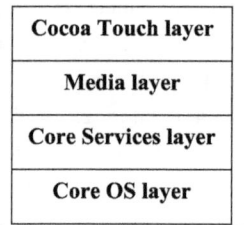

Fig. 29 – I layer di iOS, Fonte: [67]

3.3.2. FILESYSTEM DI IOS

Anche IOS, come tutti i sistemi operativi di Apple, è un derivato del Mac OS X. Pertanto, iOS utilizza un *Hierarchical File System Plus (HFS+)*. HFS+ divide lo spazio totale di un volume (un file che contiene i dati e la struttura per accedere a questi dati) in blocchi di allocazione e, per la loro identificazione, utilizza campi a 32 bit, questo significa che su un dato volume sono consentiti fino a 2^{32} blocchi, cioè un volume può contenere moltissimi file.
Tutti i volumi HFS+ seguono una struttura ben definita: contengono un *volume header*, un *catalog file*, un *extents overflow file*, un *attributes file*, un *allocation file* ed uno *startup file*. La struttura generale di un volume HFS+ è illustrata di seguito:

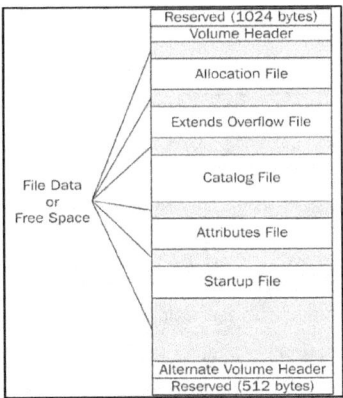

Fig. 30 – La struttura di un volume HFS+, Fonte: [67]

Diamo un'occhiata ad ogni singole parte della struttura:

- *Volume Header*: il Volume Header è un campo riservato di 512 byte e contiene le informazioni che riguardano il volume stesso (le dimensioni del blocco, il totale ed il numero di blocchi liberi, la data di creazione e di modifica) ed è descritto dal HFSPlusVolumeHeader type;
- *Allocation File*: È un file bitmap utilizzato per memorizzare le informazioni di allocazione all'interno di un volume e determina se un blocco viene allocato o meno. Il file di allocazione può essere lungo fino a 512 MByte;
- *Extents Overflow File*: Questo file mantiene una lista d'ordine appropriata dei blocchi di allocazione contigui che appartengono ad un file che contiene più di otto estensioni; i record estesi sono descritti dal HFSPlusExtentKey type. La gerarchia dei file e delle cartelle di un volume sono gestite come un *B-Tree file* nel *Catalog file*;
- *Catalog file*: Questo file è utilizzato per individuare un file o una cartella specifica;
- *Attributes File*: Contiene l'attributo *data fork*, l'attributo *inline data* e l'attributo di *estensione* (consente un insieme di dati associati con un file system che ha più di otto extent);
- *Startup File*: Questo è un file speciale in grado di mantenere le informazioni necessarie durante la fase di avvio del sistema e viene utilizzato se il sistema non supporta HFS+.

HFS+ implementato da iOS ha *un'activated journaling feature* in grado di mantenere un registro delle transazioni di lettura/scrittura sul disco; ciò ha lo scopo di garantire la stabilità del sistema operativo nel caso in cui si renda necessario un ripristino del sistema dopo un crash, inoltre i *filesystem keeping journal logs* possono contenere gli stessi dati del catalog e dell'attribute file; dal punto di vista forense questi dati rappresentano una fonte preziosa di informazioni in quanto possono essere sfruttati per recuperare i file cancellati.

3.3.3. PIATTAFORMA iOS E SICUREZZA HARDWARE

Tutti iDevices di Apple hanno una combinazione di *built-in hardware/software advanced security* che può essere classificata come segue:[44]

- **System security**: piattaforma software e hardware integrata,
- **Encryption and data protection**: meccanismi implementati per proteggeri i dati da un uso non autorizzato,
- **Application security**: sandboxing delle applicazioni,
- **Network security**: trasmissione dati sicura,
- **Apple Pay**: implementazione di pagamenti sicuri,
- **Internet services**: servizi Apple per la messagistica, la sincornizzazione e il backup,
- **Device controls**: cancellazione remota dei dati per un device perso,
- **Privacy control**: accesso controllato ai dati di geolocalizzazione e utente.

La panoramica dell'architettura di sicurezza di iOS è la seguente:

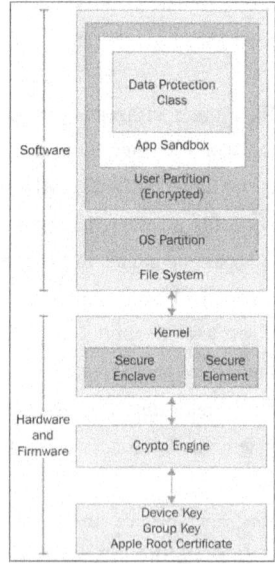

Fig. 31 – Architettura di sicurezza di iOS, Fonte: [67]

L'implementazione hardware dei dispositivi Apple offre un apposito engine di AES-256, integrato nel Direct Memory Access (DMA), che consente di elaborare i dati senza coinvolgere la CPU, massimizzando l'efficienza di cifratura/decifratura dei file. Ogni dispositivo ha il suo unique ID (UID) e il group ID (GID), che sono delle chiavi AES-256

---

[44] Apple's official iOS Security Guide

generate durante la produzione del dispositivo e sono resistenti anche alla lettura tramite JTAG, queste chiavi sono utilizzate per codificare e decodificare i dati degli utenti, il che significa che, anche se vengono utilizzate delle tecniche avanzate, come ad esempio di chip-off, i dati crittografati rimangono sempre illeggibili.

I dati memorizzati nella memoria flash di un dato dispositivo sono protetti dalla *Data Protection Technology* (come la chiama Apple); ci sono quattro livelli principali di protezione dei dati: [67]

- *Complete Data Protection,*
- *Data Protection Unless Open,*
- *Data Protected Until First User Authentication,*
- *No Protection.*

Ad ogni file creato sulla partizione dati viene assegnata una nuova chiave a 256 bit; questa chiave viene utilizzata dall'engine AES per crittografare il file prima che lo stesso venga scritto sulla memoria flash. I dispositivi, che utilizzano i processori A8 per crittografare i file, usano l'XTS-AES. A secondo di come e quando il file deve essere disponibile, la chiave generata per lo stesso file è inclusa in una class key e memorizzata nei metadati dello stesso file sotto l'attributo cpprotect, utilizzando un algoritmo di AES key wrap, come descritto nella RFC 3394. Quando viene richiesto un file, viene prelevata la chiave del file, utilizzando la chiave del file system (la chiave che crittografa i metadati di ogni file, compresa la sua class key), e passata all'AES engine per decifrare il file richiesto.

Il processo è descritto nello schema seguente:

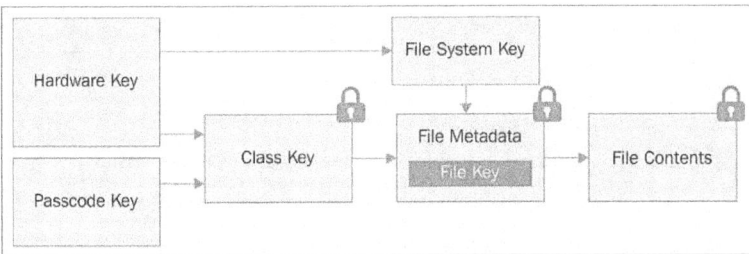

Fig 32 – Schema per decifrare un file in iOS, Fonte: [67]

Inoltre, iOS offre la *Keychain Data Protection*. Quest'ultima, implementata attraverso un database SQLite presente nel file system, fornisce un metodo sicuro per memorizzare le informazioni sensibili utilizzate dalle applicazioni (come ad esempio i token di login e le password). Gli elementi del portachiavi vengono gestiti dal demone di sicurezza al fine di determinare quale processo possa accedere al portachiavi e, per facilitare questa operazione, viene impostato un gruppo di accesso al portachiavi che consente la condivisione tra applicazioni dallo stesso sviluppatore.

3.3.4. IDENTIFICAZIONE DEI DATI

La memoria non volatile dei devices iOS utilizza chip di tipo NAND, questa è divisa in due partizioni: *system* e *data*. La partizione *system* contiene il firmware, incluso il sistema operativo e le applicazioni integrate, e generalmente è una partizione di sola lettura. Questa, a seconda del modello, può variare da 1 a 2,5 GB. Solitamente, non contiene alcuna prova d'interesse forense; tuttavia è rilevante notare che il file /private/etc/passwd detiene le password degli utenti preconfigurati "mobile" e "root", come mostrato nella schermata seguente:

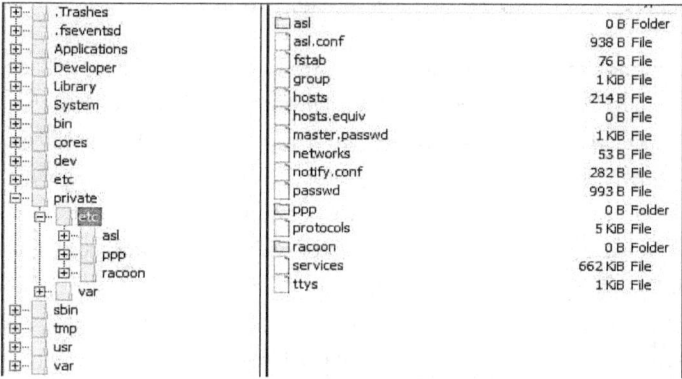

Fig. 33 – Partizioni di Sistema di iOS 9.0, Fonte: [67]

Se si apre il file con un editor di testo, si dovrebbe ottenere la seguente schermata:

```
 1   ##
 2   # User Database
 3   #
 4   # This file is the authoritative user database.
 5   ##
 6   nobody:*:-2:-2:Unprivileged User:/var/empty:/usr/bin/false
 7   root:/smx7MYTQIi2M:0:0:System Administrator:/var/root:/bin/sh
 8   mobile:/smx7MYTQIi2M:501:501:Mobile User:/var/mobile:/bin/sh
 9   daemon:*:1:1:System Services:/var/root:/usr/bin/false
10   _ftp:*:98:-2:FTP Daemon:/var/empty:/usr/bin/false
11   _networkd:*:24:24:Network Services:/var/networkd:/usr/bin/false
12   wireless:*:25:25:Wireless Services:/var/wireless:/usr/bin/false
```

Fig. 34 - Default password of users root and mobile, Fonte: [67]

La password in chiaro è *"alpine"* ed è la stessa per tutti i device. Questa password non può essere modificata, a meno che il dispositivo non sia *jailbroken*.

La partizione *data* contiene le applicazioni installate dall'utente, i file multimediali di iTunes, le impostazioni e tutti i dati dell'utente. Ciò implica che questa partizione occupi la maggior parte dello spazio della memoria NAND, anche fino a 128 GB.

La maggior parte dei dati, che possono essere interessanti dal punto di vista forense, è memorizzato in /private/var, che è il punto di montaggio per la partizione /dev/disk0s1s2 (o

/dev/disk0s2 nelle versioni precedenti), e contiene i dati dell'utente del dispositivo.
Quasi tutte le applicazioni sono eseguite sotto l'utente *non-root* denominato "mobile", mentre tutti i dati sono presenti in /private/var/mobile.
Le principali sottocartelle di /private/var/mobile sono le seguenti:

- Containers (replaces Applications in versions prior to iOS 8),
- Applications (replaces Containers in versions prior to iOS 8),
- Documents,
- Library,
- Media.

La cartella *Containers* contiene tutte le applicazioni scaricate dall'Apple Store e ha la seguente struttura:

- Bundle,
- Application,
- Data,
- Shared.

Come si può notare, la cartella *Bundle* comprende la sottocartella *Application* che contiene le cartelle delle applicazioni reali; questa include tutte le cartelle in quanto in essa vengono scaricate ed installate le applicazioni, ogni cartella è denominata con *l'Universally Unique ID (UUID)* contenuto all'interno dell'applicazione, l'UUID utilizza una forma canonica, espressa con caratteri di testo esadecimale, con questa forma: CCC7366E - AD57-476F-B7A4-30C060514BA1, ognuna di queste cartelle ha la seguente struttura generale:

- Documents,
- Library,
- Tmp,
- Name.app,
- iTunesArtwork,
- iTunesMetadata.plist.

Il *Name.app* è il bundle dell'applicazione, la parola "name" è sostituita dal nome reale dell'applicazione. Questo file, firmato digitalmente, viene verificato in fase di esecuzione e durante la sincronizzazione non viene backuped. *Documents* è una cartella che contiene i dati dell'applicazione e può essere sincronizzata e backuped. Se è stata abilitata l'opzione iTunesMetadata.plist, i dati all'interno di questa cartella possono essere letti anche attraverso l'iTunes File Sharing. Anche Library è una cartella che contiene i file relativi alle applicazione ed il suo contenuto è backed ad eccezione della sottocartella cache. *Tmp*, come suggerisce il nome, è una directory che contiene i file temporanei volatili generati dopo l'esecuzione delle applicazioni. *iTunesArtwork* si riferisce all'icona dell'applicazione utilizzata dentro iTunes ed, in genere, è di 512 x 512 px. iTunesMetadata.plist è un importante file XML contenente i metadati dell'applicazione iTunes e può essere aperto utilizzando un plist editor[45]; per esempio, questo file può contenere prove interessanti, come il nome dell'account Apple e la data di acquisto del dispositivo.

Quanto segue è un frammento del file iTunesMetadata.plist riferito all'applicazione LinkedIn:

```
<dict>
<key>artistId</key>
<integer>288429043</integer>
<key>artistName</key>
<string>LinkedIn Corporation</string>
<key>asset-info</key>
......
<key>bundleShortVersionString</key>
<string>66</string>
<key>bundleVersion</key>
<string>5.1.6</string>
<key>com.apple.iTunesStore.downloadInfo</key>
<dict>
<key>accountInfo</key>
<dict>
<key>AccountAvailableServiceTypes</key>
......
<string>143469-2,2</string>
<key>AccountURLBagType</key>
<string>production</string>
<key>AppleID</key>
<string>edited@edited.com</string>
<key>CreditDisplayString</key>
<string></string>
<key>DSPersonID</key>
<integer>1067389897</integer>
</dict>
<key>purchaseDate</key>
<string>2015-09-12T09:50:25Z</string>
</dict>
```

Durante l'analisi manuale degli artefatti è importantissimo esaminare l'elemento Timestamp. La maggior parte dei timestamps trovati nei device basati sul s.o. iOS sono espressi in formato UNIX, conosciuto anche come POSX time, Epoch time o MAC absolute time. Il formato Mac Absolute Time è quasi identico ai primi due, tranne per il fatto che il contatore parte da 00:00:00 UTN del 1° gennaio 2001, e realizza una differenza precisa di 978,307,200 secondi. A seconda della versione di iOS (iOS 7, iOS 8+ o iOS 9+), i percorsi dei vari artefatti generati dal sistema o dall'interazione dell'utente possono essere diversi, ma la struttura principale rimane quasi identica. [67]

In generale, i principali formati di file che devono essere analizzati per raccogliere le prove sono i database SQLite e l'elenco delle proprietà (i file plist).

Se si prova ad eseguire il comando tree, su un'immagine di un device iOS, si aprirà un elenco ordinato *easy-to-read* delle directory e dei file.

Lo schema seguente è una parte dell'albero di una partizione estratta da un'immagine basata

---

[45] http://www.icopybot.com/plist-editor.htm

su iOS 9.0:

```
+---Applications
|  +---AACredentialRecoveryDialog.app
|  |  \---_CodeSignature
|  +---AccountAuthenticationDialog.app
|  |  \---_CodeSignature| +---AdSheet.app
|  |  +---ar.lproj
...
+---Managed Preferences
|  \---mobile
+---mobile
|  +---Applications
|  +---Library
|  |  +---AddressBook
|  |  +---Caches
|  |  +---Cookies
|  |  +---Inboxes
|  |  +---Keyboard
|  |  +---Logs
|  |  |  \---CrashReporter
|  |  |  \---DiagnosticLogs
|  |  +---Preferences
|  |  +---Safari
|  |  +---WebClips
|  |  \---WebKit
|  \---Media
|  +---DCIM
|  +---PhotoData
|  \---Photos
+---MobileDevice
|  \---ProvisioningProfiles
+---msgs
+---networkd
+---preferences
+---root
|  \---Library
|  \---Preferences
+---run
+---spool
|  \---mdt
+---tmp
+---vm
\---wireless
\---Library
```

In sintesi, per raccogliere le informazioni più preziose sulle applicazioni, come Facebook, WhatsApp, Skype e Dropbox, è necessario far riferimento alla cartella private/var/mobile/Application/, per le versioni prima di iOS 8, oppure a private/var/mobile/Containers/Bundle/Application/ per quelle più recenti.

3.3.5. METODI DI ACQUISIZIONE DEI DATI

Prima di parlare dell'acquisizione dei dati, è importante conoscere alcuni concetti fondamentali correlati al sistema iOS, quali: il processo di avvio iOS, le modalità operative, l'identificatore univoco del dispositivo ed il certificato di blocco.

3.3.5.1. Processo di Boot di iOS e Modi Operativi

Apple ha introdotto quello che viene chiamano il *Secure Boot Chain*. In pratica, ogni fase del processo di start-up è crittograficamente validato per assicurare l'integrità e garantire la catena di fiducia. La chiave pubblica della CA root di Apple viene spedita all'interno del codice di avvio e viene utilizzata per verificare il *Low-Level Bootloader* (LLB). Una volta che questo è stato verificato e caricato, a sua volta controlla e carica il *bootloader iBoot*, che ripete le stesse attività con *l'iOS kernel*[46].

Da queste fasi di avvio possono essere identificate tre modalità di funzionamento: l'LLB può essere avviato direttamente dalla modalità *Device Firmware Upgrade* (DFU); l'iBoot gestisce quella che viene chiamata la modalità di *recovery*, quest'ultima ha un'interfaccia interattiva e può essere utilizzata tramite USB, e infine la modalità *normal*, che è il normale processo di avvio ed espone l'interfaccia di iOS all'utente. Da un punto di vista criminologico è importante sia la DFU, che la recovery mode. Entrambe possono essere utilizzate per effettuare l'acquisizione fisica del dispositivo.

3.3.5.2. Unique Device Identifier

Ogni dispositivo è fornito di un proprio *unique device identifier* (UDID), che è un valore di 20 byte e 40 caratteri in valori esadecimali, che viene calcolato come segue:

$$UDID = SHA1(serial + ECID + wifiMac + bluetoothMac)$$

Come si è visto nelle impostazione delle App, il seriale è relativo al numero di serie. ECID è un ID univoco per ogni chip.

Il modo più semplice per trovare l'UDID si ottiene collegando il dispositivo al computer ed eseguendo il programma iTunes, quindi si clicca sull'icona *iPhone*, in *Settings*, si clicca sulla *Summary*, e quindi facendo clic sul numero di serie è visualizzato l'UDID.

Un altro metodo consiste nel cercare i backup di iTunes, perché i file sono nominati utilizzando l'UDID.

A secondo del sistema operativo, i backup di iTunes vengono memorizzati in:
- Mac: ~/Library/Application Support/MobileSync/Backup/{UDID},
- *Windows Vista/7/8/10*: \Users\(username)\AppData\Roaming\Apple Computer\MobileSync\Backup\{UDID},
- *Windows XP*: \Documents and Settings\(username)\Application Data\Apple Computer\MobileSync\Backup\{UDID},

---

[46] Questo processo è descritto nella guida ufficiale iOS Security della Apple (https://www.apple.com/business/docs/iOS_Security_Guide.pdf).

3.3.5.3. LOCKDOWN CERTIFICATE

Un *lockdown certificate* è, sostanzialmente, un certificato di pairing creato quando un iDevice è collegato per la prima volta ad un computer con iTunes in esecuzione. L'acquisizione di questo certificato, dal punto di vista forense, consente di ottenere un accesso parziale ad un dispositivo bloccato. La cosa importante è che se viene copiato il certificato su un altro computer, non si altera il processo di pairing. Il *lockdown certificate* è un file .plist denominato *UDID*.plist (dove UDID è sostituito dall'ID del dispositivo associato) utilizzato sul computer per sincronizzare l'iDevice e, a seconda del sistema operativo, è memorizzato nelle seguenti cartelle:

- *Mac OS X*: /var/db/lockdown,
- *Windows 7/8/10*: C:\ProgramData\Apple\Lockdown,
- *Windows Vista*: C:\Users\.\AppData\roaming\AppleComputer\Lockdown,
- *Windows XP*: C:\Documents and Settings\username\Application Data\Apple Computer\Lockdown.

Se, attraverso *l'Apple File Conduit* (AFC), si ottiene il certificato di blocco possono essere raccolte molte informazioni utili come ad esempio:

- *Device information:*
    - *IMEI (for devices with telephone capability),*
    - *Bluetooth address,*
    - *Language,*
    - *Date and time,*
    - *Timezone,*
    - *Battery charge level,*
    - *Total NAND memory size,*
    - *Empty space size,*
- *Backup configuration Installed application list,*
- *Application distribution on Springboard,*
- *File contained inside applications that are using iTunes File Sharing,*
- *iBooks folder,*
- *Downloads folder,*
- *iTunes_Control folder:*
    - *iTunes subfolder,*
    - *Music subfolder,*
- *Videos loaded into the device from a PC/Mac.*

Se il dispositivo fosse acceso, si dovrebbe sempre isolarlo ed avviare la ricerca del certificato di blocco, su un computer accoppiato, prima di spegnere il dispositivo.

3.3.5.4. Acquisizione di un iOS Device

Quando si sequestra un dispositivo mobile è importante attivare la modalità aereo e, se il dispositivo è sbloccato, impostare su *Never* l'opzione di auto-lock e verificare se è stato impostato il codice di protezione (Settings | passwcode). In presenza di un codice di accesso e non potendo acquisire immediatamente il contenuto, è necessario cercare di mantenere in carica il telefono; se, invece, non è stato impostato nessun codice di accesso, il dispositivo può essere spento. [66]
Per quanto riguarda gli iDevices, ci sono quattro diversi metodi di acquisizione:

- *Normale o diretta*: Questo è il metodo migliore quando si opera con un dispositivo alimentato;
- *Acquisizione logica*: Questa modalità viene eseguita sfruttando il backup di iTunes oppure un tools forense che usa il protocollo AFC. In genere non è completa perché sono mancanti le e-mail, i database di geolocalizzazione, le cartelle cache delle applicazioni ed i file eseguibili;
- *Acquisizione logica avanzata*: È una tecnica introdotta da Jonathan Zdziarski, ma che non è più praticabile dall'introduzione di iOS 8;[47]
- *Acquisizione fisica*: Questo metodo genera un'immagine forense bit-a-bit delle due partizioni: *system* e *data*. Ci sono due categorie di acquisizione:
  - L'acquisizione fisica eseguibile su iPhone fino alla release 4,
  - L'acquisizione logica del filesystem di un dispositivo jailbroken.

Poiché la scelta del metodo dipende da alcuni parametri, l'operatore deve rispondere prima a tre domande importanti:

- il modello di dispositivo,
- la versione di iOS installata,
- se il dispostivo è protetto:
  - il codice di accesso è semplice,
  - il codice di accesso è complesso.

L'Identificazione del modello di un dispositivo è molto semplice perché è situata sul retro del dispositivo stesso. Per identificare il sistema operativo è possibile impiegare uno strumento chiamato *ideviceinfo* (http://www.libimobiledevice.org), che può essere utilizzato anche se il dispositivo è bloccato da password.
Se il dispositivo è bloccato dal codice di accesso, ci sono diversi tool in grado di rompere i codici di protezione fino a quattro cifre. IP-Box, che funziona per device fino a iOS 8.1.2, è una black-box device che invia codici di accesso predefiniti per determinati iOS.

---

[47] http://www.zdziarski.com/blog/

Acquisizione Normale o Diretta

Se un dispositivo non è protetto dal codice di accesso, oppure sono noti il codice di accesso o il lockdown certificate, allora può essere effettuata un'acquisizione diretta tramite il browser per iDevice. Per esempio il software iExplorer v3.8.8.0 è compatibile con l'iPhone 6s e l'OS 9.2 ed è disponibile sia per Mac che per Windows[48].

Acquisizione Logica

La possibilità di realizzare e leggere un backup di iOS è una grande opportunità per l'investigatore forense, in quanto evita le operazioni di scrittura accidentale provocate da alcuni strumenti non forensi come nel caso di una acquisizione diretta. Se il dispositivo non è protetto dal codice di accesso, ovvero è noto, oppure se l'operatore ha un lockdown certificate, è possibile effettuare il backup.

Il modo più semplice per eseguire il backup di un iDevice è tramite iTunes, da notare che ci sono due opzioni: l'esecuzione di un backup completo sul computer senza alcuna protezione, oppure l'esecuzione di un backup completo protetto da password.

In entrambi i casi, il backup si realizza cliccando su tasto: *Back Up Now*:

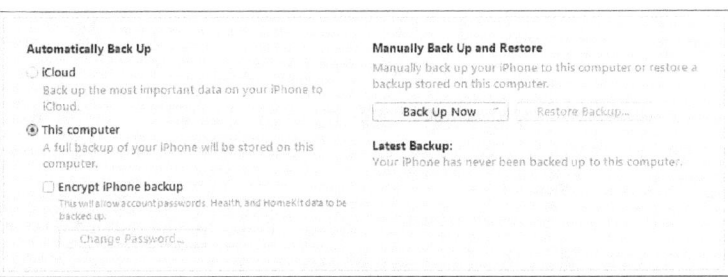

Fig. 35 – iTunes backup, Fonte: [67]

I backup di iTunes vengono memorizzati nei seguenti percorsi:
- Windows XP: Documents and Settings\(username)\Application Data\AppleComputer\MobileSync\Backup\,
- Windows Vista/7/8/10: Users\username\AppData\Roaming\Apple Computer\MobileSync\Backup\,
- Mac OS: ~/Library/Application Support/MobileSync/Backup/.

Ci sono anche molti strumenti forensi in grado di effettuare l'acquisizione logica.

Acquisizione Fisica

Quando è possibile effettuare un'acquisizione fisica l'operatore non esita a realizzarla in quanto consente l'estrazione di quasi tutto il contenuto informativo presente sul dispositivo,

---

[48] https://www.macroplant.com/iexplorer/release-notes

fornisce una copia reale della memoria del dispositivo e permette l'accesso a tutti i file memorizzati.

Ci sono molti tool commerciali che supportano l'acquisizione fisica di un iDevice: UFED Physical Analyzer, XRY e Elcomsoft iOS Forensic Toolkit (quest'ultimo supporta fino a iOS 9.2 e permette l'acquisizione fisica per i device a 32 e 64 bit).

Occorre ricordarsi che è importante la statistica dei codici di accesso dal momento che, se il dispositivo è protetto ed il codice è complesso, l'analista dovrebbe effettuare un brute-force o dictionary-attack al codice.

Jailbreaking di iOS

Effettuare il Jailbreaking di un iDevice è il processo che consente di ottenere l'accesso completo a tutte le partizioni; per bypassare la firma del codice e le restrizioni di Apple è fondamentalmente poter realizzare il processo di montaggio della partizione di sistema in lettura-scrittura, la modifica del servizio di AFC, per accedere al file system e l'applicazione di patch al kernel[49]. Anche se è un'attività di scrittura, e quindi non può essere considerata forensicamente corretta, offre l'unico modo per eseguire l'acquisizione fisica dei iDevices moderni.

3.3.6. ANALISI DEI DATI RILEVANTI

Questo paragrafo riguarda specificamente l'esame della struttura dei file di iOS che si rendono disponibili dopo una semplice estrazione logica, oppure attraverso l'importazione di un backup creato con iTunes.

I tool automatici sono in grado di estrarre la maggior parte dei dati significativi. Tuttavia, considerando il numero totale di file di un dispositivo iOS che possono essere sottoposti ad un esame forense, il numero di quelli analizzati e presentati da un tool automatico è irrisorio rispetto a ciò che può essere visualizzato tramite un'estrazione logica.

Inoltre, un dispositivo iOS, a differenza degli altri dispositivi di tipo smart, riesce a contenere una quantità ragguardevole di informazioni all'interno dei propri file di backup, come i database di base, le impostazioni e gli elenchi delle proprietà.

L'esame dei nuovi file binari, dai quali è possibile ricavare i dati utente, oltre ai file aggiuntivi che non sono stati parsati dal tool automatico, offre la possibilità di effettuare un'analisi approfondita del file system di un dispositivo iOS. Ciò può includere l'hashing, la verifica e la validazione, la decodifica manuale dei file ed il carving, tanto per citarne alcuni. L'operatore, che ha a disposizione l'intero file system, può eseguire un esame completo senza avere la necessità di eseguire un'estrazione fisica.

---

[49] You can visit https://www.theiphonewiki.com/wiki/Jailbreak to learn more about it.

Con i moderni dispositivi iOS, basati sul chipset A5 e successivi, è impossibile eseguire un'acquisizione fisica senza effettuare prima il jailbroken, quindi l'unico metodo disponibile è l'acquisizione logica. A causa di questa limitazione, è importante che l'operatore effettui un'estrazione logica di tutto il file system.

Inoltre sono indicate una moltitudine di prove che si trovano all'interno di un file system iOS, inclusi i dati che possono essere direttamente utilizzati e le informazioni che servono a dare credibilità ai risultati ottenuti con gli strumenti automatizzati. Queste indicazioni aiuteranno l'operatore a capire come funzionano i processi di estrazione e forniranno le informazioni utili a documentare la procedura in un procedimento giudiziario.

3.3.6.1. FILE SYSTEM DI IOS

I dispositivi mobili Apple condividono alcuni principi di OS X, ma utilizzano un framework diverso, ciò significa che le applicazioni OS X non girano su iOS.

Entrambi i sistemi sono basati sul file system di UNIX, ma, nonostante le strutture dei file system tra iOS ed OS X siano simili, ci sono differenze sul modo con cui ognuno memorizza le applicazioni ed i dati utente. In un dispositivo mobile iOS, le applicazioni interagiscono con il file system. Le interazioni sono limitate ("sandbox") in base alla progettazione, in modo tale che ogni app abbia un container oppure una serie di container con ruoli specifici (i container includono l'App Bundle, l'App Storage e l'iCloud Data, come mostrato nella Figura 36). Entrambi utilizzano un tipo di file system gerarchico (HFS). Un dispositivo iOS utilizza HFSX|HFS+ (Mac OS Extended), mentre i computer con OS X utilizzano HFS+. [65]

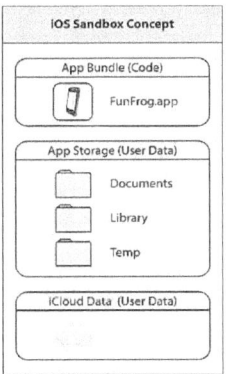

Fig. 36 - Il containers dell'iOS sandbox, Fonte: [66]

Sui dispositivi precedenti a quelli basati sul chip A5 poteva essere effettuata un'acquisizione raw non invasiva dell'intero disco. Questo tipo di acquisizione consente di ottenere sia il sistema, che le partizioni utente. Queste partizioni sono molto simili a quelle presenti su un disco rigido standard (struttura di directory, slack file ed aree non allocate). Lo spazio non allocato o free area, all'interno di una partizione iOS, è una fonte preziosa di file cancellati, tra cui le immagini ed i video.

Tutto ciò si è concluso quando Apple, con il lancio dell'iOS 5, ha cambiato il modo con cui vengono crittografati i dati su disco, insieme alle *data protection class keys* ed al *file system key*. Con l'uscita di iOS 5 gli operatori forensi e gli sviluppatori di software hanno chiesto di poter ottenere la keybag e le chiavi per decifrare la partizione utente. I fornitori di software, che in precedenza avevano sostenuto una raccolta non fisica dei dispositivi iOS, crearono rapidamente una versione modificata del codice di Jean Sigwald[50]. In questo modo i dati utente furono nuovamente visibili all'operatore, ma purtroppo non era disponibile la key per lo spazio non allocato. Perciò, anche se fosse stato possibile estrarre lo spazio non allocato, rimaneva criptato. I file vengono crittografati a livello di file, pertanto, se non si ottiene un valido percorso di file, la key del file e la chiave di protezione dei dati non possono essere decifrati.

Da allora le nuove tecniche hanno fornito alcuni vantaggi. Per esempio, un articolo presentato nel 2008 da Aaron Burghardt e Adam J. Feldman[51] ha documentato l'uso dei file journal all'interno di una partizione Mac OS per individuare ed identificare le voci del file catalog relative ai file eliminati, con risultati limitati. Questa tecnica è stata estesa da Jean-Baptiste Bédrune e Jean Sigwald, all'interno del codice di iphonedataprotection sul repository di google.com, utilizzando uno script Python per i dispositivi iOS. Come indicato da Sigwald, il file journal è estremamente piccolo e, pertanto, possono essere recuperati solo un piccolo numero di file. Ad oggi, questa limitazione significa che lo spazio non allocato è, in generale, al sicuro dagli strumenti di data carving.

Solo quando è iniziata la commercializzazione dei dispositivi contenenti il chip A5 (l'iPad 2 è stato il primo, seguito dall'iPhone 4S), gli operatori hanno capito la gravità del problema.

È ancora possibile passare alla modalità Device Firmware Update (DFU), ma non è più consentito utilizzare questa funzione per effettuare un'acquisizione con uno strumento automatico. Quando il dispositivo iOS è in modalità DFU non è possibile accedere al custom RAM disk e, di conseguenza, gli operatori non riescono ad utilizzare questa tecnica per acquisire una copia fisica del dispositivo iOS. Da allora i fornitori di software forense non sono riusciti ad offrire uno strumento in grado di effettuare un'estrazione non invasiva, a meno che il dispositivo non fosse stato precedentemente jailbroken.

In iOS 4 Apple ha introdotto una funzione, attivabile all'interno delle impostazioni dell'applicazione iTunes, che consente all'utente di crittografare il backup prodotto. Questa impostazione può essere facilmente attivata dall'utente selezionando la casella per

---

[50] https://code.google.com/p/iphone-dataprotection
[51] www.dfrws.org/2008/proceedings/p76-burghardt.pdf

crittografare il backup del dispositivo iOS ed inserendo una password per il backup, ed il successivo ripristino, dei dati. Pertanto, invece di utilizzare la chiave hardware del dispositivo iOS per crittografare il backup, viene impiegata questa nuova password. Utilizzando questo metodo la password del backup di iTunes è memorizzata all'interno del database portachiavi del dispositivo iOS ed il keybag backup è crittografato con la password di backup. Poichè il keybag backup è accessibile all'interno del backup, è possibile decifrare il backup senza coinvolgere il dispositivo iOS.

La crittografia dei processi di backup rappresenta un problema per l'operatore forense perché non è un'impostazione che l'utente può attivare o disattivare sul dispositivo ed, inoltre, è settata di default. Questa seconda condizione pone un altro problema per la comunità, perché gli strumenti forensi sfruttano il servizio di Apple Mobile Backup per avviare una copia dei dati e, di conseguenza, un backup criptato non è di alcuna utilità.

Questo vincolo è stato scongiurato grazie a Sigwald, che ha prodotto il codice open source che riesce a decodificare il backup con la password nota, offendo ancora una volta una soluzione ai produttori di soluzioni forensi, a condizione che l'operatore conosca la password di iTunes impostata dal proprietario del dispositivo. Con questa password, i tool sono in grado di decifrare il backup e di analizzare i dati relativi all'utente.

L'incapacità ad effettuare un'acquisizione corretta dei dati di un dispositivo Apple, con la crittografia dei backup attivata, è stata una difficoltà seria per le analisi forensi. La comunità hacker dei dispositivi Apple ha avuto lo stesso problema. Diversi gruppi hanno cominciato a pubblicare strumenti open source che consentono di effettuare non solo un backup del dispositivo iOS tramite iTunes, ma anche di sfruttare il protocollo Apple File Connection (AFC) utilizzato da iTunes per spostare i file da e verso un dispositivo iOS. Poiché iTunes può accedere solo a specifiche porzioni di memoria del dispositivo, AFC è limitato solo all'area contenente i file multimediali. Tuttavia, un dispositivo jailbroken può offrire tutti i file disponibili che utilizzano l'AFC protocol/backup service. Il servizio è stato modificato ed installato su un dispositivo jailbroken ed è nato AFC2 che ha permesso l'accesso completo al file system di un dispositivo iOS.

Questo metodo, tuttavia, non è considerato praticabile dalla comunità forense, a causa delle implicazioni imposte da un jailbreak. Comunque, ulteriori ricerche hanno portato alla luce altri servizi quali *com.apple.mobile.house_arrest* e *com.apple.mobile.file_relay*. Questi servizi, principalmente il *file_relay*, sono stati sviluppati da Apple per effettuare il testing interno per il trasferimento dei file, ma facevano parte del codice *libimobiledevice* dal 2009. Questo non era solo un servizio per il trasferimento dei file, ma serviva per il trasferimento dei file *data-laden* utente, senza la necessità di attivare una connessione con iTunes.

Il tipo di dati dipende dalla versione iOS. Non essendo avviato il backup di iTunes, dal momento che non è invocato il servizio Apple Mobile Backup, non verrà attivata la cifratura di backup e, di conseguenza, tutti i dati trasferiti non verranno crittografati.

Il servizio *house_arrest* consente l'accesso alla cartella delle applicazioni ed al loro contenuto. I tools forensi sfruttano questa nuova funzionalità ed hanno iniziato ad integrarla nei propri prodotti. Gli operatori, quindi, possono effettuare l'esame forense di un dispositivo mobile iOS, anche se non conoscono la password di iTunes. Gli operatori sono in grado di estrarre i personal information manager (PIM) data e le app data da questi dispositivi in un formato completamente decifrato.

Nel 2015 un ex dipendente di una società di strumenti mobile forensi ha rilevato questo problema di sicurezza ed ha reso noto al pubblico come veniva sfruttata questa "backdoor" per esportare i dati personali degli utenti. Questa rivelazione, anche se era già conosciuta da molti ricercatori, ha definitivamente sbarrato la strada alle forze dell'ordine, alle imprese e agli investigatori aziendali.

Apple, con il lancio dell'iOS 8, ha definitivamente chiuso la porta al recupero dei dati PIM degli utenti con qualsiasi mezzo diverso dalla funzione interna di Mobile Backup ed ha limitato i servizi aggiuntivi. Tutti i dispositivi iOS, che utilizzano una versione precedente dell'iOS 8, consentono ancora i collegamenti ad entrambi i servizi.

Un tool forense che vuole ottenere un'acquisizione più ricca del file system, deve utilizzare il servizio file_relay. Comunque, anche l'acquisizione logica di un dispositivo iOS, senza accesso ai servizi aggiuntivi, contiene ancora una straordinaria quantità di informazioni.

3.3.6.2. DATI SIGNIFICATIVI

La tipologia di dati raccolti dai tool forensi da un dispositivo iOS è paragonabile a quello raccolto sulla maggior parte dei dispositivi mobili.

Ci sono, naturalmente, piccole eccezioni, ma i dati raccolti elencati nella Tabella 11, se sono presenti sul dispositivo, faranno parte dell'acquisizione forense a meno non ci si trovi di fronte ad un dispositivo bloccato, ad un backup crittografato o ad un'altra impedenza.

Le informazioni contenute nella tabella possono essere utilizzate per identificare il tipo di dati ed il percorso dove si trovano i file fisici, in modo tale che, se necessario, possano essere condotte ulteriori indagini all'interno del file system estratto. [64]

Ulteriori indagini effettuate sui file dei database, e dei gli altri file correlati, possono rilevare i nomi utente, le password e, persino, i dati cancellati.

User Data	File Type	Path in File system
Contacts	SQLite database	private/var/mobile/Library/AddressBook/Addressbook.sqlitedb
Call logs	SQLite database	(<iOS 7) private/var/mobile/Library/CallHistory/CallHistory.db (iOS 7) private/var/wireless/CallHistory/call_history.db (iOS 8x) mobile/Library/CallHistoryDB/CallHistory.storedata
SMS	SQLite database	private/var/mobile/Library/SMS/sms.db
MMS	SQLite database	private/var/mobile/Library/SMS/sms.db
Calendar	SQLite database	private/var/mobile/Library/Calendar/Calendar.sqlitedb
Notes	SQLite database	private/var/mobile/Library/Notes/notes.sqlite
Images	Individual .jpg files named IMG_<Sequence #>	private/var/mobile/Media/DCIM/1XXAPPLE
Videos	Individual .mov files named IMG_<Sequence #>	private/var/mobile/Media/DCIM/1XXAPPLE
Browser bookmarks	SQLite database	private/var/mobile/Library/Safari/Bookmarks.db

Tab. 11 – I dati comunemente acquisiti da IOS, Fonte: [67]

L'operatore dovrebbe riconoscere che la suindicata tabella contiene solo i dati superficiali e che all'interno del file system è contenuta una grande quantità di dati aggiuntivi.

3.3.6.3. STRUTTURA DEL FILE SYSTEM

Un file system iOS, ottenuto con strumenti open source o commerciali, si basa principalmente sulla funzione Apple Mobile Backup. Per questo motivo, l'output e l'interpretazione del file system è simile per tutti gli strumenti.

Questa sezione presenta i principali punti di riferimento che un operatore forense può trovare all'interno dei file e delle cartelle acquisite. Se il software forense riuscisse a sfruttare le funzioni *file_relay* e *house_arrest*, si potrebbero reperire ulteriori cartelle. [64]

Dati delle App

Nella figura 36 è mostrato il concetto di sandbox e di partizione. Questo metodo di archiviazione aiuta l'operatore a rendersi conto che i dati delle app sono contenuti dentro le cartelle Documents, Library e Temp, all'interno dell'area App Storage. La tabella 12 descrive i luoghi dove sono conservati i dati degli utenti e delle applicazioni. Queste cartelle sono memorizzate, all'interno del file system del dispositivo iOS, direttamente sotto la cartella *main application*. La cartella delle applicazioni per iOS si trova in /private/var/mobile/Applications, mentre per i sistemi con iOS 8x è /private/var/mobile/Containers/Data/Application.

Questa tabella può contribuire ad orientare l'operatore verso la posizione più probabile degli artefatti digitali all'interno delle cartelle delle applicazioni. Si noti che il nome dell'applicazione all'interno di un file system iOS è un *globally unique identifier* (GUID) e che il GUID può cambiare ad ogni aggiornamenti delle applicazioni, quindi l'operatore non deve fare affidamento al GUID per identificare una specifica applicazione. Se il manifesto è utilizzato ed è disponibile, la maggior parte dei tool forensi riesce a tradurre il GUID con il bundle identifier.

Folder	Data Description
Documents	This folder contains user-generated content, where a developer would place data that can be accessible and exposed to the app user and data that the app cannot re-create. Often contains the SQLite databases used and available to the user along with Plist files detailing user settings.
Documents/Inbox	This folder is used often by app developers to enable the app to access files that the app opened from outside requests. An example would be a mail application that places e-mail attachments into the directory. The app can read and delete the files, but cannot create or edit files within this directory. This folder is backed up by iTunes if used.
Library	The app uses this top-level directory to store data that it does not want to expose to the user; it is not advisable to store user data here that can be directly interacted upon by the user. This folder uses a subdirectory structure, and the app developer can create custom folders. Any folder with the exception of the Caches subdirectory is backed up by iTunes.
Library/Application Support	This folder contains subfolders and files used by the app for function support. This is where the examiner can find advertisement support, database files supporting features, and additional app settings. This area should be examined, especially with browsers and apps not using SQLite databases. Chrome for iOS, for example, stores bookmarks, history, and other information within the Application Support/Google/Chrome/Default folder.
Library/Caches	The Caches folder is often a gold mine. The folder is obtained either via the house_arrest or file_relay service on a jailbroken device. This folder is not available in an iTunes backup. The folder is described later in the "App Caches" section of this chapter.
Library/Cookies	This subfolder contains the Cookies.binarycookies file, which stores the persistent session cookies used by the app. This file is discussed later in this section.
Library/Preferences	This subfolder contains the application preferences. For example, mobile Safari contains all the search strings within the com.apple.mobilesafari .plist file. Other property lists in this folder provide user login details and application details.
tmp	This is temporary storage for the app. This data seldom persists unless the app developer is not purging the data, which is generally not the case. However, if the app is still running in the background when an examiner completes a collection, temporary data could be available, including media, text, and settings files. If available, the examiner should investigate.

Tab. 12 – La struttura dei file e delle cartelle di un app, Fonte: [67]

L'Apple development insiste sul fatto che gli sviluppatori debbano utilizzare il reverse DNS format per denominare le loro app: l'estensione del sito web (.com, .net, .tv, .info, .co.uk, e così via), seguito dal nome, per finire con il nome dell'applicazione (come com.oxygen.oxyagent).

Per collegare un'applicazione al suo bundle identifier è sufficiente guardare all'interno della manifest property list, che si trova in private/var/root/Library/Caches/Backup/.

La cartella Documents, all'interno della struttura del file system delle applicazioni, contiene, come indicato nella tabella 12, l'user-facing data disponibile per l'utente tramite l'applicazione. L'operatore troverà i database SQLite che lo sviluppatore dell'app ha utilizzato per memorizzare i dati, insieme alle cartelle contenenti i file collegati. La cartella Documents e le sue subdirectory memorizzano i dati che l'utente del device può aggiungere, cancellare e modificare attraverso l'app.

Possono essere rinvenute altre cartelle personalizzate in grado di contenere le immagini, le impostazioni di configurazione ed i file di SQLite. Il file di archiviazione di un'applicazione non deve essere necessariamente un database SQLite, ma può anche essere un file binario proprietario, il cui formato dipende dalle preferenze di archiviazione dello sviluppatore dell'app, conforme alla SDK di Apple.

La cartella Documents può contenere anche property lists, file XML, file di testo ed altro ancora. L'analisi dei file binari personalizzati, dei file di testo o dei property list può comportare la realizzazione di un parser personalizzato, dal momento che la maggior parte dei tool forensi non possono prendere in considerazione ogni tipo di file rinvenibile all'interno di un sistema iOS. Inoltre l'operatore forense deve ricordarsi che potrebbero esserci delle limitazioni alla disponibilità della cartella, dei file e del livello di crittografia, ciò implica che una determinata cartella ed i relativi file associati potrebbero non essere sempre disponibili.

In iOS 5, e nelle versioni precedenti, non era consentito che lo sviluppatore potesse scegliere di escludere la cartella dell'app dal backup. Questo limite è stato revocato in iOS 5.1 e ha continuato ad esistere nelle versioni attuali di iOS. Lo sviluppatore di un'app può utilizzare la proprietà del file system NSURLIsExcludedFromBackup o kCFURLIsExcludedFromBackupKey per escludere un file o una directory dal backup. Questa opzione può essere estesa alle directory predefinite dal sistema, anche se non è raccomandato da Apple. Tuttavia, l'operatore può scoprire che alcune applicazioni non hanno una cartella Documents, oppure possono avere la cartella Documents, ma non utilizzare un database SQLite od altri dati definiti dall'utente. Ciò indica che lo sviluppatore dell'app ha utilizzato la proprietà di esclusione e pertanto sarà fondamentale l'aspettativa sulla cartella Caches.

La cartella /Library/Cookie contiene il file Cookies.binarycookies, il quale memorizza i cookies di una particolare applicazione; una cartella simile si trova nella maggior parte dei file system delle app. Il cookie viene utilizzato per identificare l'utente su un particolare sito web o web server. Per l'investigatore i cookie sono di particolare interesse perché possono dimostrare che l'utente del dispositivo iOS abbia acceduto a particolari siti web che utilizzano tale applicazione. La cartella /Cookie può contenere anche un secondo file Cookies.binarycookies che viene aggiunto con il flag –corrupt. Se il flag –corrupt è contrassegnato come tale indica che è fallito un precedente tentativo di autenticazione, oppure che il file è danneggiato, per cui viene creato un nuovo file. Il file Cookies.binarycookies ed il file contrassegnato -corrupt possono essere decodificati utilizzando alcuni script Python.[52]

La cartella /Preferences/Library è inclusa in quasi tutte le strutture di directory delle applicazioni e contiene le impostazioni specifiche per l'utente e per l'applicazione. La property list da esaminare è un file Plist assegnato al bundle ID (ad esempio, com.google.Drive.plist, com.skype.skype.plist). Questi file plist spesso contengono il nome di login dell'utente, le ultime impostazioni, le ultime ricerche, la data dell'ultimo utilizzo ed altre impostazioni che potrebbero essere fondamentali per un esame forense. I file d'impostazione si possono trovare

---

[52] www.securitylearn.net

anche nella cartella Caches.

L'operatore potrebbe incontrare anche la cartella /Library/WebKit o dei database SQLite con l'estensione *.localstorage*. Questi file e la cartella WebKit utilizzano il framework WebKit, che consente ad un'applicazione di utilizzare un web browser integrato per la visualizzazione del contenuto web. In questo modo l'applicazione memorizza nella cache l'intero database che viene utilizzato per quella particolare istanza o sito visitato tramite l'applicazione. Se l'applicazione utilizza un browser integrato, quando lancia il browser per navigare verso un sito come google, salva in cache le impostazioni del browser del sito web mobile e/o i dati locali per quel sito. Il nome del sito è parte del nome del file cui si aggiunge l'estensione .localstorage.

All'interno della cartella WebKit possono essere collocate intere pagine web, ricerche ed altri dati utili, compresi anche i file con estensione .localstorage.

La cartella WebKit è ancora disponibile all'interno della cartella principale /private/var/mobile/Library, ma è raramente popolata perché la maggior parte delle applicazioni ospita la cartella di WebKit all'interno della loro struttura di cartelle. Molte applicazioni hanno una cartella WebKit nella struttura di directory, ma memorizzano i file .localstorage all'interno della cartella Cache di /Library.

Le App Installate

A volte un operatore può essere incuriosito di vedere se un'app è stata installata e, successivamente, è stata rimossa da un dispositivo iOS. Il file Launch Services Daemon Identifiers (com.apple.lsdidentifiers.plist), situato in private/var/db/lsd/, indica le applicazioni che sono state installate sul dispositivo e lanciate dal servizio LSD e, inoltre, fornisce l'attuale ID GUID assegnato all'applicazione. (Si noti che questo ID non è il GUID che si trova nel file manifest o nella cartella /Library/Application). Confrontando l'elenco delle applicazioni presenti nel file com.apple.lsdidentifiers.plist, con quelle del file Manifest.plist e del file system iOS, l'operatore può determinare se l'applicazione è stata installata e, successivamente, rimossa. (Ciò è stato verificato in diversi test in cui l'applicazione è stata installata, eseguita e successivamente cancellata. Analizzando il backup, il bundle ID è ancora visibile all'interno del file com.apple.lsdidentifiers.plist, ma non è presente all'interno del sistema o del file Manifest.plist).

La Cache delle App

Un'applicazione su un dispositivo iOS, come qualsiasi altro programma, utilizza un'area del disco per memorizzare i dati volatili e temporanei. Come descritto in precedenza, lo sviluppo delle applicazioni impone che i dati che non debbano essere disponibili per l'utente, siano memorizzate nella cartella /Library e nelle sue sottodirectory. La cartella Cache è una di queste sottodirectory in cui le app salvano i dati volatili (come i siti web, i media dei siti web e le impostazioni specifiche del sito), ed è solitamente visibile all'interno dell'applicazione solo durante la sessione. La cartella può avere *children files* nella root della cartella, ma può anche memorizzare sottocartelle e file aggiuntivi che sono utilizzati dall'applicazione.

Le cartelle ed i file nella cartella Caches sono impostati dallo sviluppatore dell'app. La Apple fornisce qualche indicazione e la guida per quanto riguarda l'iCloud, ma ancora una volta, questa scelta è lasciata allo sviluppatore. All'interno della cartella Caches ci sono alcune evidenze in grado di aiutare l'operatore, comunque, all'interno di questi file e cartelle ci sono molte informazioni utili da poter recupere.

La cartella Cache si trova nella cartella Library, che è una sottocartella di quella principale dell'applicazione (vedere Figura 37). (L'operatore non deve confonderla con la cache trovata in /private/var/mobile/Library.) Poiché la cartella cache non è contenuta all'interno di un backup standard di iTunes, il tool forense deve sfruttare i servizi *house_arrest e file_relay* per il relativo recupero ed acquisizione. Se dopo l'estrazione la cartella cache non è visibile, l'operatore deve tentare con uno strumento alternativo per assicurarsi che siano recuperati questi dati importanti.

Fig. 37 – La cartella Caches di com.google.chrome.ios, Fonte: [67]

La cartella Bundle ID

Un ottimo punto da cui avviare l'analisi dei dati di una certa app, è quello di cercare una cartella che prende il nome dal bundle ID (com.<company>.<app name>).

Questa cartella non deve avere necessariamente lo stesso ID bundle che descrive l'applicazione, ma spesso coincide. Le cartelle aggiuntive possono essere nello stesso formato bundle ID – si tratta delle applicazioni incorporate all'interno dell'app, oppure utilizzate dall'applicazione principale, e spesso contengono le immagini della pubblicità ed altri dettagli web, come l'analisi e i crash dell'app. Di solito la sottocartella più importante è quella con l'ID bundle coerente con quello dell'applicazione effettiva. Una volta che l'operatore ha individuato la cartella bundle ID, al suo interno trova a disposizione un file *Cache.db* e, talvolta, un *ApplicationCache.db*. Il file *Cache.db* può trovarsi anche in un'altra sottocartella, all'interno della cartella principale, ed in genere contiene cinque tabelle, di cui tre di particolare importanza: *cfurl_cache_response, cfurl_cache_blob_data* e *cfurl_cache_receiver_data* (fig. 38).

Il file rappresenta i dati che l'applicazione ha ricevuto da una fonte esterna (come ad esempio un server o Internet) e li detiene in cache per velocizzare il caricamento, nel caso in cui fosse necessario ricaricarli. La tabella *cfurl_cache_response* contiene i dati che sono stati richiesti e la risposta, compresa l'URL e l'ora della richiesta. La tabella *cfurl_cache_blob_data* contiene i dati BLOB (Binary Large Object) con la risposta dal server. La tabella *cfurl_cache_receiver_data* contiene i dati ricevuti dal server in risposta alle richieste presenti nella tabella *cfurl_cache_response*.

L'accostamento di queste tabelle può fornire informazioni che non sono memorizzate in nessun altro luogo. È importante che l'operatore presti attenzione al campo *isDataOnFs* presente all'interno della tabella cfurl_cache_response. Se la tabella contiene un "1", allora i dati sono memorizzati in un'altra cartella all'interno della cartella *Caches* dello stesso dispositivo iOS. Localmente viene memorizzato un BLOB di 4096 byte o superiore e gli viene assegnato un GUID. Tutti gli altri file saranno memorizzati all'interno del database e rappresentati da uno "0". I file e le posizioni che sono memorizzati nella cache locale sono discussi nella sezione successiva.

Table	Row Count
cfurl_cache_schema_version	1
cfurl_cache_response	70
sqlite_sequence	1
cfurl_cache_blob_data	70
cfurl_cache_receiver_data	70

Fig. 38 - Il Cache.db summary information, Fonte: [67]

È molto importante che l'operatore si ricordi che il file Cache.db è posto nella radice del bundle ID, ma che potrebbe non essere conforme allo schema descritto. Gli sviluppatori di applicazioni possono, e molti lo fanno, creare schemi per soddisfare le loro applicazioni, soprattutto se non utilizzano server esterni o risorse Internet.

Anche la cartella Caches contiene una sottocartella utilizzata per memorizzare i dati dei file, inclusi JPEG, GIF, PNG, file HTML, file JSON ed altri. La *fsCachedData,* che si trova sotto il bundle ID, è utilizzata per memorizzare i file identificati nella tabella *cfurl_cache_response* e che hanno il campo *isDataOnFs* valorizzato a "1". Per esempio Instagram, un'applicazione per condividere foto, non memorizza le informazioni locali all'interno di un database, ma li rende disponibili nella cartella *fsCachedData*. I file contenuti nella cartella sono referenziati direttamente nella tabella *cfurl_cache_receiver_data* all'interno del file Cache.db, come mostrato nella Fig. 39. Questo metodo fornisce l'unica soluzione per ricavare le informazioni da quelle applicazioni che non dispongono di un database principale.

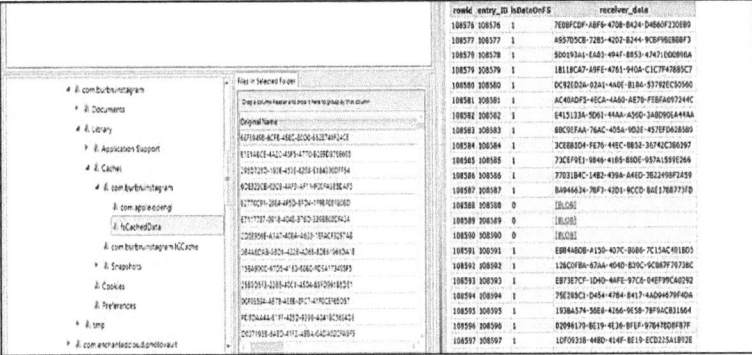

Fig. 39 – La cartella fsCachedData in Instagram, Fonte: [67]

Le altra cartelle sotto Caches

I file dei database, localizzati all'interno della cartella Caches, sono generalmente situati nella directory principale e sono molto importanti per l'operatore perché molte applicazioni, in particolare le applicazioni di Google, memorizzano in questa posizione i propri database. Un database fondamentale per cercare in Gmail (com.google.Gmail) è *Databases.db*. Questo DB contiene una tabella con il nome dell'account Gmail, la dimensione ed il percorso del file del database. (Figura 40).

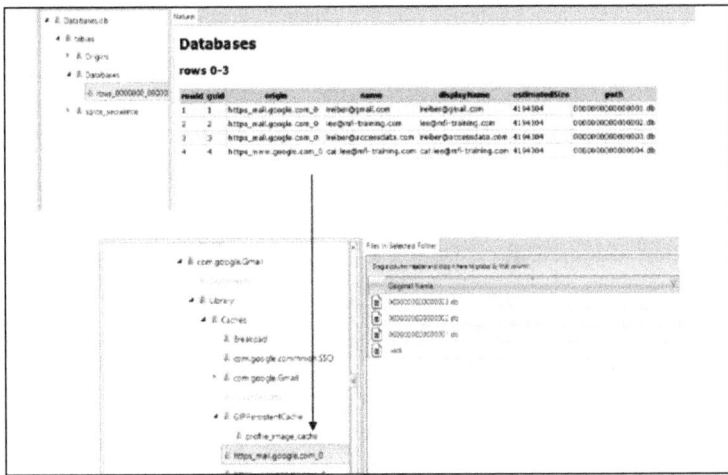

Fig. 40 – Il Gmail Databases.db, Fonte: [67]

113

Nella cartella Caches possono essere memorizzate anche altre cartelle personalizzate.

Per esempio, se un'applicazione richiede spesso la visualizzazione delle immagini, sia attraverso fonti online o da server, è facile trovare cartelle tipicamente denominate *Media*, *ImageCache* o qualsiasi altro derivato della parola "immagine".

Queste cartelle contengono il GUID che fa riferimento al database all'interno della cartella principale Caches. Anche all'interno della cartella Caches è presente la cartella *Snapshots* che contiene un altro bundle ID identico a quello dell'applicazione principale. All'interno di questa cartella sono presenti i file PNG che rappresentano graficamente l'applicazione quando è in background.

Ogni volta che un'applicazione viene iconizzata, iOS effettua lo screenshot dello schermo attivo e lo salva in questa directory in formato PNG.

Il file PNG è creato anche sui cambi di orientamento del dispositivo. Spesso in questa cartella sono rinvenute istantanee di dati che non sarebbero più recuperabili in nessun altro modo o luogo del dispositivo (e-mail, messaggi di testo, conversazioni), perché l'utente li aveva eliminati in modo permanente.

Localizzazione dei file secondari di sistema

In qualunque esame forense i file delle app sono importanti, ma sono di altrettanto aiuto anche i file delle impostazioni dei file ed i database aggiuntivi. Questi file sono disponibili all'interno del file system ottenuto da un'acquisizione logica standard, se non diversamente specificato. La loro visualizzazione dipende dal tipo di file. [64]

Questa sezione illustra molte localizzazioni, all'interno del file system iOS, da cui l'operatore può prelevare rapidamente le informazioni. Alcuni percorsi indicati nella Tabella 13 sono già stati menzionati; tuttavia alcuni contengono ulteriori file e cartelle particolarmente utili per realizzare un esame dettagliato.

Folder	Data Description
private/var/mobile/	Contains /Application, /Library, and /Media folders. iOS 8x includes an additional /Containers folder.
private/var/preferences/SystemConfiguration	Contains the main user configuration files for Apple apps and services; these files are discussed in this chapter.
private/var/root/Library/Caches/Backup	Stores the Manifest.mbdb and Manifest.plist files that indicate the files and folders that will be backed up using iTunes.
private/var/root/Library/Caches/locationd	Contains the consolidated.db, which includes geofence information, but with new devices there is generally limited information. The clients.plist contains every application that has used GPS location services and whether the app is authorized.
private/var/root/Library/Preferences	Contains many property lists that pertain to backups and phone services. This should not be confused with the app-level /Library/Preferences. Important Plist files are outlined in a separate section.
private/var/wireless/Library	Contains /CallHistory, /Databases, and /Preferences. The /CallHistory subfolder stores historic and current data in a database, call_history.db, that is a leftover from iOS 7 and is visible only on an iOS 8x device if it has been restored with iOS 7 data.

Tab. 13 - I percorsi dei file significativi in iOS, Fonte: [67]

All'interno del cartella *private/var/mobile/Library* non sono presenti solo i database visibili direttamente a video, ma ci sono altri importanti database in cui un operatore potrebbe individuare ulteriori informazioni. La cartella *Preferences* contiene molti file di tipo property list. Di questi, solo un piccolo numero ha dimostrato di contenere informazioni preziose. [64] All'interno della cartella *private/var/mobile/Media* sono presenti immagini, video ed altri file aggiuntivi che possono avere rilevanza forense. All'interno della cartella *private/var* è presente la sottocartella *preferences* che contiene ulteriori impostazioni di iOS ed informazioni sulla rete. All'interno della cartella *private/var/wireless* è presente la cartella *CallHistory*, dove si trovano i dati delle chiamate, mentre le altre sottocartelle contengono ulteriori informazioni che possono aiutare ad identificare non solo l'utilizzo di app, ma anche lo scambio e la sostituzione delle informazioni sulle sottoscrizioni. [64]

L'analista, che durante la ricerca interroga queste locazioni, riuscirà a colmare il gap per cui spesso: *what you don't see is what you need*.

Gli investigatori esperti effettuano sempre questo tipo di analisi, ed il consequenziale esame dei dati, su un dispositivo di telefonia mobile basato su iOS.

Un dispositivo basato sul s.o. iOS, come gli altri smartphone, deve essere trattato come un piccolo elaboratore, per cui occorre esaminare, cercare e provare ogni file e locazione, nel tentativo di scoprire il significato che sta dietro quei dati.

3.3.6.4. Principali Tipi di File Rinvenibili

L'operatore dovrebbe essere in grado di capire in che modo ed in quali tipi di file sono memorizzati i dati di interesse investigativo.

I database SQLite sono la fonte prevalente di archiviazione utilizzata dalle applicazioni e, di conseguenza, la principale fonte di prova dell'operatore. I tipi di dati utente, come gli SMS, gli MMS, i contatti, i registri delle chiamate, i calendari, le note e la cronologia del browser, provengono da database SQLite. Il fatto che un tool automatico riesca ad estrarre le informazioni dal database SQLite, non significa, necessariamente, che tutti i dati siano stati raccolti in tale database. Prima di arrivare a questa conclusione, devono essere acquisiti tutti i dati, anche se potrebbero essere stati tradotti o decodificati in modo non corretto. Per quanto riguarda l'acquisizione dei dati contenuti all'interno delle altre applicazioni, l'operatore deve navigare le varie locazioni dei database e delle aree di cache che contengono gli altri database SQLite.

Anche i file Property list, o Plist, sono presenti all'interno del file system iOS; questi file sono utilizzati per memorizzare le impostazioni delle applicazioni, le impostazioni del dispositivo e le impostazioni specifiche dell'utente. Questi rappresentano la seconda fonte di prova, dopo i database SQLite, più osservata ed esaminata dall'operatore forense. I file plist sono disponibili in due formati: binario e XML. All'interno di un file system iOS sono presenti molti altri tipi di file meno diffusi, ma che possono contenere dati utili a corroborare un esame forense.

4
MOBILE CLOUD COMPUTING FORENSICS

In questo capitolo è introdotta la Mobile Cloud Computing Forensics allo scopo di estendere l'area di ricerca delle evidenze digitali connesse all'uso dei dispositivi mobili e superare alcuni limiti individuati nella Mobile Device Forensics. Il mobile cloud computing introduce una nuova architettura che sgrava gli smartphone del problema del fabbisogno di risorse. La popolarità del mobile cloud computing è un'opportunità anche per le attività illecite. Di conseguenza, essendo un ambito che pone nuove sfide, vengono esaminati alcuni strumenti e metodologie d'indagine digitale utilizzabili sulle piattaforme di mobile cloud, anche al fine di risolvere alcune criticità rimaste aperte nella Mobile Device Forensics.

4.1. INTRODUZIONE AL MOBILE CLOUD COMPUTING

L'ambiente del mobile cloud computing utilizza le risorse illimitate offerte dal cloud computing nell'ambiente mobile [78]. Il mobile cloud computing nasce dall'accostamento di due settori emergenti dell'informatica. Il suo scopo principale è di poter utilizzare la potenza di calcolo del cloud e di renderla disponibile per i dispositivi mobili al fine di risolvere i limiti imposti dalla tecnologia mobile.

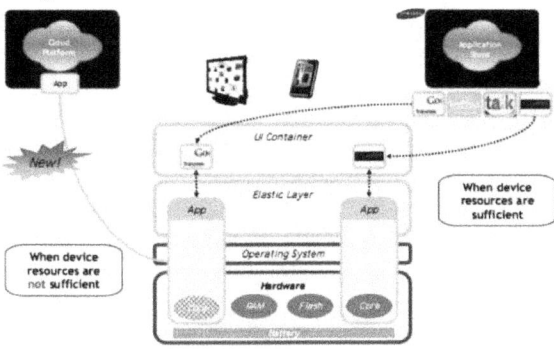

Fig. 41 – Infrastruttura di Mobile Cloud Computing, Fonte: [92]

Negli ultimi anni gli smartphone sono stati arricchiti di hardware sempre più potente. Nonostante ciò, permangono i principali vincoli dei dispositivi mobili come: la capacità di calcolo e di memorizzazione, la durata della batteria, la connettività di rete, l'utilizzo della larghezza di banda e la mobilità.

Dall'avvio della commercializzazione degli smartphone, il loro utilizzo è salito alle stelle perché offrono numerosi servizi utili ed accattivanti, come la navigazione in Internet, la possibilità di controllare le e-mail, le video-conferenze, l'accesso ai siti web dei social, la navigazione stradale e l'editing dei documenti.

La tipologia, la quantità e la complessità delle applicazioni, che possono essere eseguite su questi dispositivi, è limitata da alcuni fattori come il peso del dispositivo stesso, la durata della batteria e la dissipazione del calore.

Tuttavia, la rapida evoluzione tecnologica del cloud computing potrebbe favorire la gestione di questi fattori critici sugli smartphone attraverso il trasferimento dell'esecuzione e della memorizzazione delle applicazioni nel cloud. Inoltre, il mobile cloud computing consentirebbe ai dispositivi mobili di superare le limitazioni in termini di capacità di memorizzazione dei dati e di larghezza di banda, oppure di eterogeneità, scalabilità, disponibilità, affidabilità e privacy [79].

Il cloud computing è un insieme condiviso di risorse di rete che si caratterizzano perché possono essere riconfigurate in breve tempo e con il minimo sforzo.

I fornitori di servizi nell'ambiente cloud collocano i data centers in tutto il mondo (*global cloud exchanges*) per garantire la disponibilità del servizio ed offrire agli utenti grandi storage e numerose facilities a basso costo. Tutto ciò, dal punto di vista dell'utente cloud, rappresenta una caratteristica allettante sia per la start-up, che per l'organizzazione che deve approvvigionarsi di nuovo hardware. [80]

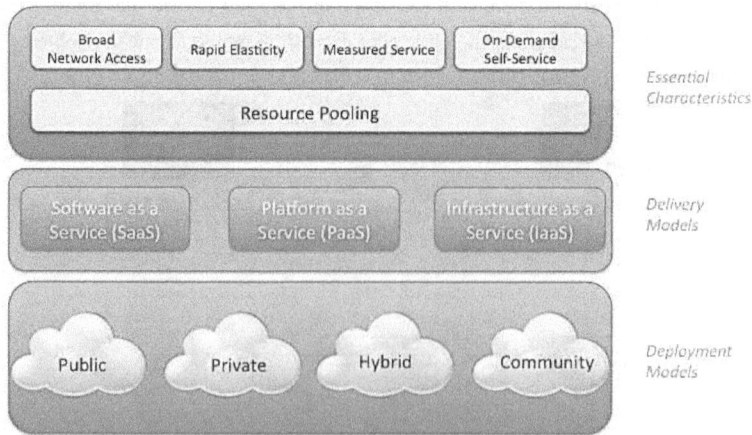

Fig. 42 – Modello grafico di cloud computing definito dal NIST, Fonte: [92]

Con l'aumento costante della domanda di risorse crescono parallelamente le minacce, mentre i dispositivi mobili hanno a disposizione limitate funzioni di sicurezza. I criminali informatici e le organizzazioni illegali approfittano di qualsiasi tecnologia emergente per commettere i reati. La rapida crescita della tecnologia mobile cloud computing può essere utilizzata, per esempio, per trasmettere un'ideologia terroristica, condividere informazioni e facilitare la comunicazione per attaccare le informazioni digitali di qualcun'altro. Per questi motivi, la mobile cloud computing forensics svolge un ruolo importante nell'analisi forense delle recenti applicazioni per smartphone come i bump payments, il mobile credit billing e il location aware commerce. Essa riguarda tutte le attività illegali che vengono attuate utilizzando il cloud come: l'inserimento di virus nelle applicazioni cloud, l'utilizzo del mobile cloud da parte di terroristi e le attività illegali implementate nelle applicazioni di cloud storage.

4.1.1. APPLICAZIONI DEL MOBILE CLOUD COMPUTING

Il numero di applicazioni disponibili per i mobile device hanno avuto lo stesso trend di crescita delle vendite degli smartphone. Un rapporto afferma che gli utenti trascorrono lo stesso tempo sulle applicazioni per smartphone e per il web.
Le applicazioni di mobile cloud coprono sostanzialmente cinque categorie di software: *productivity, utilities, social networking, games and search*. [81]
Le applicazioni più diffuse afferiscono alla categoria produttività e riguardano principalmente le utility aziendali basate sul *data sharing, la customer relation management, lo scheduling, il multi-tasking ed i merchant services*. Inoltre, le applicazioni del mobile cloud computing comprendono l'elaborazione delle immagini, l'elaborazione del linguaggio naturale, la localizzazione GPS e la condivisione dell'accesso ad Internet, le applicazioni relative ai sensori, le query e il crowd computing. Oltre a queste applicazioni, è possibile fruirne di altre simili a quelle elencate nella seguente tabella.

Application Domain	Mobile Cloud Applications
Mobile commerce	Financial applications (mobile transaction, payment, and mobile ticketing), advertising (custom made advertisements), and shopping
Mobile learning	Plantation pathfinder, cornucopia, and education tool
Mobile health care	Health-aware mobile devices to alert healthcare
Mobile Gaming	Graphic rendering
Social-Networking applications	Facebook, Twitter, MySpace, LinkedIn, Whatsapp, Viber, Hike, WeChat, Kik messenger and so on
Storage services	Dropbox, Sugarsync, Evernote, and SkyDrive
Real-time practical applications	Google map, video conferencing, document and image editing
Assistive applications	Mobile devices with pedestrian crossing guidance, Mobile currency reader for blind and visually impaired
Crowd sourcing	Crowd computing
Collecting sensing	Traffic/environment monitoring, and health care

Tab. 14 – Applicazione del mobile cloud computing, Fonte: [85]

Attualmente, la maggior parte delle applicazioni mobili, come Facebook, Gmail, WhatsApp e Skype, sfrutta l'ambiente cloud. Una recente indagine, condotta da MarketsandMarkets, stima che il mobile cloud market passerà da $ 9,43 miliardi del 2014 a $ 46,90 miliardi nel 2019.

La popolarità di questa tecnologia accresce la possibilità di un uso illegale [82]. Si prevede che il 90% delle aziende supporterà applicazioni per smartphone personali entro il 2014. Ciò ha consentito agli utenti di mantenere i dati aziendali e personali sullo stesso device mobile (BYOD - Bring your own device). Le aziende hanno meno controllo sull'uso improprio di uno smartphone e, inoltre, è difficile scoprirlo. Per esempio è possibile che un file confidenziale sia caricato su Facebook. Per cui è necessario che le tecniche forensi per le mobile cloud applications maturino in modo parallelo al maggiore utilizzo ed alla popolarità dei dispositivi mobili.

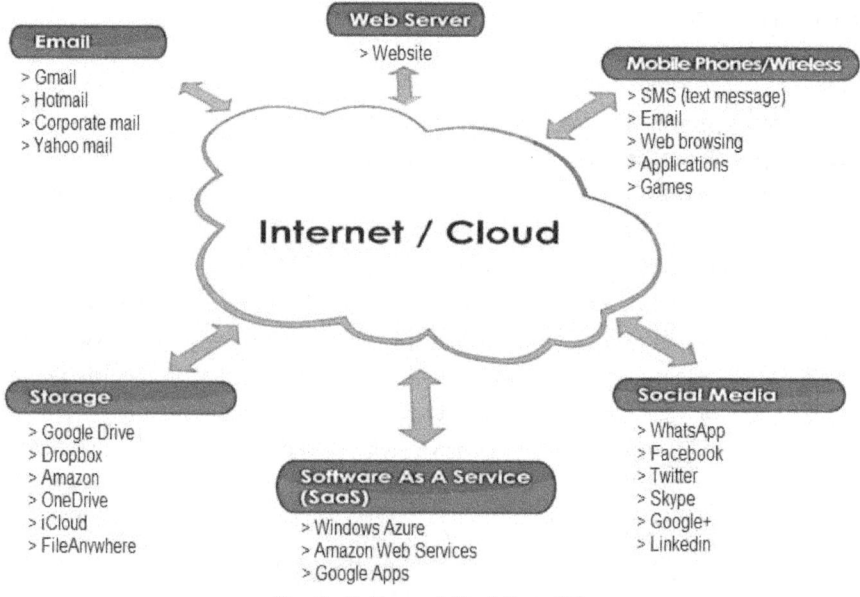

Fig. 43 – Evidenze nel Cloud, Fonte [92]

4.2. Digital Forensics nel Mobile Cloud Computing

In un ambiente mobile cloud le applicazioni sono implementate - prevalentemente - al di fuori del dispositivo mobile e vengono eseguite direttamente nell'ambiente cloud. È fondamentale riuscire ad estrarre le evidenze, oltre che dai tradizionali dispositivi mobili, dall'ambiente cloud e dalle applicazioni di terze parti. La mobile forensics basata sul cloud computing facilita la collaborazione tra gli attori durante le indagini digitali perché le attività possono essere svolte ovunque e in qualsiasi momento.

In futuro, le ricerche sulla digital forensics potranno concentrarsi su tecniche standardizzate e avanzate, in via di sviluppo, per l'interpretazione dei dati e l'elaborazione forense.

La cloud computing forensics propone agli investigatori di concentrarsi maggiormente sul rafforzamento del processo d'indagine, piuttosto che sulla tecnologia utilizzata nel processo di ricerca. Inoltre, raccomanda di accelerare il processo mediante l'hacking, il cracking e l'analisi. I seguenti punti pongono la motivazione per la ricerca di prove digitali nel mobile cloud computing. Il cloud computing è ampiamente distribuito in tutti i domini IT. Nei settori dell'IT e del business ci sono grandi richieste di sviluppo di applicazioni per smartphone e tablet.

Il cloud computing sta diventando la tecnologia dell'informazione dominante perché consente alle applicazioni mobili di operare e comunicare. I criminali e i terroristi possono sfruttare la capacità di memorizzazione di massa del cloud per eseguire una serie di attività illegali. Per cui, è importantissimo riuscire ad estrarre i dati archiviati nel cloud (cloud storage) dai service providers. Per lo sviluppo di strumenti e tecnologie, in grado di far fronte all'attuale ritmo di sviluppo tecnologico nel settore del mobile cloud computing, è richiesto un grande investimento in termini di ricerca. I vantaggi del Mobile Cloud Computing possono essere efficacemente utilizzati anche per le attività illegali. Per cui, anche le forze dell'ordine avranno bisogno di un servizio di mobile cloud computing forensics.

La storia delle tecnologie dell'informazione ha svelato che i dati memorizzati sui sistemi ed all'interno delle applicazioni non sono mai completamente immuni all'accesso illecito o alla compromissione. I rischi per i dati aziendali non diminuiranno in *multi-tenant*, ambienti cloud computing altamente virtualizzati. In alcuni casi, gli ambienti cloud saranno subissati di problemi di sicurezza per gli utenti a causa della loro natura distribuita.

Inoltre, le metodologie di digital forensics sono contrastate anche dalla migrazione verso ambienti di cloud computing altamente virtualizzati più complessi. Quindi, in una società sempre più orientata al cloud, la capacità di identificare, ottenere, conservare e analizzare le potenziali prove digitali diventa un'attività di critical business.

4.2.1. REQUISITI LEGALI PER I FORNITORI DI SERVIZI CLOUD

Gli utenti e le forze dell'ordine chiedono ai fornitori di servizi cloud (CSP) di incrementare il supporto legale. Gli obblighi di assistenza forense dipendono dal modello di servizio che viene offerto dal CSP e utilizzato dal cliente.

I modelli di servizio offrono funzionalità diverse per il cliente in termini di digital forensics.

1. *SaaS Environments*

    Dal punto di vista dell'utente, il modello *software as a service* (SaaS) è quello in cui le capacità del client sono più limitate. Il cliente non possiede alcun controllo sull'infrastruttura operativa sottostante, come la rete, i server, i sistemi operativi o il codice sorgente dell'applicazione in uso, ciò limita le capacità forensi dei client. Nella maggior parte dei casi, le richieste effettuate dall'operatore forense in ambienti SaaS si basano sui registri delle applicazioni di alto livello forniti dalle applicazioni e quindi sul sostegno del CSP per la funzionalità forense. Pertanto, le funzionalità forensi devono essere specificate negli obiettivi dei livelli di servizio (SLO) ed incorporate nel contratto di servizio tra il cliente ed il CSP. Negli SLO possono essere inseriti requisiti per la notifica, l'identificazione, la conservazione e l'accesso alle potenziali fonti di prova.

Alcune potenziali fonti prove che si possono specificare negli SLO sono:

a. *Webserver logs,*
b. *Application server logs,*
c. *Database logs,*
d. *Guest operating system logs,*
e. *Host access logs,*
f. *Virtualization platform logs and SaaS portal logs,*
g. *Network captures,*
h. *Billing records.*

2. **PaaS Environments**

Uno dei principali vantaggi del modello *platform as a service* (PaaS) è che il cliente controlla il software sviluppato ed il codice sorgente dell'applicazione non deve lasciare l'ambiente di sviluppo locale.

Date queste condizioni, il cliente mantiene il potere di attuare le capacità forensi all'interno dell'applicazione. Potrebbero essere implementate funzionalità di registrazione automatica in grado di estrarre i registri dai server di registrazione esterni, attuando il principio *write-once, read-many WORM*. Tuttavia, il modello PaaS necessita ancora del coordinamento tra il cliente ed il CSP. Anche se il cliente controlla le funzionalità dell'applicazione, il funzionamento reale dell'applicazione avverrà dentro le infrastrutture del CSP. Di conseguenza, il cliente, quando ha la necessità di effettuare un'indagine forense, deve identificare chiaramente le responsabilità del CSP. Queste dovrebbero assumere la forma di SLO documentata nella SLA tra il cliente e il CSP. Gli SLO possono comprendere requisiti per la notifica, l'identificazione, la conservazione e l'accesso alle potenziali fonti prove.

Lo SLO può specificare le potenziali fonti prove, tra cui:

- *Webserver logs,*
- *Application server logs (see SaaS),*

- *Guest operating system logs,*
- *Host access logs,*
- *Virtualization platform logs,*
- *Network captures,*
- *Billing records,*
- *Management portal logs.*

3. *IaaS Environments*

   Rispetto al SaaS e al Paas, il *modello infrastructure as a service* (IaaS) offre una gamma più ampia di potenziali fonti di prova sotto il controllo del cliente. Tuttavia, alcuni dati (forse essenziali) potrebbero esistere solo nell'infrastruttura del CSP. Ciò richiede che il cliente debba documentare in modo chiaro le responsabilità del CSP quando questi ha la necessità di effettuare un'indagine forense. Queste responsabilità dovrebbero assumere la forma di SLO inserito nel contratto tra il cliente e il CSP.

   Lo SLO può specificare le potenziali fonti prove, tra cui:

   a. *Cloud or network provider perimeter network logs,*
   b. *Logs from DNS servers,*
   c. *Virtual machine monitor (VMM) logs,*
   d. *Host operating system logs,*
   e. *API logs,*
   f. *Management portal logs,*
   g. *Packet captures,*
   h. *Billing records.*

Oltre ai requisiti legali, che variano con il modello di servizio, i requisiti potrebbero dipendere anche dalle capacità specifiche del cliente e del CSP.

Per esempio:

1. Una piccola società, senza un dipartimento IT, ha un'applicazione SaaS offerta e ospitata dal CSP. La società è informata da una fonte esterna che il suo sito sta perdendo i dati dei clienti. Il CSP fornisce un *"forensic service"* completo tra cui la risposta agli incidenti (IR), il reporting e la ricostruzione del sistema in modo sicuro. Senza l'aiuto del CSP, il cliente non ha accesso ai dati necessari per eseguire un esame forense completo.

2. Un cliente esperto con un grande reparto legale interno ha rilevato "uno strano" comportamento di una macchina virtuale ospitata dal CSP. In questo caso il CSP dovrebbe fornire alcune informazioni, ad esempio i VM snapshot ed alcuni registri dei firewall / router. Il cliente può avere bisogno di controllare le statistiche di utilizzo, i log e gli eventi del kernel del sistema operativo.

4.2.2. Caratteristiche della Cloud Computing Forensics

La Digital Forensics utilizza i principi dell'informatica classica per recuperare le prove elettroniche da riportare in un procedimento giudiziario. La Cloud Computing Forensics è una scienza inter-disciplinare che comprende il cloud computing e la digital forensics. Generalmente i fornitori e i clienti dei servizi cloud non possiedono le capacità tecniche e le conoscenze forensi in grado di agevolare le indagini sulle attività illegali eseguite nel cloud.
I servizi di cloud storage, come Dropbox, Google Drive, SugarSync, Amazon Cloud Drive, consentono agli utenti di trasferire file tra diversi computer con o senza l'uso di un'applicazione stand-alone installata sul computer dell'utente. Anche gli smartphone sono in grado di memorizzare i dati su questi servizi di storage, per esempio questa funzione è utilizzata sia dal sistema operativo, che da alcune apps, per realizzare i backup automatizzati dei dati dell'utente.
La caratteristica principale del cloud computing è la centralizzazione dei dati. Ciò facilita l'acquisizione forense soprattutto in quegli scenari, come per esempio gli incidenti o i reati informatici, in cui è richiesta una risposta rapida.
L'investigatore forense che opera nel cloud ha il vantaggio di poter disporre di una capacità di storage dell'ordine di petabyte e di enormi risorse computazionali. Inoltre, consente l'autenticazione delle disk images tramite l'autenticazione hash integrata. Dal punto di vista dell'indagine forense, il concetto di virtualizzazione del cloud può essere considerata sia come un vantaggio, che come uno svantaggio. Ciò consente agli utenti di condividere le stesse risorse e supportare la virtualizzazione di numerose risorse, come le piattaforme software e le infrastrutture hardware. Viceversa, la duplicazione bit a bit dei dati, potenzialmente interessanti dal punto di vista probatorio, richiede l'utilizzo di un apposito software, inoltre ci vuole molto tempo per rimuovere queste duplicazioni e, infine, si corrono grandi rischi nel garantire la riservatezza dei dati nel cloud computing. [84]
L'impatto delle caratteristiche del cloud sulla digital forensics potrebbe renderla sia più difficile, che più facile. Alcune peculiarità del cloud favoriscono la digital forensics, mentre altre la rendono più difficile. La tabella 15 descrive l'impatto del cloud computing sulla digital forensics in termini di aspetti più critici (*harder*) e più semplici (*easier*).

Harder Aspects	Easier Aspects
Reduced access to widely distributed physical machines and storage systems	On demand computing power, supports elasticity, and cheaper
Not aware of the exact physical location of the data	Supports scalability in auditing, logging, reporting, and imaging
Separation of data accessed by the suspect from multi-users of cloud	Dependency of cloud service provider
Legal issues	Suspect cannot easily destroy the evidence in cloud as it is stored in multiple locations
Lack of proprietary interface	Supports hashing and imaging

Tab. 15 – Aspetti critici e deboli del cloud nella digital forensics, Fonte: [85]

Nel cloud computing ci sono diverse caratteristiche interessanti, anche se deve essere ancora dimostrato l'impatto che queste hanno sugli standard forensi, così come la cloud computing forensics è ancora in una fase preliminare. Gli attuali metodi d'investigazione dei servizi cloud non sono utilizzabili per un'esecuzione efficace a causa dei vincoli geografici, di privacy e legali.

Alcuni lavori di ricerca hanno evidenziato i limiti degli attuali strumenti di analisi forense in ambito cloud. Lo sviluppo di strumenti e tecniche per l'esecuzione delle indagini in ambiente virtualizzato, soprattutto a livello di *hypervisor*, è ancora in fase preliminare.

L'architettura del cloud implica lo sviluppo di piattaforme eterogenee, pertanto la mancanza d'infrastrutture standardizzate rende molto più difficile lo sviluppo di strumenti per eseguire le indagini forensi. [85]

Inoltre, i ricercatori si affidano ai fornitori di servizi per raccogliere le prove dalle piattaforme di cloud. Quest'ultimo aspetto non garantisce la correttezza delle informazioni fornite.

Oltre a questi fattori, il processo d'indagine forense è reso molto più complesso dai problemi connessi alla virtualizzazione, all'elaborazione dei dati su larga scala ed alla crescita dei dispositivi mobili. L'introduzione delle nuove ed emergenti tecnologie nel cloud ha creato nuove problematiche all'investigatore digitale che non si preoccupa dell'applicabilità delle leggi esistenti.

4.2.3. FONTI DELLE PROVE

La natura delle evidenze digitali in ambiente cloud è estremamente delicata e dinamica [86]. Per esempio, se un individuo accede ad un'applicazione attraverso il sistema di cloud computing, i dati scritti nel sistema operativo sono memorizzati nella memoria virtuale e, di conseguenza, nel momento in cui l'utente esce dall'ambiente verranno persi. Pertanto, questi fattori rendono molto articolata l'estrazione delle prove.

Le possibili locazioni del cloud, in cui l'operatore può acquisire evidenze digitali, includono la rete, l'hardware, il sistema operativo dell'host, l'hypervisor e le macchine virtuali.

I log data rappresentano una fonte importantissima di prove digitali, in quanto possono agevolare la ricostruzione degli eventi. Perciò, è necessario conservare i dati di log con i *secure logging protocols*. La maggior parte di questi protocolli non copre contemporaneamente la fase di trasmissione e di archiviazione delle informazioni di log. In pratica nessuno dei protocolli esistenti soddisfa completamente i requisiti di prova ammissibile.

Molti ricercatori hanno trattato l'analisi dei log nel contesto del cloud. Le difficoltà legate all'analisi delle informazioni di log includono, a seconda del fornitore di servizi cloud, il decentramento, la volatilità dei log, una moltitudine di tiers e layers, l'accessibilità dei log, l'assenza di informazioni dei log.

Una soluzione per raccogliere le informazioni di log raccomanda di concentrarsi su tre dati: i log time (ad esempio i dettagli timestamp e l'ID di sessione), i log purpose (reason), i log technique (application). Inoltre, è consigliato utilizzare la sintassi coppia chiave-valore con tre campi: oggetto, azione e stato [87].

L'isolamento di un'istanza nel cloud impedisce la contaminazione degli elementi di prova ed è un compito impegnativo in quanto localizza più istanze in un nodo. Lo spostamento di un'istanza sospetta, da un nodo ad un altro, può causare la perdita di elementi di prova.

Per isolare le istanze possono essere utilizzate le seguenti tecniche:

- *Instance relocation,*
- *Server farming,*
- *Failover,*
- *Address relocation,*
- *Man-in-the-Middle (MITM).*

4.2.4. PECULIARITÀ DELLA CLOUD COMPUTING FORENSICS

Anche se i metodi forensi applicati al cloud sono ancora relativamente poco efficaci, alcuni di essi hanno compiuto alcuni progressi. [88]

La migrazione dei dati è la tecnologia maggiormente utilizzata nei sistemi di cloud storage. I fornitori di servizi cloud offrono l'utility di export dei dati per effettuare il backup o realizzare il relativo ripristino (Google Drive per Android e iCloud per iOS). Pertanto, il processo di migrazione può essere utilizzato anche per acquisire eventuali evidenze digitali.

La presentazione delle prove provenienti da un ambiente di cloud computing in un procedimento giudiziario è un'attività difficile a causa della complessità dei dati e, inoltre, è difficile preservarne l'integrità. Per garantire quest'ultima è possibile utilizzare il pattern matching e gli altri strumenti di analisi statistica che possono tracciare le azioni utilizzando la data fusion technology.

4.2.4.1. IDENTIFICAZIONE

Il processo di analisi forense inizia con l'individuazione degli elementi che possono essere o possono contenere potenziale prove digitali. Formalmente, l'identificazione è il *"process involving the search for, recognition and documentation of potential digital evidence"* [cfr. ISO 27037:2012].

Anche se l'identificazione delle potenziali prove digitali sembra semplice in linea di principio, ci sono alcune complessità. Ad esempio, le prove digitali possono essere contemporaneamente in una rappresentazione fisica e virtuale. Si consideri un disco rigido contenente potenziale prove digitali. La posizione fisica delle prove è il disco fisso, ma l'evidenza è, di per sé, il dato contenuto all'interno dell'unità. Inoltre, non è sempre ovvio capire dove possano essere ospitate le potenziale prove digitali. Un server può avere pochissimi dischi attaccati direttamente ed avere una parte significativa della sua memoria in un SAN o NAS.

Una delle principali difficoltà, che s'incontra durante l'acquisizione dei dati memorizzati nei servizi cloud, consiste nell'identificare la posizione esatta dei dati d'interesse investigativo. Per identificare ed isolare le prove forensi nel dominio cibernetico è necessario eseguire moltissime ricerche, in particolar modo nel cloud computing. In questi casi i dispositivi portatili introducono un'ulteriore difficoltà. Nella maggior parte delle volte la fonte di prova di un dispositivo client, che opera nell'ambiente mobile cloud, è il web browser. Per cui, nel corso di un esame, devono essere prese in considerazione tutte le informazioni raccolte dal browser. Inoltre, occorre individuare le evidenze digitali presenti nella browsing history caches e ciò aggiunge un'ulteriore difficoltà nella raccolta, collazione e verifica. Eventuali ritardi temporanei all'accesso ai dati, dovuti a questioni giurisdizionali, potrebbero influenzare il procedimento d'indagine. Questo tipo di ritardo potrebbe causare la perdita dei dati e la modifica dei permessi di accesso. Di conseguenza è fondamentale riuscire ad effettuare, il prima possibile, l'identificazione delle evidenze e la relativa acquisizione e conservazione in modalità forense.

4.2.4.2. RACCOLTA ED ACQUISIZIONE

Dopo aver identificato le potenziali prove digitali, queste ultime devono essere raccolte o acquisite: [cfr. ISO 27037:2012]

- Collection – *"Process of gathering items that contain potential digital evidence";*
- Acquisition – *"Process of creating a copy of data within a defined set".*

L'operazione di *Collection* è più o meno equivalente a quanto previsto dalla normativa in materia di raccolta degli elementi contenenti potenziale prove digitali sotto l'autorità di un ordinamento giuridico (cioè un mandato di perquisizione) ed il loro trasferimento presso un laboratorio di medicina legale o un'altra struttura per l'elaborazione e l'analisi dei dati.

L' *Acquisition* è più comune nel settore privato a causa della necessità di ridurre al minimo l'impatto di un'indagine in corso sul business. Analoghe valutazione saranno applicate anche in un ambiente di cloud e renderanno più complicato il processo di acquisizione.

Va notato che la copia creata durante l'acquisizione può variare, dall'immagine forense di un disco rigido ad una copia del contenuto della memoria del server per i contenuti logici di una casella di posta elettronica di un singolo utente, a seconda dello scopo e della portata dell'inchiesta. In tutti i casi, i requisiti per la copia sono molto simili: il processo deve essere effettuato in maniera comprensibile, difendibile e ben documentato. Inoltre, il processo deve comprendere misure di integrità per garantire che la copia non sia stata modificata durante l'acquisizione. L'ampia varietà di potenziali prove digitali da copiare, e dei requisiti sul processo di copia, rende il processo di acquisizione e di raccolta più complesso ed impegnativo.

4.2.4.3. CONSERVAZIONE

Una volta che le potenziale prove digitali sono state raccolte od acquisite, devono essere preservate. L'ISO 27037:2012 definisce la conservazione come il *"process to maintain and safeguard the integrity and/or original condition of the potential digital evidence"*.

La conservazione delle potenziali prove digitali è un procedimento complesso e importante. Esso consente di garantire l'ammissibilità delle stesse in un procedimento giudiziario. Tuttavia, è notorio quanto queste siano fragili, facilmente modificabili o cancellabili. Considerato, inoltre, che l'attività di molti laboratori forensi varia da sei mesi ad un anno (e che la lentezza del sistema giudiziario potrebbero creare ulteriori ritardi), le potenziale prove digitali possono trascorrere un periodo di tempo significativo in deposito prima di essere analizzate o utilizzate in un procedimento legale. Gli storage richiedono rigorosi controlli di accesso per proteggere gli items da possibili modifiche accidentali o intenzionali, così come adeguati controlli ambientali.

I dati che risiedono nel cloud possono rapidamente spostarsi da un luogo all'altro e sparire dallo storage, per cui diventa difficile acquisire questi dati in maniera forense. C'è l'esigenza urgente di sviluppare procedure forensi standard e set di strumenti per raccogliere le informazioni dal cloud. Tenendo sempre in considerazione, durante l'acquisizione dal cloud, la natura volatile dei dati. [85]

4.2.4.4. ANALISI ED INTERPRETAZIONE

Una volta che le potenziali prove digitali sono state acquisite e conservate, possono iniziare i processi di analisi, d'interpretazione e di presentazione.

Questi processi si occupano della ricostruzione di una cronologia di eventi, difendibile nel merito da una serie di eventi o questioni di fatto che si verificano nel mondo reale, in base alle prove digitali raccolte. La responsabilità di queste attività può risiedere esclusivamente nel cloud client, oppure può essere condiviso con il CSP o altre terze parti.

L'analisi comprende l'*"identification and evaluation of items of evidence from a source of potential digital evidence"* [cfr. ISO 27042:2015].

L'analisi può essere statica (mediante ispezione) o live (in situ o eseguendo una copia di lavoro di un sistema *imaged* per osservare il suo comportamento). Come notato sopra, l'analisi può essere un processo iterativo in cui possono sorgere domande durante l'analisi che suggeriscono compiti di analisi aggiuntive.

L'interpretazione è il processo di *"synthesis of an explanation, within agreed limits, for the factual information about evidence resulting from the set of examinations and analyses making up the investigation"* [cfr. ISO 27042:2015]. In altre parole, l'interpretazione valuta il significato delle prove per quanto riguarda i fatti del mondo reale che hanno dato origine alle indagini.

Un'analista può essere sopraffatto da una grande quantità di dati digitali, causando una gestione complicata. Pertanto, per rendere più semplice il processo di gestione, è necessario filtrare i dati relativi alla ricerca ed ignorare gli altri. Il processo di classificazione dei dati pertinenti all'indagine è molto difficile. L'analisi dei dati richiede molto tempo e risorse a causa dell'esame di un gran numero di dispositivi.

Inoltre, molte organizzazioni crittografano i dati prima di caricarli sul servizio cloud. Ciò impedisce l'analisi dei dati a causa dell'indisponibilità della chiave di decrittazione. L'analista forense dovrebbe essere a conoscenza delle procedure di base per compiere l'esame e l'analisi dei dati sui sistemi di cloud computing.

L'Hash analisi è un metodo utilizzato frequentemente per ridurre i dati e perfezionare i file relativi all'inchiesta. Un enorme volume di dati distribuiti nella piattaforma cloud agisce come una barriera all'uso dei metodi di rilevamento delle firme e suggerisce di applicare il processo di hashing in modo distribuito attraverso le piattaforme di cloud.

L'assenza di metadati del sistema operativo, come i file di log, lo spazio inutilizzato e i file temporanei, aggiunge ulteriore difficoltà nel processo analitico convenzionale.

4.2.4.5. REPORTING E PRESENTAZIONE

Il Reporting si occupa della presentazione dei risultati dell'analisi e dell'interpretazione, sia scritti (ad esempio un rapporto forense) o in forma verbale (ad esempio, la testimonianza in una sede legale) o entrambi. Il Reporting è una fase fondamentale per determinare il valore probatorio degli elementi di prova agli occhi di chi deve giudicare il fatto.

Le evidenze digitali esistono in un contesto logico e fisico. I dati vengono solitamente memorizzati sul supporto fisico e possono essere dedotti col software. Il processo di ricerca dipende principalmente dalle informazioni che risiedono su dispositivo mobile. Al contrario, l'analisi del sistema del client potrebbe non essere sufficiente e, di conseguenza, si raccomanda di analizzare le informazioni dell'utente corrispondente memorizzate nell'ambiente cloud. La presentazione delle evidenze coinvolge sorgenti da diversi contesti. Per facilitare la reportistica e la presentazione delle evidenze è importante essere consapevoli delle implicazioni legali connesse all'acquisizione da un servizio di cloud storage.

4.3. INVESTIGAZIONI DIGITALI NEL CLOUD STORAGE

Al giorno d'oggi molte persone sono attratte dai servizi di cloud storage per via dell'accesso facilitato. Gli utenti cloud sfruttano il servizio di storage per gestire ed accedere ai loro documenti da qualsiasi luogo ed in qualsiasi momento. Gli utenti malevoli possono facilmente abusare dei servizi di cloud storage e, di conseguenza, può essere necessario avviare un'indagine forense sui dispositivi di archiviazione cloud. Gli operatori forensi ritengono che sia possibile trovare fonti di prova connessi ai servizi di cloud storage solo sui terminali utente. Tuttavia, ciò non garantisce che le informazioni siano forensicamente complete. Il cloud computing crea diverse difficoltà nei procedimenti investigativi convenzionali, per esempio la giurisdizione dei cloud server può essere diversa da quella dell'indagato.

La maggior parte dei lavori di ricerca suggeriscono alcune soluzioni utili a risolvere i problemi dell'analisi forense del server, come il logging e l'estrazione dei dati a distanza.[54] Recentemente, le ricerche hanno avuto poca attenzione sulla prospettiva forense dei prodotti di cloud storage gestiti con il dispositivo mobile.

Si tenta di scoprire la presenza di dati rilevanti per le indagini forensi nel cloud storage e il modo per estrarle. Gli strumenti forensi sviluppati recentemente consentono di analizzare le interazioni degli smartphone con i fornitori di servizi di storage senza accedere direttamente ai dati nel servizio cloud. Tuttavia, non vi è alcuna evidenza che dimostra la relazione tra i dati che risiedono nel cloud e i dati conservati sullo Smartphone dopo un'interazione. La Tabella 16 mostra i possibili metodi per raccogliere le evidenze del servizio di cloud storage.

Mobile Devices	Cloud Environment
Sync metadata	Administrative metadata
Cached files and browser artifacts	Stored files
File management and encryption metadata	File management and encryption metadata
Cloud service and authentication data	Log and authentication data

Tab. 16 – Artefatti nei cloud storage services, Fonte: [85]

4.3.1. METODOLOGIE FORENSI NEL CLOUD STORAGE

La definizione di riferimento del cloud computing, fornita dal National Institute of Standards and Technology (NIST) afferma che *"cloud computing is a model for enabling ubiquitous, convenient, on-demand network access to a shared pool of con gurable computing resources (e.g., networks, servers, storage, applications, and services) that can be rapidly provisioned and released with minimal management e ort or service provider interaction"* [94].

---

[54] Marty, R. Cloud application logging for forensics, ACM Symposium on Applied Computing. Dykstra, & Sherman, A. Acquiring forensic evidence from infrastructure-as-a-service cloud computing: exploring and evaluating tools, trust, and techniques. Digital Investigation

I servizi di cloud computing, in particolare di cloud storage, rappresentano una nuova sfida per le indagini digitali forensi. Attualmente, come è stato approfondito nei paragrafi precedenti, l'acquisizione delle prove da tali servizi segue ancora il metodo tradizionale di raccolta degli artefatti su un dispositivo client. Questo approccio richiede grandi sforzi di reverse engineering e, alla fine, il risultato è comunque incompleto. In particolare, il presupposto che rende errato l'approccio è che tutti i contenuti di archiviazione siano completamente replicati sul client; inoltre, non ci sono mezzi per acquisire i dati storici in forma di revisioni del documento, né esiste un modo per acquisire gli artefatti cloud-native, come Google Docs.

Nei modelli tradizionali di medicina legale, l'investigatore lavora con i supporti fisici di evidenze, come ad esempio i supporti di memoria o i dispositivi di calcolo integrati (ad esempio gli smartphone). Pertanto, è facile identificare il computer che esegue i calcoli ed i mezzi che memorizzano (tracce) il trattamento, e raccogliere fisicamente, conservare e analizzare il contenuto delle informazioni rilevanti. Per questi motivi, la ricerca si è concentrata sulla scoperta e l'acquisizione di ogni piccolo pezzo di log e delle informazioni di timestamp, e l'estrazione di ogni bit di dati scartati che le applicazioni ed il sistema operativo hanno lasciato alle spalle.

Purtroppo, ci sono parecchi problemi con l'applicazione dei metodi esistenti lato client:

- *Completeness*. La dipendenza dei dati lato client può prescindere da dati del caso critico. L'esempio più semplice è la presenza di una replica selettiva dei dati del disco cloud, il che significa che il dispositivo client può semplicemente non avere una copia di tutti i dati memorizzati localmente. Con l'uso crescente – Google Drive offre già fino a 30 TB - questo sarà il caso tipico;
- *Correctness & reproducibility*. Concettualmente se la fonte non è disponibile, non è possibile decodificare tutti gli aspetti della funzionalità di un'applicazione, ciò mette immediatamente in discussione la correttezza dell'analisi. Inoltre, le applicazioni di cloud storage sul client vengono aggiornate frequentemente con le nuove caratteristiche introdotte su base regolare. Questo crea un onere per l'operatore forense che deve mantenere gli sforzi di reversing engineering e diventa più difficile mantenere la riproducibilità delle analisi;
- *Cost & scalability*. Come continuazione del punto precedente, l'analisi manuale sul lato client diventa gravosa e, semplicemente, non è scalabile con la rapida crescita della varietà dei servizi e le loro versioni.

Concettualmente, il cloud computing rompe questo modello per due motivi. In primo luogo, i cicli di risorse della CPU, la RAM, lo spazio di archiviazione, sono messe in condivisione (ad esempio, gli storage RAID) e poi assegnati con una granularità fine. Ciò comporta che i supporti fisici di solito contengono dati di proprietà di molti utenti; così, i dati relativi ad un singolo caso possono essere distribuiti tra i numerosi supporti di memoria e (potenzialmente) tra diversi fornitori. Applicando il modello convenzionale si creerebbe una lunga lista di problemi procedurali, legali e tecnici che difficilmente troverebbero una soluzione efficiente.

In secondo luogo, sia il calcolo che l'archiviazione sono contenuti in molte macchine virtuali (VM) e le istanze vengono create e distrutte con regolarità e la memoria di lavoro è solitamente azzerata.

I servizi di cloud computing sono comunemente classificati in uno dei tre modelli canonici: *Software as a Service (SaaS), Platform as a Service (PaaS), e Infrastructure as a Service (IaaS)*. In realtà le distinzioni spesso sono meno chiare e le soluzioni cloud - potenziali obiettivo di indagine - possono incorporare elementi di tutti e tre i modelli. Come illustrato nella figura 44, è utile scomporre gli ambienti di cloud computing in una pila di strati (dal più basso al più alto): l'hardware, la virtualizzazione, il sistema operativo installato su ogni macchina virtuale, il middleware e l'ambiente runtime, e le applicazioni e i dati. A seconda dello scenario di distribuzione, i diversi strati potrebbero essere gestiti da soggetti diversi.

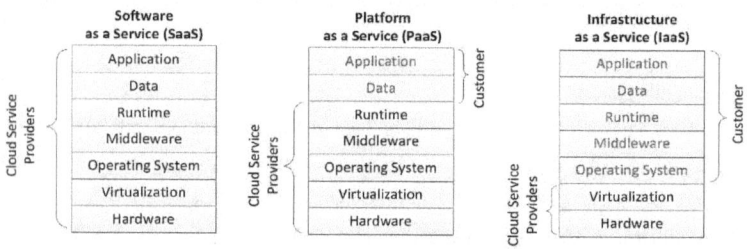

Fig. 44 – Modelli di Cloud service e detentore dei diritti, Fonte: [93]

In una distribuzione privata, l'intero stack è ospitato dal proprietario e il quadro generale forense è quasi identico al caso di indagare su un target IT non-cloud. La proprietà dei dati è chiara, come lo è il percorso legale e le procedurale per ottenerli; in effetti, l'uso stesso del termine cloud è in gran parte irrilevante per l'operatore forense.

In una distribuzione pubblica, la classificazione SaaS / PaaS / IaaS diventa importante in quanto definisce la proprietà e la responsabilità della gestione sui dati e sui servizi.

Nelle distribuzioni ibride, la proprietà del layer può essere divisa tra il cliente e il fornitore e/o tra più fornitori. Inoltre, questo rapporto può variare nel tempo, per esempio, il cliente può gestire il carico di base sulla infrastruttura di proprietà, ma scaricare al cloud pubblico la gestione della domanda di picco, o errori di sistema.

Il concetto principale è che i potenziali bersagli di medicina legale del cloud possono variare notevolmente e pertanto, l'approccio più produttivo per lo sviluppo di soluzioni pratiche è quello di iniziare con specifici (ma comuni) casi e, nel tempo, tentare di incorporarne una gamma sempre più ampia. L'obiettivo del lavoro è la forensics dei servizi di trasmissione cloud, a partire dal processo di acquisizione.

Il concetto di "*cloud drive*" è strettamente connesso alle condivisione del filesystem di rete e non è facilmente distinguibile dalle diverse versione delle i-drive (drive di Internet) che divennero popolari alla fine degli anni 90. La differenza principale è che ad oggi ci sono molti più fornitori e l'infrastruttura WAN ha una capacità di banda molto più elevata, il che rende molto più pratica la sincronizzazione dei file in tempo reale. Ci sono tanti fornitori, molti dei quali costruiscono i loro servizi in cima a offerte di tersi IaaS (come AWS).

Negli ultimi anni molti ricercatori forensi hanno lavorato sulle unità cloud.

Chung et al. [95] hanno analizzato quattro servizi di cloud storage (Amazon S3, Google Docs, Dropbox, Evernote) alla ricerca di tracce lasciate sul sistema client che possono essere utilizzate in procedimenti giudiziari. Essi hanno riferito che i servizi analizzati possono creare diversi artefatti a seconda delle caratteristiche specifiche dei servizi, ed hanno proposto un modello di processo per le indagini forensi dei servizi di cloud storage che si basa nella raccolta e nell'analisi degli artefatti dei servizi di cloud storage esaminati dai sistemi client. La procedura prevede la raccolta dei dati volatili da un sistema Mac o Windows (se disponibile), e quindi il recupero dei dati dalla cronologia di Internet, dei file di log e nelle directory. L'obiettivo era quello di verificare la presenza di tracce di un servizio di cloud storage presenti nei dati raccolti.

In [96], Hale analizza l'Amazon Cloud Drive e discute gli artefatti digitali lasciati dopo che un account Amazon Cloud Drive è stato letto o manipolato da un computer. Ci sono due possibilità per manipolare un account cloud di un drive Amazon: uno è tramite l'applicazione web accessibile utilizzando un browser web e l'altro è un'applicazione client fornita da Amazon che può essere installata nel sistema. Dopo aver analizzato i due metodi sono stati trovati artefatti dell'interfaccia nella cronologia del browser web e nei file di cache. Sono state trovate anche tracce dell'applicazione nel registro di Windows, i file di installazione delle applicazioni sul percorso predefinito, ed un database SQLite utilizzato per tenere traccia delle attività in attesa di upload / download.

Quick et al. [97] ha analizzato Dropbox ed ha discusso gli artefatti lasciati alle spalle da un account Dropbox utilizzando l'analisi hash e le ricerche per parole chiave che cercano di determinare se è stato utilizzato il software client fornito da Dropbox. Si tratta di estrarre il nome utente dell'account dalla cronologia del browser (Mozilla Firefox, Google Chrome e Microsoft Internet Explorer), e l'uso di Dropbox attraverso varie vie, come elenchi di directory, file di prefetch, file di collegamento, miniature, registro di sistema, cronologia del browser, e la memoria catturata. Nel lavoro di follow-up, Quick et al. [98] hanno utilizzato un approccio concettuale simile per analizzare la operazioni sul lato client e gli artefatti di Google Drive e fornire un punto di partenza per gli investigatori.

Martini e Choo [99] hanno studiato il funzionamento di ownCloud, che è la soluzione self-hosted per la condivisione e la sincronizzazione dei file. Come tale, esso occupa una nicchia leggermente diversa in quanto è molto più probabile che i lati client e i server siano sotto il controllo della stessa persona / organizzazione. Sono stati in grado di recuperare i manufatti, tra cui la sincronizzazione e i metadati della gestione dei file (registrazione, database e dati di configurazione), i file memorizzati nella cache che descrivono i file che l'utente ha memorizzato sul dispositivo client e caricato nell'ambiente cloud o viceversa, e gli artefatti del browser.

In sintesi, il lavoro di medicina legale sviluppato fino ad ora sul cloud storage è stato focalizzato su un adattamento dell'approccio forense tradizionale per trovare gli artefatti lato client. Si tratta di un'analisi differenziale del tipo blackbox, dove vengono create le immagini prima e dopo e confrontate per dedurre le funzioni essenziali dell'applicazione.

Chiaramente, l'efficacia del metodo dipende dalla completezza dei test effettuati sul sistema di destinazione; in ultima analisi, è quasi impossibile enumerare tutte le eventualità che possono influenzare lo stato dell'applicazione. Il processo è uno sforzo di reverse engineering ad alta intensità di manodopera, che richiede notevoli investimenti di risorse umane. Eppure, come discusso nella sezione seguente, la più grande limitazione di medicina legale sul lato client è che essa non può garantire la piena acquisizione dei dati del disco cloud.

4.3.2. Acquisizione API-based

In questo paragrafo si introduce il concetto dell'acquisizione delle prove *API-based* per i servizi cloud, che sfrutta le API ufficialmente supportate dal servizio.

Per dimostrare l'utilità di questo approccio, è presentato lo studio condotto da Vassil Roussevy, Andres Barreto, Irfan Ahmed che ha portato alla realizzazione di uno strumento di acquisizione *proof-of-concept*, "kumodd", in grado di acquisire prove dai quattro principali fornitori di unità di cloud: Google Drive, Microsoft Microsoft Onedrive, Dropbox e Box. L'implementazione prevede l'interfaccia a riga di comando e quella per il web e può essere facilmente incorporata nei processi forensi prestabiliti. [93]

Nell'articolo citato [93] è illustrato un approccio alternativo per l'acquisizione dei dati di prova da parte dei fornitori di cloud storage che sfrutta le API ufficiali dei fornitori di servizi. Tale approccio ha il vantaggio immediato di azzerare tutto il lavoro di reverse-engineering ed altri benefici concettuali:

- Le API sono ben documentate, le interfacce ufficiali attraverso le quali le applicazioni cloud sul client comunicano con il servizio; esse tendono a cambiare lentamente e le modifiche sono chiaramente contrassegnate come nuove funzionalità e devono essere gradualmente incorporate nello strumento di acquisizione;
- Utilizzando una specifica API è facile dimostrare la completezza e la riproducibilità delle operazioni;

- Le Web API tendono a seguire modelli, che permettono di adattare il codice esistente ad un nuovo servizio (simile) con uno sforzo modesto. Spesso è più facile scrivere uno strumento di acquisizione per un servizio completamente nuovo da zero in poche ore.

Il modo più semplice per capire i problemi di acquisizione sul lato client è quello di riconoscere che, per i dati cloud, si tratta di un processo di acquisizione by-proxy. In altre parole, anche se assomiglia all'acquisizione tradizionale di un supporto fisico, questo metodo non prende di mira la fonte dei dati del cloud.

Come illustrato dalla figura 45, il contenuto del client viene visualizzato correttamente come una copia cache dei dati cloud-hosted; questo semplice fatto ha implicazioni importanti per l'acquisizione forense.

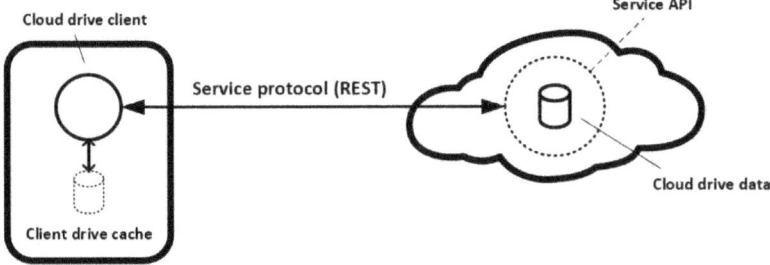

Fig. 45 - Cloud drive service: diagramma architetturale, Fonte: [93]

- *Partial replication*. Il problema più evidente è che non vi è alcuna garanzia che nessuno dei client collegati ad un account avrà una copia completa dei contenuti (cloud) del drive. Come punto di riferimento, Google Drive attualmente offre fino a 30 TB di storage online (a $ 10 / TB al mese), mentre Amazon offre spazio illimitato a 60 $ / anno. Poiché i dati si accumulano in linea, diventa subito impraticabile mantenere tutte le repliche su tutti i dispositivi; anzi, con le tendenze attuali, è probabile che la maggior parte degli utenti non avranno un dispositivo con una copia completa dei dati. Dal punto di vista forense, abbiamo bisogno di un accesso diretto ai metadati del drive cloud per accertare il suo contenuto; l'alternativa, affidandosi ciecamente sulla cache del client, può essere etichettata solo come un'acquisizione incompleta con differenze sconosciute;
- *Revisions*. La maggior parte dei servizi di trasmissione forniscono una qualche forma di cronologia delle revisioni; il periodo di lookback varia tra 30 giorni e la cronologia di revisione illimitata (a seconda del servizio e dell'abbonamento). Si tratta di una nuova preziosa fonte di informazioni forensi che ha pochi analoghi nei target tradizionali (ad esempio, il servizio Volume Shadow Copy su Windows) e

gli investigatori non sono ancora in grado di cercarla. Le revisioni risiedono nel cloud e raramente i client hanno qualcosa, ma la versione più recente nella loro cache; un'acquisizione sul lato client sarà chiaramente orfana delle revisioni precedenti e non saprà nemmeno della loro esistenza;

- *Cloud-native artifacts*. Grazie al mercato di applicazioni web-based, la medicina legale ha bisogno di imparare come trattare i nuovi problem-digital artifacts che non hanno alcuna rappresentazione serializzata nel filesystem locale. Ad esempio, i documenti di Google Docs sono memorizzati localmente come un collegamento al documento, che può essere modificato solo tramite una web app. L'acquisizione di un collegamento opaca è, di per sé, inutile perché è il contenuto del documento che è di interesse primario. È in genere possibile ottenere un'istantanea utile dell'artefatto web app (ad esempio, in PDF), ma che può essere compiuta solo richiedendolo direttamente al servizio; ancora una volta, l'acquisizione-by-proxy non può essere realizzata.

In sintesi, questa breve disamina dimostra che l'approccio che si basa sull'acquisizione client-side ha grosse deficienze concettuali, per cui è necessario un metodo diverso in grado di ottenere i dati direttamente dal servizio cloud.

Fortunatamente, i servizi cloud forniscono un *front-door* – delle API - per acquisire direttamente il contenuto di un disco cloud.

In termini generali, un cloud drive fornisce un servizio di memorizzazione simile a quello di un filesystem locale e consente la creazione e l'organizzazione dei file utente. Pertanto, la sua API assomiglia vagamente a quella delle API del filesystem fornito dal sistema operativo locale. Prima di continuare con i dettagli tecnici dello strumento di proof-of-concept, è necessario fare il punto sull'utilizzo forense delle API.

Il problema principale consiste nel fatto che l'utilizzo di un approccio basato sulle API effettua un'acquisizione logica e non fisica.

Tradizionalmente, l'estrazione a livello più basso è sempre stata considerata la prova più attendibile. La motivazione principale è che la vista logica dei dati non può essere forensicamente completa dei dati contrassegnati come cancellati. Inoltre, un utente tecnicamente dotato può essere in grado di nascondere i dati alla vista logica.

Fino a pochi anni fa, questo punto di vista sarebbe stato ragionevolmente giustificato. Ma oggi anche i supporti SSD, o anche le nuove generazioni di hard disk, sono integrati con processori che rendono astratta la lettura del contenuto fisico della memoria.

Per la cloud computing forensics, l'ipotesi di adottare l'acquisizione tramite API è la soluzione più semplice e inequivocabile.

Come mostrato in figura 45, il componente client dell'unità cloud (che gestisce la cache locale) utilizza la stessa interfaccia per eseguire le sue operazioni. Così, il servizio API è al livello più basso dell'astrazione e, pertanto, appropriato per l'elaborazione forense. Inoltre, i metadati dei singoli file includono spesso gli hash crittografici del contenuto, ciò permette una forte garanzia di integrità durante l'acquisizione.

Le API di servizio (e la corrispondente SDK client per le diverse lingue) sono ufficialmente supportate dal provider ed hanno una semantica ed una documentazione dettagliata ben definita; questo permette di avere un approccio formale e preciso per lo sviluppo di uno strumento forense e dei relativi test. Al contrario, la blackbox reverse engineering non potrà mai raggiungere la perfezione dimostrabile. Analogamente, la garanzia di un'acquisizione completa può essere raggiunta solo tramite l'API-cache client che contiene una frazione sconosciuta del contenuto.

Concettualmente, l'acquisizione è costituita da tre fasi principali: *discovery, target selection e target acquisition*.

Durante la *discovery* dei contenuti, lo strumento di acquisizione interroga il target ed ottiene un elenco degli artefatti (file) insieme ai loro metadati. In un'implementazione di base può essere ridotta all'enumerazione di tutti i file disponibili; in una più avanzata, lo strumento può usufruire della funzionalità di ricerca fornita dalle API (ad esempio, Google Drive).

Durante il processo di *selection*, l'elenco degli artefatti puntati può essere filtrato dai mezzi automatizzati, ovvero coinvolgendo l'utente. Il risultato è un elenco di destinazioni (potenzialmente prioritario) che viene trasferito sullo strumento da acquisire.

Gli approcci tradizionali generalmente ciclano questo processo per tentare di acquisire tutti i dati disponibili. Tuttavia, questo approccio "acquisire-prima-filtrare-dopo" non è minimamente sostenibile per i target cloud perché la quantità complessiva di dati può essere enorme e la larghezza di banda disponibile potrebbe essere fino a due ordini di grandezza inferiore a quella di archiviazione locale.

L'obiettivo di *kumodd* è quello di essere uno strumento minimale di ricerca e di sperimentare che può anche fornire una soluzione pratica di base per i casi reali; gli autori hanno cercato di rendere il più semplice possibile l'integrazione con i set di strumenti esistenti. Il suo funzionamento di base è quello di acquisire (un sottoinsieme) del contenuto di un disco cloud e posizionarlo all'interno di un albero del filesystem locale adeguatamente strutturato.

Kumodd è diviso in diversi moduli ed in tre layers logici: il dispatcher, i drivers e l'interfaccia utente (Figura 46). Il dispatcher (kumodd.py) è il componente centrale che riceve le richieste degli utenti analizzati, li trasmette al driver appropriato e restituisce il risultato. Il driver - uno per ogni servizio - implementa il protocollo specifico del provider tramite l'API web. Lo strumento fornisce due interfaccia: una a riga di comando (CLI) ed una interfaccia grafica web-based.

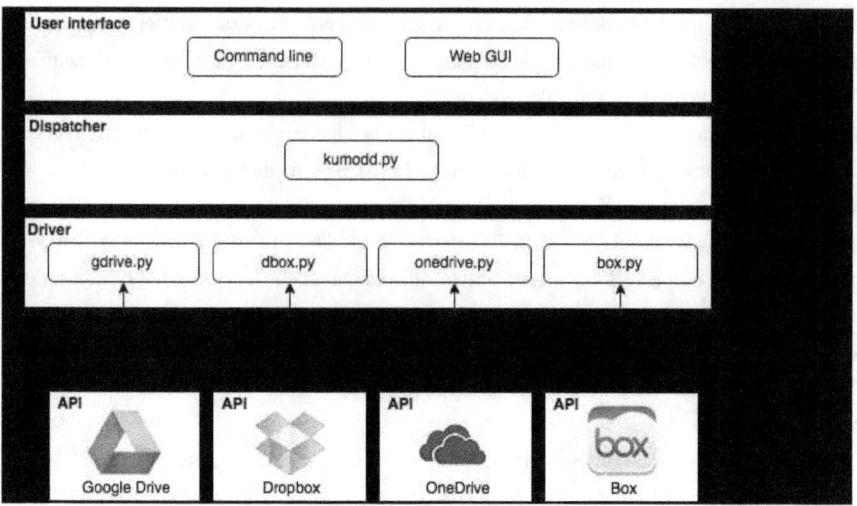

Fig. 46 - Kumodd diagramma architetturale, Fonte: [93]

Tutti e quattro i servizi utilizzano il protocollo OAuth2 (http://oauth.net/2/) per autenticare l'utente ed autorizzarne l'accesso all'account. Quando kumodd viene utilizzato per la prima volta per la connessione ad un servizio di cloud, il rispettivo driver avvia il processo di autorizzazione che richiede all'utente di autenticarsi con le credenziali appropriate (username / password). Lo strumento fornisce all'utente un URL che deve essere aperto in un browser Web, dove l'interfaccia standard di autenticazione richiede il nome utente e la relativa password per il servizio richiesto. Successivamente, tramite i comandi messi a disposizione dal tool, è possibile interrogare e prelevare i file di interesse direttamente dal cloud drive.

4.4. Nuove Sfide della Cloud Computing Forensics

Questa introduzione tecnica consente di delineare le potenzialità e le difficoltà che l'informatica forense incontra allo stato dell'arte qualora sia necessario far fronte all'acquisizione dei dati contenuti all'interno di dette piattaforme. Non può sfuggire, infatti, come ad oggi il cloud appaia un ottimo rifugio per soggetti mossi da intenzioni poco ortodosse: si pensi ad esempio ai "nobili reati" nel campo finanziario, del cyber laundering, dell'evasione fiscale, o su un diverso fronte quelli legati ad esempio alla violazione del copyright o peggio ancora della pornografia infantile. Il fatto poi che, allo stato attuale, manchino linee legislative condivise a livello internazionale che in qualche modo consentano di porre alcuni limiti, sia in termini di controllo, sia in termini di tutela della privacy, di certo non aiuta a venire a capo delle questioni emergenti.

Su un fronte prettamente investigativo, le difficoltà che si registrano sono strettamente connesse alla caratteristica che abbiamo definito di resource pooling: l'acquisizione del dato postula in primis l'accesso allo stesso. Per quel che riguarda la normativa italiana, ad esempio, lo strumento processuale che potrebbe applicarsi è rappresentato dall'art. 254-bisc.p.p. in materia di sequestro di dati presso fornitori di servizi; rimane il problema dell'individuazione e della localizzazione. Tipicamente, poi, i servizi cloud possono poggiare su infrastrutture pubbliche che rendono il servizio al grande pubblico (ad esempio Amazon ASW), oppure su infrastrutture proprietarie, le quali rendono il servizio ad una particolare categoria di soggetti, come ad esempio istituzioni o enti.

Se dal lato proprietario i problemi d'accesso al dato possono essere "minori" nel senso che vi è una più alta possibilità di rintracciarli, nel caso d'infrastruttura pubblica la cosa si complica. Quand'anche ad esempio, si presentasse ad Amazon l'atto giudiziale che dispone il sequestro dei dati, agli occhi degli investigatori si aprirebbero ulteriori difficoltà ed in special modo dei forenser. In primis, i dati inseriti, una volta immessi nel circuito, vengono cifrati con algoritmi (per Amazon si veda l'algoritmo s3). In secondo luogo, qualora comunque si riuscisse ad ottenere i dati in chiaro, sorge il problema legato ai metadati dei file. Se, infatti, una corretta acquisizione dei dati, a seguito di bit stream image, consente di ricostruire perfettamente l'allocazione e lo storico di tutte le informazioni contenute, nel cloud ciò non accade: perché sono gli stessi gestori del servizio a non conoscere quando e se l'utente carica i contenuti (non vi è traccia quindi di uno storico), perché potenzialmente cambiano spesso allocazione spezzettandosi e quindi perdendone traccia. Da ultimo poi, gli ipotetici risultati ottenuti quali procedure hanno seguito? Può dirsi rispettata la formula della non alterazione e immodificabilità?

Come può comprendersi ancora prima sorge un problema di fattibilità, il problema dell'opportunità di perseguire detta via investigativa, in termini sia di tempo che di costi, umani e monetari, rapportati al risultato, magari difforme rispetto ai criteri legali previsti, potrebbe scoraggiarne l'utilizzo. Si auspica che nel futuro, come sembra essere peraltro la tendenza attuale, possa arrivarsi ad un'architettura normativa più stabile e concreta sulla quale porre le basi per una futura regolamentazione a livello internazionale in materia di "cloud derived evidence".

Il percorso non è certamente facile, in quanto gli interessi in gioco sono molteplici e rigurdano non solo gli utenti, ma anche e soprattutto i fornitori di servizi cloud ai quali potrebbe necessariamente essere richiesto un onere di collaborazione, riaprendo l'acceso dibattito, o la "vecchia" ferita aperta, legata alla responsabilità ed alla collaborazione degli ISP.

Su un diverso versante, si apre il problema legato ai termini di servizio impiegati, alla conseguente policy privacy, ed alla sicurezza delle informazioni.

In questo capitolo sono state esaminate le questioni relative alla indagine forense in ambienti cloud e riassunte le attuale disposizioni per l'analisi forense negli accordi sui livelli di servizio

(SLA). Come per ogni nuova tecnologia, ci sono nuove sfide nel sostenere le indagini digitali nel contesto dell'ambiente cloud. Nel breve termine, il cliente del cloud ha la responsabilità di assicurare che i CSP selezionati per un particolare scopo, possano rispondere in modo appropriato ad un'indagine forense.

In sintesi, le applicazioni mobili basate su cloud hanno attirato gli utenti perché offrono un miglioramento significativo della produttività. Gli strumenti forensi attuali, distribuiti nell'ambiente di mobile cloud compunting, nonostante riescano a dare risultati apprezzabili, non sono *forensically sound*.

La futura evoluzione del mobile cloud computing forensics include lo sviluppo di nuove tecniche ed algoritmi per l'acquisizione di ulteriori dati dal dispositivo mobile e dal cloud. Inoltre, dovrà esserci la possibilità di includere ulteriori strumenti forensi ed effettuare dei benchmarks che comprendano le caratteristiche dei diversi dispositivi palmari. La ricerca si dovrà concentrare sullo sviluppo di standard per diversi servizi cloud. A parte le tecniche forensi, ce ne sono alcune di anti-forensi che facilitano la modifica e l'eliminazione, in modo sicuro e selettivo, delle evidenze digitali sullo Smartphone senza l'utilizzo di meccanismi di crittografia.

5
CASI DI STUDIO

In questo capitolo sono illustrati i casi di studio realizzati al fine di evidenziare le opportunità e i limiti delle metodologie di acquisizione e analisi, descritte nei capitoli precedenti, e di mettere a confronto i risultati ottenuti utilizzando vari strumenti software.
In particolare:

- il primo caso illustra la tecnica utilizzata per realizzare la copia logica e fisica della memoria di un dispositivo mobile ed effettuare la relativa analisi dei dati (rif. Cap. 3);
- il secondo caso descrive il processo impiegato per effettuare l'acquisizione logica di un dispositivo mobile e la connessa analisi dei dati (rif. Cap. 3);
- infine è sviluppato un esempio di applicazione che realizza un'innovativa metodologia di acquisizione dei dati da cloud storage (rif. Capitolo 4).

5.1. PRESENTAZIONE DELLO STUDIO

5.1.1. TARGET ANALIZZATI

I primi due casi sono stati condotti su due smartphone, il primo dotato del sistema operativo Android di Google e l'altro con sistema operativo iOS di Apple, nello specifico:

Caso 1
Device:

Marca: **Asus** Modello: **Fonepad 7 K012**
Sistema operativo: **Android 5.0**
Processore: **Intel Atom Z2560 da 1.6 GHz**
Ram: **1 GB**
Memoria interna: **3 GB**
Memoria esterna: **non presente**

Per lo svolgimento del Caso 1 è stato necessario attivare la modalità di sviluppo (Debug USB) tramite il menu: `Impostazioni > Impostazioni applicazioni > Sviluppo`.

Caso 2
Device:

Marca: **Apple** Modello: **iPhone 4S**
Sistema operativo: **iOS 7.1.1**
Processore: **Apple A5 S5L8940 1 GHz**
Ram: **512 MB**
Memoria interna: **16 GB**
Memoria esterna: **non presente**

Per lo svolgimento del Caso 2 è stato necessario disabilitare il blocco automatico del display tramite il menu: Impostazioni > Generali > Blocco automatico.

Entrambi i dispositivi, utilizzati in precedenza da un utente medio, sono funzionanti e in buone condizioni. I sistemi operativi non presentano alterazioni di alcun tipo e sono entrambi privi di scheda UICC e memorie esterne.

Il Caso 3 è sviluppato nell'ambiente di cloud storage denominato: **Google Drive** .

5.1.2. SOFTWARE UTILIZZATI

Tutti i software sono stati installati ed eseguiti su un computer con sistema operativo Windows 10 a 64 bit (durante la trattazione ci si riferirà con il termine di workstation).

Software utilizzato per il Caso 1:

- Kingo Root v1.4.8 (https://www.kingoapp.com) per acquisire i privilegi di root,
- Android Debug Bridge (https://developer.android.com) per utilizzare la shell di Unix,
- AutoPsy v4.1.1 (http://www.sleuthkit.org) per effettuare l'analisi dei dati,
- SQLite database browser (http://www.sqlitebrowser.org) per analizzare i DB SQLite.

Software utilizzato per il Caso 2:

- Apple iTunes (http://www.apple.com/itunes/) per l'acquisizione da device sbloccato,
- Oxygen Forensics (www.oxygen-forensic.com) per l'acquisizione da device bloccato,
- Passware Kit Forensics (https://www.passware.com) per sbloccare il file di backup,
- iPhone Backup Analyzer (https://github.com/PicciMario/iPhone-Backup-Analyzer-2) per analizzare il contenuto di iTunes backup.

Software utilizzato per il Caso 3:

- Kumodd [56] (https://github.com/andresebr/kumodd) per acquisire dal cloud storage,
- Whatsapp Decrypt (http://whatcrypt.com/) per decifrare il file di backup di Whatsapp,
- SQLite database browser (http://www.sqlitebrowser.org) per analizzare i DB SQLite.

---

[56] Il nome è l'unione della parola *kumo*, che in Giapponese vuol dire cloud, e *dd*, l'utility di lettura di Unix

5.2. ATTUAZIONE DEI TEST

5.2.1. ACQUISIZIONE E ANALISI DEI DATI DA ANDROID DEVICE

Questo caso di studio sviluppa la metodologia per eseguire l'estrazione logica e fisica della memoria di un dispositivo basato su Android tramite l'uso di strumenti free ed open source.

Un'acquisizione logica permette di recuperare le informazioni utente in maniera forense senza alterare i dati memorizzati. Un'estrazione fisica realizza un'immagine bit-a-bit della memoria. L'estrazione fisica differisce da quella logica perché è una copia esatta della memoria e, pertanto, comprende anche lo spazio non allocato, il file slack, il volume slack, ecc.

Nella computer forensics ciò si concretizza rimuovendo l'unità dal computer, si collega ad un write-blocker e, senza mai avviare l'unità, si crea un file di immagine contenente una copia esatta dell'unità. L'output è anche indicato come una raw image, oppure come un binary file. Nella mobile device forensics il risultato è lo stesso; ma i metodi sono leggermente diversi.

La procedura ideale, dal punto di vista forense, consiste nel leggere il dispositivo spento. Spesso ciò non può essere realizzato, per i motivi già discussi, e, pertanto, si sfruttano altri metodi che consentono di acquisire i dati direttamente dal dispositivo accesso, cercando di limitare, quanto più possibile, la contaminazione del contenuto stesso.

Non saranno oggetto della trattazione i passaggi che hanno condotto, per ogni singolo software, all'acquisizione del device, per i quali si rimanda alle documentazioni ufficiali dei singoli prodotti. Saranno invece affrontate le problematiche riscontrate durante il loro utilizzo.

Fase 1. Realizzazione dell'acquisizione logica

Per realizzare l'estrazione logica della memoria del dispositivo sono stati utilizzati i comandi messi a disposizione dall'Android SDK. Pertanto, dopo aver installato sulla postazione forense l'**Android Debug Bridge**, si è proceduto a collegare il dispositivo alla workstation e a lanciare la console ADB shell, che consente di aprire una sessione terminale direttamente sul target. Dopo aver montato il dispositivo, è stata eseguita l'acquisizione del contenuto mediante copia su una scheda SD card inserita nell'apposito slot. Di seguito il comando:

```
adb backup -apk -all -f /storage/sdcard/fullbackup.ab
```

Fase 2. Acquisizione dei privilegi di root

Per accedere a tutte le locazioni di memoria del file system, in lettura e scrittura, il primo passo consiste nell'acquisire i diritti dell'utente root (ricordiamo che Android si basa sul kernel Linux e, di conseguenza, l'utente root è l'utente con i privilegi maggiori)

Utilizzando il software **Kingo Root** è stato possibile eseguire il *rooting* del device nr. 1, collegato alla workstation mediante cavo USB. È bastato lanciare il programma sulla workstation e seguire le istruzioni fornite a video.

Questa operazione è stata notevolmente semplificata grazie allo sviluppo di molti strumenti free che, attraverso pochi e semplici passaggi, consentono di ottenere i privileggi di root.
Gli unici requisiti richiesti sono:
- L'installazione dei driver del dispositivo target sulla workstation forense;
- L'abilitazione della modalità Debug USB sul device target.

Dopo avere verificato i passi precedenti, è stato eseguito il programma **Kingo Root** e, seguendo i passaggi indicati di seguito, si è ottenuto l'accesso completo.

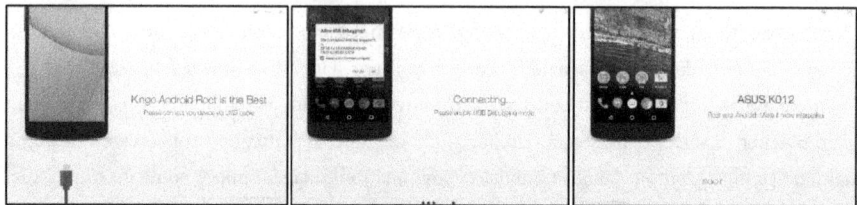

Fig. 47 – Android: Operazioni di rooting

Fase 3. Realizzazione dell'acquisizione fisica

Per realizzare la copia forense della memoria fisica del dispositivo sono stati sfruttati i comandi messi a disposizione dal sistema operativo del device. Pertanto, dopo aver aperto la console ADB shell, è stato montato il cellulare, è stata verifica la condizione di root e, infine, si è proceduto all'acquisizione dei suoi contenuti mediante copia su una scheda SD card vuota inserita nell'apposito slot. Brevemente si illustrano i passaggi fondamentali eseguiti.

Si è proceduti ad elencare le partizioni presenti sul device: `cat /proc/partitions`

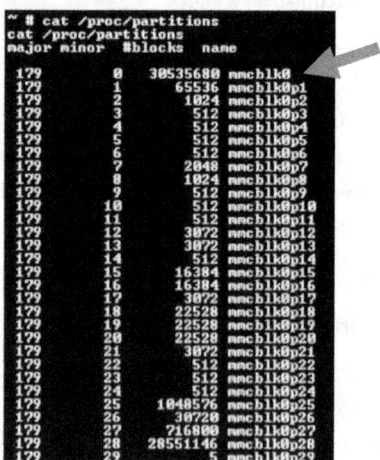

Fig. 48 - Elenco di tutte le partizioni del device Android

La partizione ***mmcblk0***, mostrata nell'elenco, rappresenta l'intera memoria flash del device, per cui occorrerà fare riferimento ad essa per ottenere una copia completa della memoria.

Questo dispositivo è dotato di un'interfaccia per schede di memoria aggiuntive di tipo SD, per cui è stato scelto di realizzare una copia bit-a-bit della memoria direttamente sul dispositivo indicando come destinazione una scheda SD vuota.

Per realizzare la copia è stato utilizzato il comando Unix `dd` nel seguente formato:

```
dd if=/dev/block/mtdblock0 of=/storage/sdcard/fulldump.bin
bs=512 conv=notrunc,noerror,sync
```

in cui il parametro `if` indica la partizione sorgente, mentre `of` indica la destinazione.

La stessa procedura può essere utilizzata per realizzare copie di singole partizioni, per esempio in questo caso la partizione ***mmcblk0p28*** si riferisce alla directory ***userdata.***

Per cui, se avessimo voluto estrarre solo i dati utente, occorrerebbe indicare nel paramento `if` la stringa: `/dev/block/mtdblock0p28`.

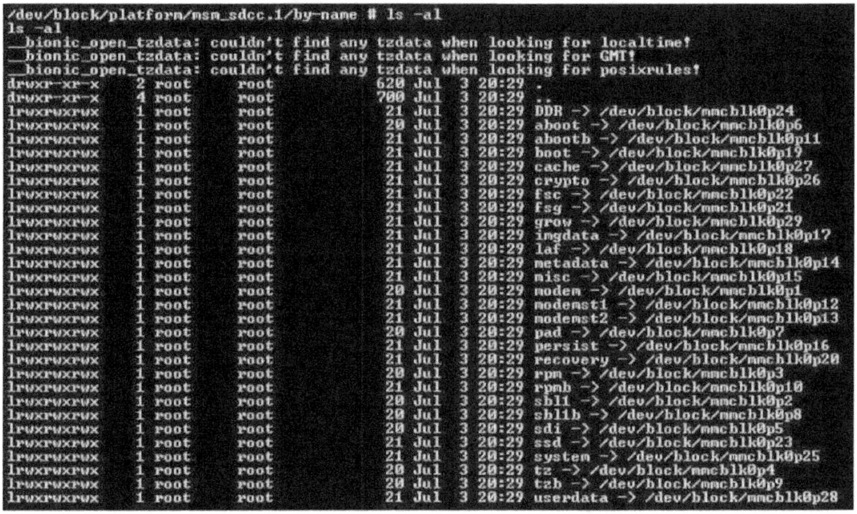

```
/dev/block/platform/msm_sdcc.1/by-name # ls -al
ls -al
__bionic_open_tzdata: couldn't find any tzdata when looking for localtime!
__bionic_open_tzdata: couldn't find any tzdata when looking for GMT!
__bionic_open_tzdata: couldn't find any tzdata when looking for posixrules!
drwxr-xr-x    2 root     root           620 Jul  3 20:29 .
drwxr-xr-x    4 root     root           700 Jul  3 20:29 ..
lrwxrwxrwx    1 root     root            21 Jul  3 20:29 DDR -> /dev/block/mmcblk0p24
lrwxrwxrwx    1 root     root            20 Jul  3 20:29 aboot -> /dev/block/mmcblk0p6
lrwxrwxrwx    1 root     root            21 Jul  3 20:29 abootb -> /dev/block/mmcblk0p11
lrwxrwxrwx    1 root     root            21 Jul  3 20:29 boot -> /dev/block/mmcblk0p19
lrwxrwxrwx    1 root     root            21 Jul  3 20:29 cache -> /dev/block/mmcblk0p27
lrwxrwxrwx    1 root     root            21 Jul  3 20:29 crypto -> /dev/block/mmcblk0p26
lrwxrwxrwx    1 root     root            21 Jul  3 20:29 fsc -> /dev/block/mmcblk0p22
lrwxrwxrwx    1 root     root            21 Jul  3 20:29 fsg -> /dev/block/mmcblk0p21
lrwxrwxrwx    1 root     root            21 Jul  3 20:29 grow -> /dev/block/mmcblk0p29
lrwxrwxrwx    1 root     root            21 Jul  3 20:29 imgdata -> /dev/block/mmcblk0p17
lrwxrwxrwx    1 root     root            21 Jul  3 20:29 laf -> /dev/block/mmcblk0p18
lrwxrwxrwx    1 root     root            21 Jul  3 20:29 metadata -> /dev/block/mmcblk0p14
lrwxrwxrwx    1 root     root            21 Jul  3 20:29 misc -> /dev/block/mmcblk0p15
lrwxrwxrwx    1 root     root            20 Jul  3 20:29 modem -> /dev/block/mmcblk0p1
lrwxrwxrwx    1 root     root            21 Jul  3 20:29 modemst1 -> /dev/block/mmcblk0p12
lrwxrwxrwx    1 root     root            21 Jul  3 20:29 modemst2 -> /dev/block/mmcblk0p13
lrwxrwxrwx    1 root     root            20 Jul  3 20:29 pad -> /dev/block/mmcblk0p7
lrwxrwxrwx    1 root     root            21 Jul  3 20:29 persist -> /dev/block/mmcblk0p16
lrwxrwxrwx    1 root     root            21 Jul  3 20:29 recovery -> /dev/block/mmcblk0p20
lrwxrwxrwx    1 root     root            20 Jul  3 20:29 rpm -> /dev/block/mmcblk0p3
lrwxrwxrwx    1 root     root            21 Jul  3 20:29 rpmb -> /dev/block/mmcblk0p10
lrwxrwxrwx    1 root     root            20 Jul  3 20:29 sbl1 -> /dev/block/mmcblk0p2
lrwxrwxrwx    1 root     root            20 Jul  3 20:29 sbl1b -> /dev/block/mmcblk0p8
lrwxrwxrwx    1 root     root            20 Jul  3 20:29 sdi -> /dev/block/mmcblk0p5
lrwxrwxrwx    1 root     root            21 Jul  3 20:29 ssd -> /dev/block/mmcblk0p23
lrwxrwxrwx    1 root     root            21 Jul  3 20:29 system -> /dev/block/mmcblk0p25
lrwxrwxrwx    1 root     root            20 Jul  3 20:29 tz -> /dev/block/mmcblk0p4
lrwxrwxrwx    1 root     root            20 Jul  3 20:29 tzb -> /dev/block/mmcblk0p9
lrwxrwxrwx    1 root     root            21 Jul  3 20:29 userdata -> /dev/block/mmcblk0p28
```

Fig. 49 – Corrispondenza tra partizioni e indirizzi logici

Fase 4. Verifica della copia forense

Dopo aver completato la copia forense, è stata verificata la corrispondenza tra i dati letti e quelli trascritti. Questa operazione si può realizzare attraverso il calcolo e la comparazione dell'hash (per esempio MD5) della sorgente e del file di destinazione.

Il comando utilizzato per calcolare l'hash della sorgente è il seguente:

`md5sum /dev/block/mmcblk0` output `1f3870be274f6c49b3e31a0c6728957f`

Mentre il comando per la destinazione è stato `md5sum /storage/sdcard/fulldump.bin`

Per verificare che la copia sia andata a buon fine, l'output dei due comandi deve coincidere.

Fase 5. Analisi dei file

Dopo aver realizzato la copia forense del dispositivo, si è proceduti all'analisi dei file.
In questo esempio si è optato per la soluzione open source **Autopsy 4.1.1** di Brian Carrier.
All'inizio, Brian Carrier, ha sviluppato il "Sleuth Kit", un insieme di tools forensi a riga di comando basati su Linux; successivamente è stata aggiunta l'interfaccia browser-based GUI Autopsy. Recentemente, Autopsy ha incluso il supporto per l'analisi delle immagini Android.
Dopo aver caricato l'immagine del device `fulldump.bin` sulla piattaforma Autopsy, come mostrato nelle schermate seguenti, è stato possibile visualizzare tutti i volumi copiati.

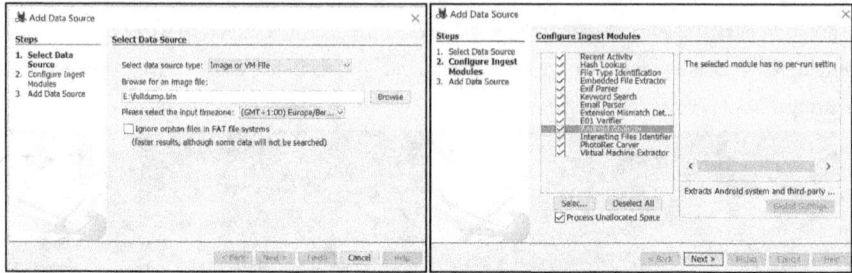

Fig. 50 – Schemate di configurazione di Autopsy

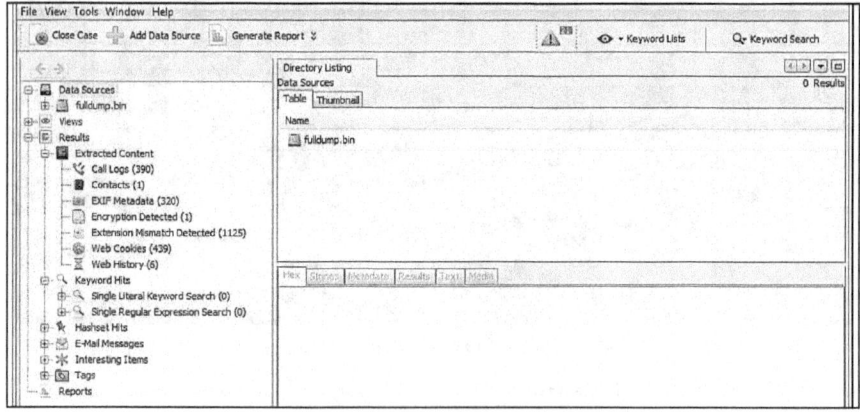

Fig. 51 – Autopsy: Schemata di navigazione

Il tools agevola l'attività d'analisi dell'operatore forense selezionando automaticamente alcune tipologie di contenuti (il registro delle chiamate, i contatti, le immagini, i messaggi, ecc.). Consente, comunque, di effettuare anche l'analisi manuale del contenuto estratto attraverso la navigazione dell'immagine associata, la ricerca per parole chiave e la visualizzazione dei file dati.
Nel nostro esempio è stato possibile selezionare alcuni file d'interesse, visualizzarne il contenuto con un editor esterno oppure esportarli su un altro supporto di memoria.

Alcune delle informazioni d'interesse possono essere ad esempio:
- Contatti e registro chiamate (contacts.db);
- Calendari ed eventi (calendars.db);
- Messaggi testuali e multimediali (mmssms.db);
- Preferiti (browser.db) e cronologia di navigazione (qsb-history.db);
- Parole aggiunte al dizionario (User dict).

È stato possibile realizzare un'analisi manuale del contenuto estratto attraverso la navigazione dell'immagine associata. Dopo aver sfogliato le singole partizioni che la compongono, sono state visualizzate le cartelle del sistema come di seguito indicato.

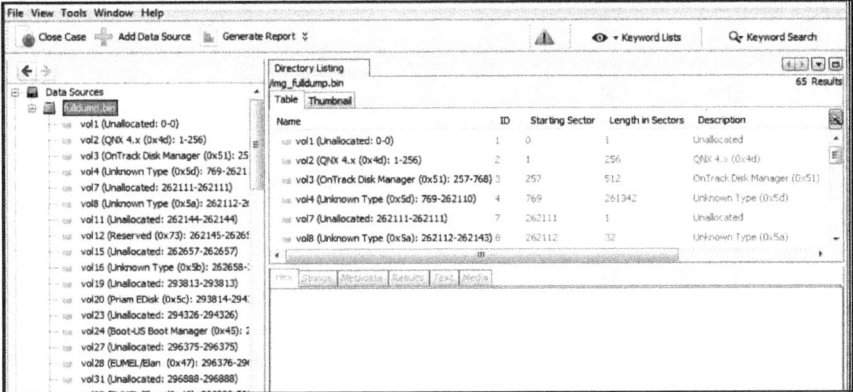

Fig. 52 – Schemata di navigazione partizione di Autopsy

A questo punto è stato possibile estrarre e analizzare i singoli file o db delle applicazioni presenti sul device. Nelle figure indicate di seguito è descritto il percorso seguito per interrogare i messaggi di testo memorizzati nel db `mmssms.db` contenuto nella cartella `database` in `com.android.providers.telephony`.

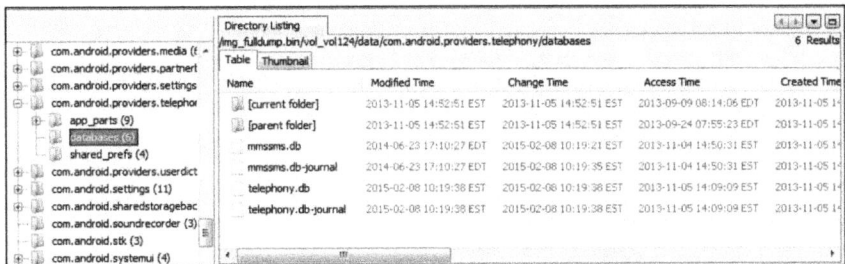

Fig. 53 – Schemata di navigazione directory di Autopsy

Selezionando il file d'interesse e cliccando con il tasto destro, il tools ha consentito di visualizzare il contenuto con un editor esterno e di esportarlo su un altro supporto di memoria.

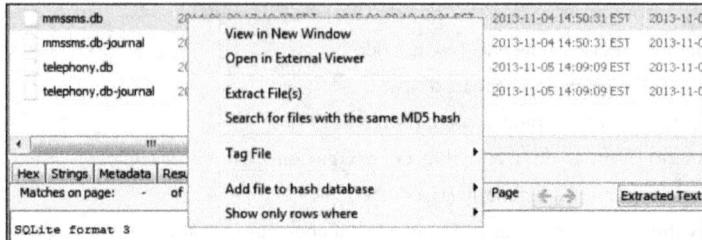

Fig. 54 – Schemata di estrazione file di Autopsy

Il dabasase mmssms.db, essendo in formato SQLite, è stato analizzato con il programma **SQLite database browser**.

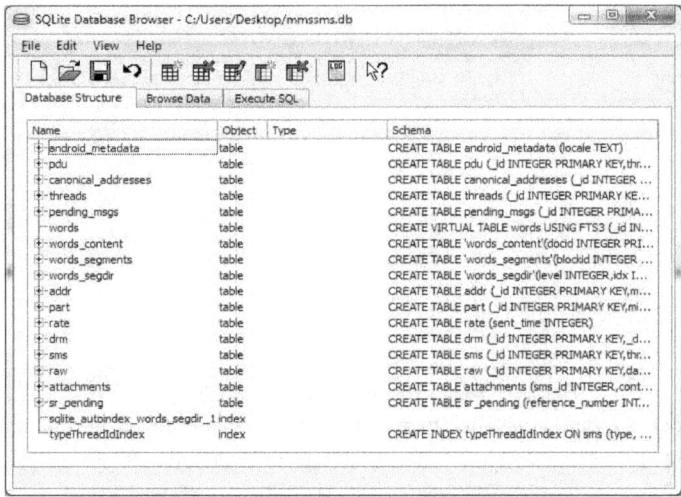

Fig. 55 – SQLite browser: Interrogazione database

All'interno di questo database sono presenti diverse tabelle, tra cui, in particolare, quella denominata "sms" contenente i messaggi inviati e ricevuti dall'utente.

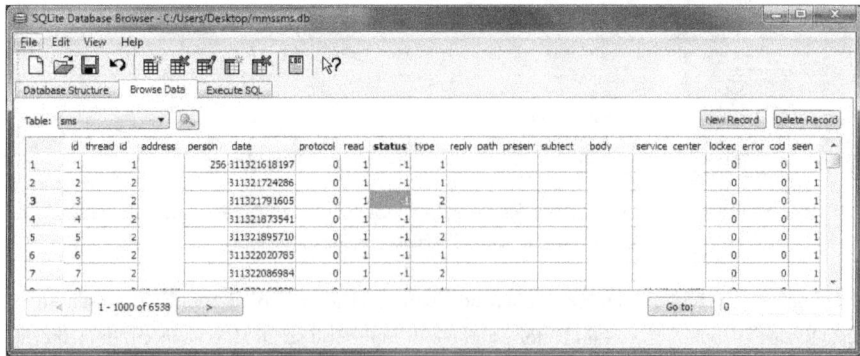

Fig. 56 – SQLite browser: Interrogazione tabella

Fase 6. Carving dei dati

L'acquisizione fisica della memoria del device comprende anche lo spazio non allocato. Di conseguenza è stato possibile recuperare anche i file cancellati, attraverso l'uso del tool di data carving **Photorec** presente nel kit di Autopsy, e procedere alla loro analisi.

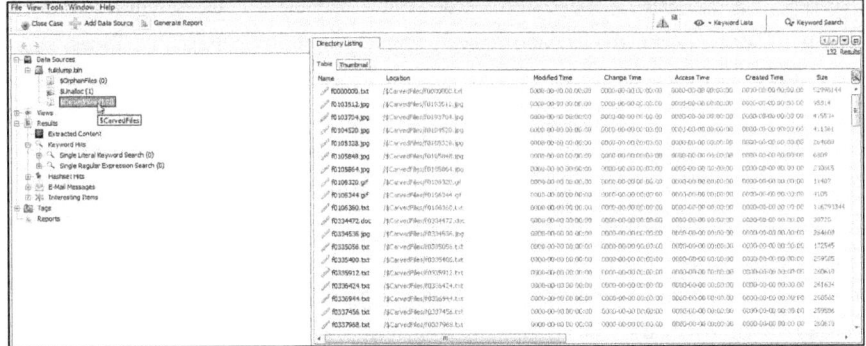

Fig. 57 – Autopsy: risultato del file carving

Lo stesso tipo di ricerca realizzata sull'acquisizione logica non ha prodotto alcun risultato, in quanto quest'ultima comprende solo i file non cancellati.

Fase 7. Generazione di una Timeline

In molte indagini digitali è richiesto di ricostruire e analizzare la sequenza temporale di determinati eventi, non necesariamente legati ad azioni dell'utente, ma anche fatti gestiti autonomamente dal dispositivo. L'acquisizione fisica della memoria del dispositivo offre la possibilità di disporre di tutti i tipi di file tra cui, rivestono una particolare rilevanza, i log file. Pertanto, selezionando tutti gli eventi e mettendoli in ordine cronologico, è stato possibile ricostruire una timeline completa illustrata in figura.

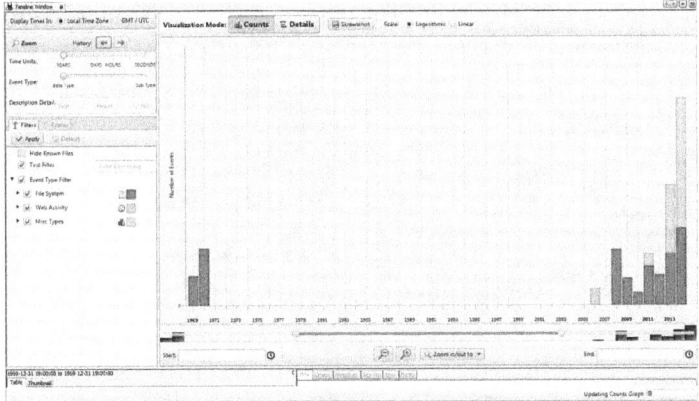

Fig. 58 – Generazione di una timeline

5.2.2. Acquisizione e Analisi dei Dati da iOS Device

Questo caso di studio sviluppa la metodologia per realizzare l'estrazione logica della memoria di un dispositivo basato su iOS tramite l'uso di strumenti free e commerciali.

Questa tecnica consente di realizzare un'acquisizione parziale del file system attraverso il backup di iTunes, oppure tramite uno strumento forense che sfrutta le librerie di iTunes.

L'esempio è stato condotto in due possibili scenari: device senza blocco e device bloccato e con passcode sconosciuta. Come spiegato nei capitoli precedenti, l'operatore, in presenza del codice di accesso, deve conoscere il codice di sblocco del dispositivo target, oppure procurare un lockdown certificate da un altro dispositivo a cui è stato precedentemente connesso, prima di eseguire questo tipo di acquisizione.

Non saranno oggetto della trattazione i passaggi che hanno condotto, per ogni singolo software, all'acquisizione del device, per i quali si rimanda alle documentazioni ufficiali dei singoli prodotti. Saranno invece affrontate le problematiche riscontrate nel loro uso.

Fase 1a. Acquisizione logica tramite Apple iTunes software (device senza blocco)

iTunes è utilizzato, oltre che come riproduttore musicale, anche per la gestione dei device di Apple. Collegando per esempio un iPhone ad un computer (via WiFi o USB), attraverso tale software è possibile sincronizzare la maggior parte delle informazioni del device. Il protocollo utilizzato per il trasferimento dei dati è AFC (Apple File Conduit), il quale riesce a non alterare i dati del device (ad eccezione di quelli relativi alle chiavi di crittografia).

Per cui, dopo avere connesso per la prima volta il device alla workstation, è iniziata la sincronizzazione dei dati. iTunes crea una directory dedicata al device (dandole il nome dell'UDID del dispositivo e salvandone all'interno i contenuti letti). Creato il nuovo percorso, tutte le volte che il device verrà connesso alla workstation avverrà la sincronizzazione dei file.

La directory è salvata in un percorso specifico che, adoperando Windows 10, è il seguente:

`C:\Users\[Utente]\AppData\Roaming\Apple Computer\MobileSync\Backup\`

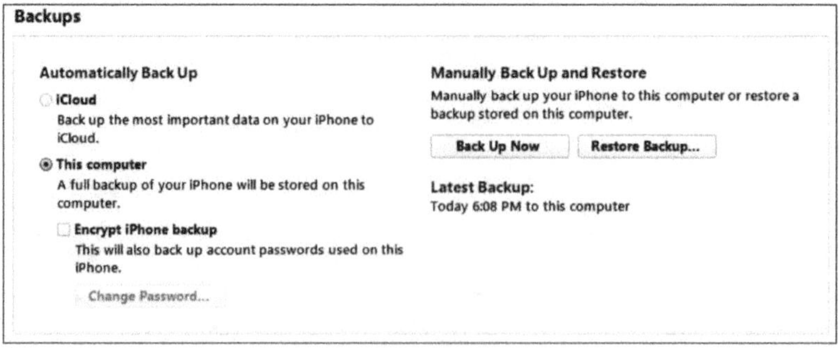

Fig. 59 – Funzione di iTunes backup

I file aggiunti automaticamente alla directory menzionata si presentano con estensione non leggibile. Per poter analizzare i loro contenuti è stato utilizzato il tool **iPhone Backup Analyzer** tramite cui è stato possibile raccogliere informazioni sull'utente e file multimediali:

- Contatti (AddressBook.sqlitedb);
- Messaggi (Sms.db);
- Storico delle chiamate (Call history.db);
- Calendari ed eventi (Calendar.sqlitedb);
- Note (Notes.sqlite);
- Indirizzi delle ultime mail inviate (Recent.db);
- Dati di Safari: preferiti Safari/Bookmarks.db e cronologia Safari/History.plist;
- Fotografie scattate.

Tali dati sono presentati all'interno di una vista logica fornita dal programma, ma comunque è data la possibilità di estrarre i file da cui tali informazioni sono state estrapolate.

Fase 1b. Acquisizione logica tramite Oxygen Forensic Suite (device con blocco)

Il software **Oxygen Forensic Suite** è un prodotto commerciale che realizza l'acquisizione logica dei device basati su iOS. Per avviare l'estrazione è stato sufficiente cliccare sull'icona **Connect device** del menu principale.

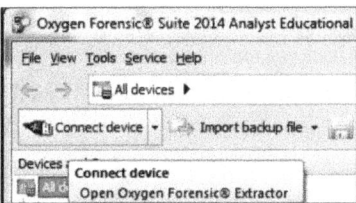

Fig. 60 – Oxygen start screen shot

Il software avvia la procedura di estrazione non appena rileva un iDevice connesso alla workstation. Se il device è bloccato con un passcode, il software chiede di inserire il relativo passcode, oppure un lockdown certificate recuperato da un computer a cui è stato collegato.

Fig. 61 – Oxygen richiesta di un lockdown certificate

Nel nostro esempio è stato inserito il certificato corretto e si è potuto procedere alla lettura.

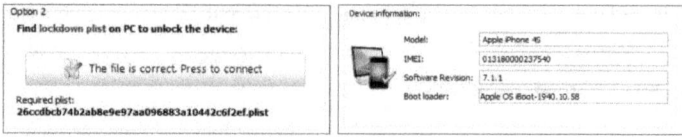

Al passo successivo è stato proposto l'elenco delle informazioni acquisibili:

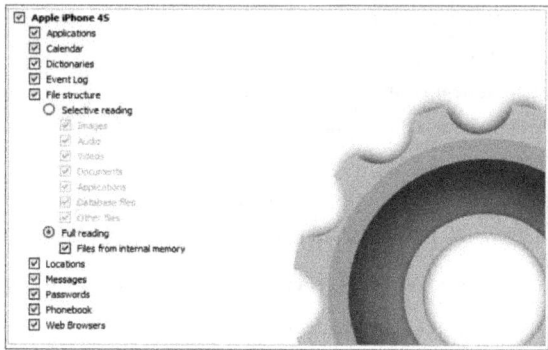

Fig. 62 – Acquisizione logica: elenco evidenze rinvenibili

Nella schermata precedente è chiaramente visibile la differenza tra questo tipo di estrazione e quella completa (par. 6.1) della memoria del device. In questo caso, essendo mediata dal software di backup (iTunes), comprende solo le informazioni che il produttore del sistema operativo o del software ha deciso di rendere esportabili. Nella figura sottostante è visibile la differenza tra le directory che rappresentano il filesystem e quelle incluse nel backup.

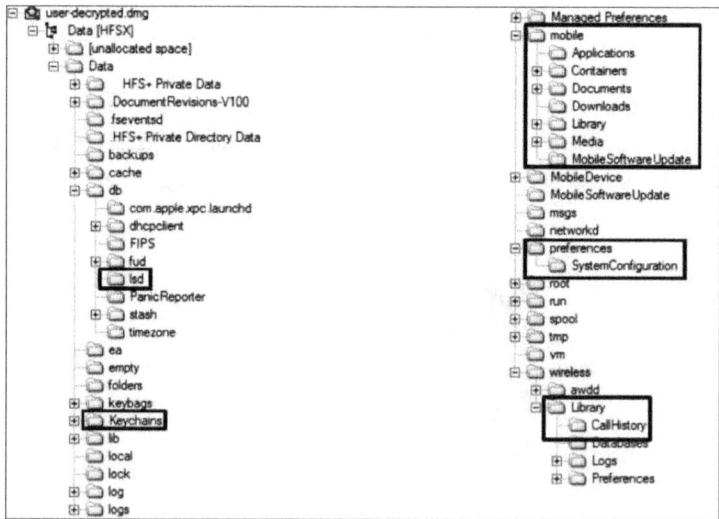

Fig. 63 – Differenza tra l'acquisizione logica e quella fisica

> Camera Roll (photos, screenshots, images saved, and videos taken)
> Contacts and Contact Favorites
> Calendar accounts and subscribed calendars
> Calendar events
> Safari bookmarks, cookies, history, offline data, and currently open pages
> Autofill for webpages
> Offline web app cache/database
> Notes
> Mail accounts (mail messages aren't backed up)
> Microsoft Exchange account configurations
> Call history
> Messages (iMessage and carrier SMS or MMS pictures and videos)
> Voicemail token
> Voice memos
> Network settings (saved Wi-Fi hotspots, VPN settings, and network preferences)
> Keychain (includes e-mail account passwords, Wi-Fi passwords, and passwords you enter into websites and some apps)
> App Store app data (except the app itself, its tmp, and the Caches folder)
> App settings, preferences, and data, including documents
> In-app purchases
> Game Center account
> Wallpapers
> Location service preferences for apps and websites you've allowed to use your location
> Home screen arrangement
> Installed profiles
> Map bookmarks, recent searches, and the current location displayed in Maps
> Nike + iPod saved workouts and settings
> Paired Bluetooth devices
> Keyboard shortcuts and saved suggestion corrections
> Trusted hosts that have certificates and can't be verified
> Web clips

Tab. 17 - Contenuto di un iTunes backup, Fonte [http://support.apple.com/kb/ht4946]

Successivamente è iniziata l'estrazione logica dei dati:

Essendo stata imposta la password di backup, il software ha dovuto effettuare una serie di tentativi di attacco alla password attraverso il plug-in **Passware Kit Forensics**.

Fig. 64 – Oxygen cracking password di backup

Fase 2. Realizzazione dell'acquisizione fisica

È possibile effettuare un'acquisizione completa della memoria in presenza di alcune condizioni. Nel caso in esame sono presenti alcuni vincoli di sicurezza che, nel caso in cui si tentassero di acquisire i privilegi di root (c.d. *jailbreaking*), determinerebbero la cancellazione delle chiavi di cifratura, rendendo di fatto invano qualsiasi operazione di recupero dei dati.
Per tale motivo non è stato possibile applicare questa procedura.

Fase 3. Verifica dei dati

La verifica dei file ottenuti da un'acquisizione logica si realizza a livello di singolo file, in quanto, trattandosi di un'estrazione parziale e incompleta della memoria del device, non è possibile effettuarla nella sua interezza. Percui, come nel caso precedente, si è proceduti a calcolare il codice hash per ogni singolo file estratto.

Fase 4. Analisi dei dati tramite iPhone Backup Analyzer

iPhone Backup Analyzer è un tool sviluppato dal ricercatore italiano Mario Piccinelli e fornisce un modo semplice per sfogliare la cartella di backup ed eseguire un'analisi forense di un iDevice backup.

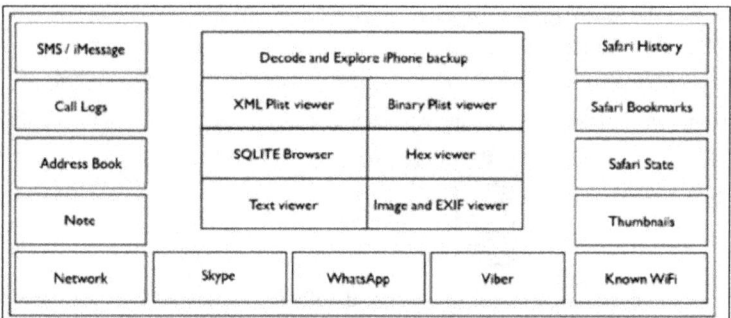

Fig. 65 – iPhone Backup Analyzer: set di funzionalità

Attualmente, il software offre 14 plugin per i seguenti db: Address Book Browser, Call History, Phone Info Browser, Known Networks, Network Identification, Note Browser, Safari History Browser, Safari State Explorer, Safari Bookmarks, Skype Browser, Messages Browser, Thumbnails Browser, Viber Browser e WhatsApp Browser.
In alternativa è possibile effettuare l'analisi manuale dei file estratti adoperando i visualizzatori come indicato nel caso precedente.
Nel test effettuato è stato estratto e visualizzato un file di tipo Manifest.plist semplicemente cliccando sul nome del file come mostrato di seguito:

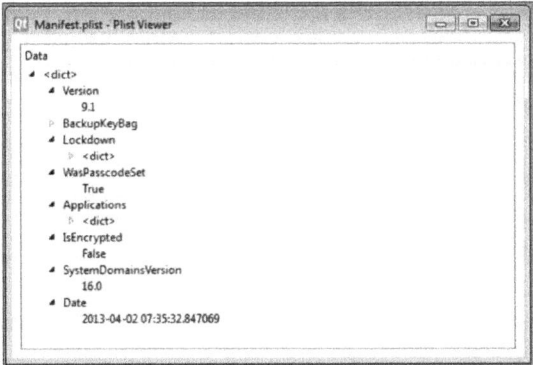

Fig. 66 – SQLite database browser: Interrogazione file manifest.plist

Nella schermata seguente è visibile il contenuto del database SQLite riferito alla Call History:

Fig. 67 – SQLite database browser: Interrogazione tabella call_history.db

Fase 5. Recupero delle informazioni cancellate

Come è stato precedentemente detto, l'acquisizione logica si differenzia da quella fisica per l'assenza dello spazio non allocato e, di conseguenza, su di essa non è possibile eseguire il file carving per tentare di rinvenire i file cancellati.

Nonostante ciò può essere comunque recuperata qualche informazione eliminata. Infatti, quando si cancella un dato gestito attraverso un database, per esempio del tipo SQLite, il relativo record non viene rimosso direttamente dalla tabella che lo contiene, ma viene semplicemente "*flaggato*" come record libero e, pertanto, il suo contenuto può essere ancora recuperato con adeguati programmi di visualizzazione.

5.2.3. Acquisizione e Analisi dei Dati da Google Drive

Questo caso di studio sviluppa una metodologia innovativa per la realizzazione dell'estrazione logica del contenuto di un cloud storage, nel caso specifico Google Drive, al fine di recuperare, tramite l'uso di strumenti free, una copia di backup dell'applicazione WhatsApp.

Questo esempio si basa sullo studio condotto da Vassil Roussevy, Andres Barreto, Irfan Ahmed che ha portato alla realizzazione dello strumento di acquisizione *proof-of-concept*, "kumodd", in grado di acquisire prove dai quattro principali fornitori di unità di cloud: Google Drive, Microsoft Onedrive, Dropbox e Box. L'implementazione prevede un'interfaccia a riga di comando e una per il web e può essere facilmente incorporata nei processi forensi prestabiliti.

Fase 1. Autenticazione sul cloud storage

Dopo aver eseguito il deployment dell'applicazione, è stato necessario acquisire l'autorizzazione per connettersi al cloud storage Google Drive attraverso le credenziali dell'utente precedentemente recuperate. Le Google API utilizzano il protocollo di autenticazione OAuth 2.0, per cui, alla prima richiesta di connessione, il tool ha fornito l'URL *https://accounts.google.com/o/oauth2/auth?scope=https://www.googleapis.com/auth/drive&access_type=offline*, che è stato necessario aprire con un browser web e ha presentato la seguente interfaccia di autenticazione al cloud.

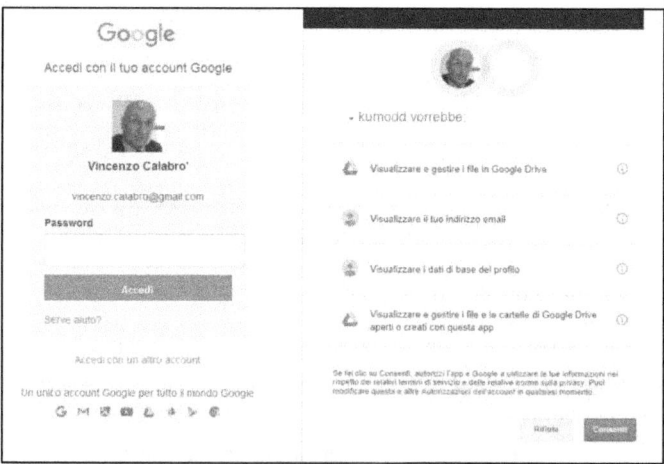

Fig. 68 – Google drive: autenticazione e autorizzazione

Dopo aver inserito le credenziali corrette e aver autorizzato l'app ad accedere al contenuto dello storage, il servizio ha restituito l'*access token* `"1/fFBGRNJru1FQd44AzqT3Zg"`, memorizzato nella cartella `/config`, per essere riutilizzato agli accessi successivi.

Il programma è stato implementato per invocare una richiesta di autorizzazione con il seguente `scope=https://www.googleapis.com/auth/drive.readonly`, ciò consente di preservare il contenuto del cloud storage. Questa feature è presente anche nelle API fornite per Microsoft Onedrive.

I metodi che possono essere invocati per la gestione dei file sono i seguenti:

Method	HTTP request	Description
list	GET /files	Lists the user's files.
get	GET /files/fileId	Gets a file's metadata by ID.

Tab. 18 – Google Drive: Metodi

Fase 2. Discovery del contenuto del cloud storage

Dopo aver invocato il metodo list, attraverso l'uso del comando `GET https://www.googleapis.com/drive/v3/files?access_token=1/fFBGR NJru1FQd44AzqT3Zg`, è stata restituita la lista dei file contenuti nel drive con i relativi ID.

```
{
  "kind": "drive#list",
  "etag": "\"btSRMRFBFi3NMGgScYWZpc9YNCI/GRsLCGMwCm7Uq8wQamJ1AhN5kQI\"",
  "selflink": https://www.googleapis.com/drive/v3/files",
  "items": [
  { "kind": "drive#file",
    "id": "0B3x8LGqSN2oXSjFUWEgxelZIc28",
    "etag": "\"btSRMRFBFi3NMGgScYWZpc9YNCI/MTQzMDMz0TY1MTqwNw\"",
    "selflink": "https://www.googleapis.com/drive/v3/files/0B3x8LGqSN2oXSjFUWEgxelZIc28",
    "alternateLink": { },
    "embedLink": { },
    "openWithLinks": { },
    "defaultOpenWithLink": { },
    "iconLink": { },
    "thumbnailLink": { },
    "title": "msgstore.db.crypt12",
    "mimeType": "application/octet-stream",
    "labels": { },
    "createdDate": "2016-09-04T20:34:09.169Z",
    "modifiedDate": "2016-09-04T20:34:09.169Z",
    "modifiedByMeDate": "2016-09-04T20:34:09.169Z",
    "lastViewedByMeDate": "2016-09-04T20:34:09.169Z",
    "markedViewedByMeDate": "2016-09-04T20:34:09.169Z",
    "versione": "60151",
    "parents": [ ],
    "exportLinks": { },
    "userPermission": { },
    "quotaBytesUsed": "0",
    "ownerNames": [ ],
    "owners": [ ],
    "lastModifyingUserName": "Vincenzo Calabrò",
    "lastModifyingUser": { },
    "editable": false,
    "copyable": false,
    "writersCanShare": false,
    "shared": false,
    "explicitlyTrashed": false,
    "appDataContents": false,
    "spaces": [ ]
  }
  . . . . .
```

Fig. 69 – Risposta del metodo list

Fase 3. Acquisizione dal cloud storage

Per effettuare l'acquisizione del file cercato è stato invocato il metodo GET https://www.googleapis.com/drive/v3/files/0B3x8LGqSN2oXSjFUWEgxelZIc 28?access_token=1/fFBGRNJru1FQd44AzqT3Zg, il quale ha restituito un metadata file, in format JSON, contenente le risorse del file incapsulate nel body della risposta come segue:

```
{
    "kind": "drive#list",
    "id": "0B3x8LGqSN2oXSjFUWEgxelZIc28",
    "etag": "\"ULTBkNKmycdCqkp_rFmHqVg1eVs/MTQyMzEyMjk4MjIzOQ\"",
    "selflink": https://www.googleapis.com/drive/v3/files/0B3x8LGqSN2oXSjFUWEgxelZIc28",
    "webContentLink": { },
    "alternateLink": { },
    "openWithLinks": { },
    "iconLink": { },
    "thumbnailLink": { },
    "title": "msgstore.db.crypt12",
    "mimeType": "application/octet-stream",
    "labels": { },
    "createdDate": "2016-09-04T20:34:09.169Z",
    "modifiedDate": "2016-09-04T20:34:09.169Z",
    "modifiedByMeDate": "2016-09-04T20:34:09.169Z",
    "lastViewedByMeDate": "2016-09-04T20:34:09.169Z",
    "markedViewedByMeDate": "2016-09-04T20:34:09.169Z",
    "versione": "60151",
    "parents": [ ],
    "downloadUrl": https://doc-0g-2c-docs.googleusercontent.com/docs/securesc/............",
    "userPermission": { },
    "originalFilename": "msgstore.db.crypt12",
    "fileExtension": [ ],
    "md5Checksum": "cd3c797793b5e5ee72d7da5c896ad6e8",
    "fileSize": "8434",
    "quotaBytesUsed": "549503",
    "ownerNames": [ ],
    "owners": [ ],
    "lastModifyingUserName": "Vincenzo Calabrò",
    "lastModifyingUser": { },
    "editable": false,
    "copyable": false,
    "writersCanShare": false,
    "shared": false,
    "appDataContents": false,
    "headRevisionId": [ ]
}
```

Fig. 70 – Risposta del metodo get

Molte delle suddette informazioni permettono, dal punto di vista forense, di validare il metodo di acquisizione del file d'interesse.

Fase 3. Analisi dei dati

Il comando ha restituito il link che ha consentito di scaricare il file cifrato: Databases/msgstore.db.crypt12.
Dopo aver decifrato il file estratto con il tool **WhatCrypt**, si è proceduti alla relativa analisi del contenuto utilizzando il browser **SQLite Viewer**.

CASI DI STUDIO

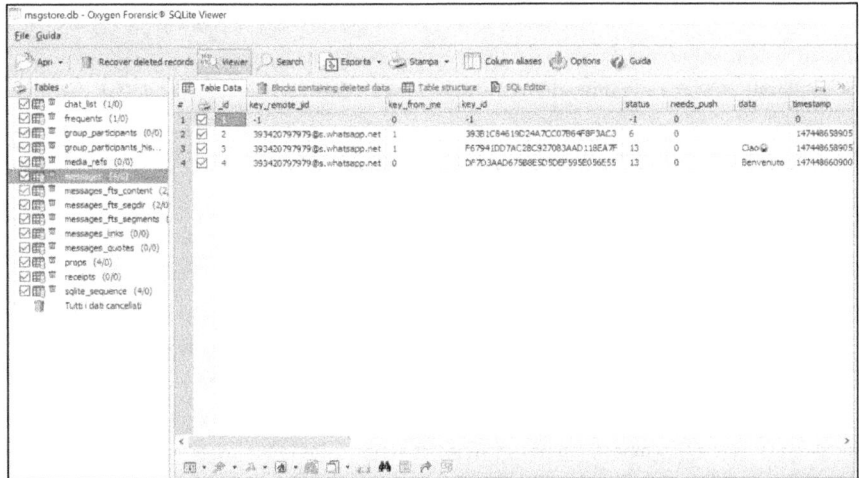

Fig. 71 – WhatsApp Viewer

5.3. RISULTATI OTTENUTI

Questo studio, finalizzato a spiegare le metodologie forensi ed approfondire le più comuni difficoltà rinvenibili durante l'analisi di un dispositivo mobile, ha avuto esiti interessanti sotto molti punti di vista.
Innanzitutto sono state assolutamente confermate le potenzialità delle metodologie volte ad ottenere il pieno controllo di tutte le funzionalità dei dispositivi: in entrambi gli ambienti testati si è potuto osservare come la rimozione delle limitazioni indirizzate all'utente medio permetta di analizzare più approfonditamente ogni contenuto del device. Queste tecniche, infatti, risultano essere attualmente l'unico modo per avere pieno accesso ad ogni directory del sistema operativo, quindi l'unico mezzo tramite il quale è possibile acquisire tutte le informazioni registrate dall'interazione dell'utente con quel determinato strumento.
Confrontando il numero di dati acquisiti dopo l'attuazione di tali procedure di sblocco (Caso 1), rispetto a quelli derivanti dall'analisi di un ambiente "vincolato" (Caso 2), si è potuto osservare molto bene come la panoramica fornita all'operatore forense possa essere fortemente limitata.
Senza attuare meccanismi di rooting o jailbreaking (in riferimento ai casi specifici studiati) la vista fornita dai tool forensi di acquisizione risulta essere superficiale, adatta sì alla raccolta delle classiche informazioni d'uso dei device (come ad esempio il registro chiamate ed i messaggi inoltrati e ricevuti), ma incapace di aggiungere ulteriori livelli di approfondimento. Infatti, in presenza di blocchi di sicurezza, anche i tool specificamente ideati per acquisire le

tipologie di dato che sono state oggetto della ricerca, risultano essere soggetti alle limitazioni imposte dai produttori dei dispositivi o dagli sviluppatori delle app.

Le migliorate capacità estrattive di un software forense dopo la *privilege escalation* derivante dal rooting sono state ampiamente dimostrate in ambiente Android (Caso 1) dove è stato possibile effettuare anche il recupero dei file cancellati e la ricostruzione di una timeline dettagliata.

Per quanto riguarda l'ambiente iOS (Caso 2) possiamo trarre conclusioni diverse. Innanzitutto è stato possibile provare la difficoltà che incontra l'operatore forense in presenza di blocchi di sicurezza impostati dall'utente, inoltre è stato confermato che l'acquisizione logica dei dispositivi iOS non è equiparabile, in termini di risultati, all'acquisizione fisica.

È stato poi dimostrato, su entrambi i sistemi, che le acquisizioni che rendono disponibili all'operatore i file di database estratti (quelli da cui sono state attinte le informazioni mostrate) si rivelano maggiormente esaustive.

Inoltre, utilizzare le tecniche di Mobile Cloud Computing Forensics (Caso 3), che sono state oggetto del Capitolo 5, non solo consente di mettere in atto un vero e proprio ulteriore filone di indagine sul device, ma anche di estendere le capacità operative dei tool propriamente forensi, peculiarità ovviamente nota alle case di produzione dei tool.

In particolare, il test ha evidenziato come, attraverso l'uso delle API, è possibile attuare un'acquisizione forense anche in ambienti altamente virtualizzati come i cloud storage rispettando le caratteristiche proprie delle evidenze digitali.

CONCLUSIONI

Questo lavoro è stato intrapreso con l'obiettivo di approfondire le tematiche concernenti la mobile device forensics e la mobile cloud computing forensics, con particolare riferimento all'analisi dei dispositivi di telefonia cellulare cosiddetti smartphone. Inoltre, con i casi di studio in essa documentati, si è voluto mettere a confronto le capacità estrattive di diverse metodologie.

Con questo elaborato si è tentato di centrare i seguenti obiettivi:

- Introdurre le nozioni tecnico-giuridiche delle scienze forensi applicate ai dispositivi digitali (Capitolo 1);
- Illustrare le metodologie ed i protocolli, riconosciuti a livello internazionale (ISO/IEC 27037:2012, ISO/IEC 27042:2015), utilizzabili per individuare, acquisire, analizzare, valutare e presentare le evidenze digitali dei mobile device (Capitolo 2);
- Esaminare le fonti dei dati e le principali criticità legate all'estrazione e all'analisi delle evidenze digitali presenti all'interno degli Smartphone (Capitolo 3);
- Avviare lo studio di nuove tecniche forensi in grado di individuare ed acquisire i dati dalle piattaforme di mobile cloud computing (Capitolo 4);
- Dimostrare, attraverso l'attuazione di tre casi di studio, l'efficacia delle diverse tecniche di estrazione ed analisi illustrate nel corso del testo (Capitolo 5).

Come è stato affermato nell'introduzione, da qualche anno i dispositivi mobili rappresentano la principale fonte di informazioni di molteplici indagini giudiziarie.

I dati contenuti su un dispositivo mobile possono essere confrontati con le note scritte su un diario giornaliero (spesso corredate con immagini e video), possono inoltre contenere i nostri documenti riservati, la nostra situazione finanziaria e, soprattutto, le nostre abitudini quotidiane, i nostri contatti ed i nostri movimenti.

Ciò è dovuto, principalmente, alle caratteristiche intrinseche di questi dispositivi: la portabilità, le dimensioni ridotte, la facilità d'uso e l'ampia offerta di applicazioni funzionali alla comunicazione personale e professionale.

Questo studio ha consentito, da un lato, di effettuare una panoramica sulle metodologie forensi applicate ai dispositivi portatili e, dall'altro, approfondire le più comuni difficoltà riscontrabili durante l'analisi degli artefatti.

I risultati ottenuti dai casi di studio hanno evidenziato le potenzialità e i limiti delle tecniche esposte. Negli scenari descritti la *privilege escalation* tramite tecniche di hacking parrebbe meritare il diritto di essere il primo step da intraprendere per attuare un'acquisizione forense. In realtà è una tecnica estremamente promettente, ma altrettanto rischiosa e invasiva. Infatti, nei casi reali il suo uso deve essere attentamente ponderato ed, eventualmente, autorizzato dall'autorità competente.

Se si confronta la quantità di dati acquisiti dopo l'attuazione di tali procedure di sblocco (cd. acquisizione fisica), rispetto a quelli derivanti dall'analisi di un ambiente "vincolato" (cd. acquisizione logica), si può constatare che nel secondo caso la ricerca di evidenze possa risultare superficiale. Pertanto l'operatore forense deve conoscere il maggior numero di tecniche, conformi alla normativa, per estendere l'ambito di ricerca.

Oltre agli aspetti propriamente tecnici, si è voluto approfondire il potenziale rappresentato dalle evidenze digitali rinvenibili sui dispositivi mobili.

La vocazione naturale di questi device è l'attitudine alla comunicazione e all'interazione con altri utenti o dispositivi, infatti spesso vengono anche chiamati terminali mobili, per via della loro intrinseca possibilità di consentire connessioni verso fonti di informazioni esterne.

L'ampia diffusione degli smartphone, accompagnata dalla nutrita schiera di nuove funzionalità (app), ha richiesto lo sviluppo di maggiori capacità di calcolo e di memorizzazione. Queste ultime caratteristiche hanno, di fatto, trasformato i mobile device in veri e propri calcolatori elettronici in grado di memorizzare e gestire enormi quantità di dati.

Qualunque individuo, che provi ad esaminare attentamente le funzioni e le informazioni presenti sul proprio smartphone, si rende autonomamente conto dei rischi a cui può andare incontro in caso di furto o smarrimento del dispositivo.

Il valore rappresentato da queste informazioni è stato ben compreso e studiato dai grossi provider dell'informazione, dagli investigatori digitali e dai criminali.

Un'indagine sviluppata sui mobile device è in grado di rilevare i contatti ed i collegamenti di un individuo, le comunicazioni intercorse, gli spostamenti, le abitudini, le preferenze, i movimenti di denaro, gli acquisti e quant'altro possa essere gestito da un terminale portatile.

Il caso più rilevante è rappresentato dalle centinaia di applicazioni sviluppate per la comunicazione *end-to-end* i cui contenuti possono essere rivelati solo acquisendoli dai terminali interessati o dai backup rinvenibili nei cloud storage.

Per questi motivi negli ultimi anni è maturata l'esigenza di privacy e di sicurezza e, di conseguenza, sono aumentate le difficoltà per effettuare l'acquisizione dei dati sia per gli investigatori, che per gli utenti malintenzionati.

Nonostante uno studio recente abbia rilevato che ancora il 43% degli utenti di mobile device non utilizza alcun sistema di protezione (pin, password, gesture code, ecc.), i produttori di smartphone hanno da tempo adottato sofisticati meccanismi di protezione e crittografia in grado di proteggere e bloccare l'accesso alle informazioni degli utenti.

Le maggiori criticità, esposte anche in questo elaborato, riguardano appunto le difficoltà, a volte insuperabili, che incontrano gli operatori forensi per bypassare questi blocchi. Esistono alcune soluzioni tecniche, ma spesso si scontrano con i limiti giuridici imposti dalla normativa, come la privacy, i brevetti industriali, la competenza territoriale e l'attuazione del BYOD (Bring your own device), tanto per citarne alcuni.

Nell'ultima parte del lavoro è stato affrontato il tema della mobile cloud forensics per tentare di risolvere alcune problematiche illustrate nei capitoli precedenti.

Molte funzionalità dei dispositivi interagiscono con le piattaforme di cloud computing, per cui diventa quasi obbligatorio estendere l'indagine digitale, inizialmente destinata solo al dispositivo mobile, verso questi nuovi ambiti.

In particolare, come si è accennato nel testo, grazie a queste ulteriori ed innovative ricerche di evidenze si posso risolvere due grandi criticità dovute ai limiti della mobile device forensics. Per un verso, è possibile acquisire i dati cancellati dal device, ma che sono ancora presenti nelle copie di backup memorizzate sul cloud, oppure è possibile recuperare le informazioni che sono state spostate dal device al cloud per sopperire alla mancanza di capacità di memorizzazione. Dall'altro, in presenza di device bloccati o crittografati, questo tipo di indagine risulta l'unica alternativa per ottenere dei dati concernenti il device.

Più volte, nel corso dello sviluppo del testo, è emerso il problema dell'acquisizione logica delle informazioni. Questa tematica, che riguarda prevalentemente l'aspetto giuridico delle investigazioni digitali, si contrappone alla prassi consolidata che predilige le acquisizioni a basso livello, cosiddette fisiche, realizzabili solo nel caso in cui il supporto di memorizzazione sia direttamente fruibile dall'operatore forense.

Come è stato evidenziato nel capitolo riguardante gli smartphone e confermato dai casi di studio, spesso, a causa dei meccanismi di sicurezza, non è possibile accedere direttamente alla memoria del dispositivo, ma può essere effettuata una lettura ad alto livello, mediata dal sistema operativo o dalle interfacce software, che tralascia alcune partizioni protette e lo spazio non allocato da cui sarebbe possibile estrarre i file cancellati.

La stessa questione si propone nelle indagini che interessano i servizi cloud. Questi ambienti, fortemente virtualizzati e distribuiti, non consentono, per ovvie ragioni tecniche e giuridiche, un'acquisizione fisica della memoria del dispositivo, ma permettono all'operatore di realizzare una lettura dei dati, mediata dall'infrastruttura cloud, con le stesse criticità appena citate per i mobile device.

Per il prossimo futuro i tecnici e, soprattutto, i giuristi devono accettare questi limiti imposti dalle nuove tecnologie ed individuare nuove metodologie forensi in grado di rendere valide ed ammissibili le prove acquisite in giudizio.

Per concludere si vuole sottolineare questo presupposto: un'indagine forense, che riguardi qualsiasi ambito scientifico, può essere condotta da un operatore che possieda, in egual misura, le competenze della materia a cui afferisce l'oggetto dell'indagine e le nozioni giuridiche necessarie a garantire la validità dei risultati ottenuti.

Come è emerso nel corso della trattazione, la scienza forense è una materia multidisciplinare dove occorre bilanciare le nozioni scientifiche legate alla natura dell'oggetto da esaminare, con i principi giuridici connessi alla finalità dell'analisi e dei diritti coinvolti. Di conseguenza, l'operatore forense deve formarsi tecnicamente nell'ambito scientifico interessato, ma deve egualmente approfondire i concetti giuridici connessi al suo operato.

Nel caso di specie, per esempio, l'operatore che si accinge ad analizzare un device mobile o un ambiente cloud deve conoscere, preliminarmente, il sistema operativo utilizzato, il file system adottato, i tipi di file presenti, le implicazione derivanti dalle comunicazione wireless e dai meccanismi di sicurezza e, naturalmente, i vincoli imposti dalla normativa vigente in tema di indagini digitali.

Ad oggi, sui temi della mobile device forensics e della mobile cloud forensics, rimangono aperte diverse questioni tecniche e giuridiche, una fra tutte il dibattito tra il diritto alla privacy e le esigenze di giustizia, sulle quali dovranno essere effettuate ulteriori approfondimenti ed individuate opportune soluzioni forensi.

BIBLIOGRAFIA

1. Marcella A., Greenfield R. (2002) Cyber Forensics: A Field Manual for collecting, examining and preserving Evidence of Computer Crimes. Auerbach.
2. Maioli C. (2004) Dar voce alle prove: elementi di informatica forense. In: Pozzi P., Masotti R., Bozzetti M. (eds.) Crimine virtuale, minaccia reale. ICT Security: politiche e strumenti di prevenzione. FrancoAngeli
3. Ziccardi G. (2011) Informatica Giuridica - Controcultura, informatica giuridica, liberta' del software e della conoscenza. Giuffrè Editore
4. Ziccardi G. (2012) Informatica Giuridica - Privacy, sicurezza informatica, computer forensics e investigazioni digitali. Giuffrè Editore
5. Attanasio A., Cajani F., Costabile G., Vannini W. (2013) Lo stato dell'arte della computer forensics in Italia. In: Attanasio A., Costabile G., eds. IISFA Memberbook 2012. Experta
6. Collier P.A., Spaul B.J., (1992) A Forensic Methodology for Countering Computer Crime, in 32 J. For. Sc.
7. Mason S. (2007) Electronic Evidence. Discovery & Admissibility, LexisNexis Butterwoorths
8. Vaciago G. (2012) Digital Evidence, G. Giappichelli Editore
9. Tonini P., (2010) Nuovi profili processuali del documento informatico, in Scienza e processo penale: linee guida per l'acquisizione della prova scientifica, a cura di L. De Cataldo Neuburger, Padova, Cedam
10. Casey E. (2004) Digital Evidence and Computer Crime, Second edition, Elsevier
11. Aterno S., Cajani F., Costabile G., Mattiucci M., Mazzaraco G., (2011), Computer Forensics e Indagini Digitali, Experta
12. Casey E., Digital Investigation, The International Journal of Digital Forensics & Incident Response
13. Tonellotto M. (2014), Rivista di Criminologia, Vittimologia e Sicurezza, Vol. VIII, n. 2 Maggio-Agosto 2014
14. Ferrazzano M. (2014), Indagini forensi in tema di scambio di file pedopornografici mediante software di file sharing a mezzo peer-to-peer
15. Luparia L., Ziccardi G., (2007) Investigazione penale e tecnologia informatica, Giuffrè
16. Cajani F., Costabile G., Epifani M. (2011), Informatica e studio delle nuove tecnologie

17. Maioli C. (2004) Dar voce alle prove: elementi di informatica forense.
18. Heiser J., Kruse W. (2001) Computer forensics. Incident Response Essentials. Addison-Wesley
19. Fagioli G., Ghirardini A. (2013) Digital forensics. Apogeo
20. Braghò G., L'ispezione e la perquisizione di dati, informazioni e programmi informatici, in AA.VV. (a cura di L. Luparia), Sistema penale e criminalità informatica., Milano, 2009
21. Aprile E. (2002), La prova penale, Milano
22. Vacca J. (2005) Computer forensics. Computer Crime Scene Investigation. Charles River Media
23. Convey G. (2007) Collecting volatile and non-volatile data. IISA Journal, August 2007, 28–31.
24. Cowen D. (2013) Computer Forensics InfoSec Pro Guide. McGraw Hill.
25. Mattiucci M., dal sito personale all'url http://www.marcomattiucci.it/lab.php
26. Grillo A. (2012) Indagini digitali mediante strumenti Open Source e Freeware. In: Carretta P., Cilli A., Iacoviello A., Grillo A., Trocchi F. L'acquisizione del documento informatico. Indagini penali e amministrative. LaurusRobuffo. 107–202.
27. Trocchi F. (2012) Computer forensics e procedure standardizzate. In: Carretta P., Cilli, A., Iacoviello A., Grillo A., Trocchi F. L'acquisizione del documento informatico. Indagini penali e amministrative. LaurusRobuffo. 69–105
28. Barrett D., Broom N., Rudolph K., Salomon M., Tittel E. (2011) Computer forensics jumpstart. Second edition. Sybex.
29. Dominioni O. (2005) La prova penale scientifica. Giuffrè.
30. Conti C., Tonini P. (2012) Il diritto delle prove penali. Giuffrè.
31. Tonini P. (2013) Diritto processuale penale. Manuale breve. Giuffrè
32. D'Aiuto G., Levita L. (2012) I reati informatici. Disciplina sostanziale e questioni processuali. Giuffrè
33. Pecorella C. (2006), Il diritto penale dell'informatica, Padova
34. Pica G. (2000), Reati informatici e telematici, in Dig. disc. pen., I agg., Torino
35. Picotti L. (2004), Sistematica dei reati informatici, tecniche di formulazione legislativa e beni giuridici tutelati, in Il diritto penale dell'informatica nell'epoca di internet, Padova
36. Ayers R., Brothers S., Jansen W. (2014), Guidelines on Mobile Device Forensics, National Institute of Standards and Technology
37. IMEI Allocation and Approval Guidelines, Version 3.3.0, GSM Association, Permanent Reference Document TW.06, December 2004
38. ITU-T (2006), Automatic International Telephone Credit Cards, International Telecommunications Union, Telecommunication Standardization Sector (ITU-T), Recommendation E.118, (02/01)

39. Electronic Crime Scene Investigation: A Guide for First Responders, Second Edition, NCJ 219941, April 2008
40. Brothers S. (2012), How Cell Phone Forensics Tools Work, Washington, DC
41. Reiber L. (2008), SIMs and Salsa, MFI Forum, Mobile Forensics, Inc.
42. Casey E., Turnbull B. (2011), Digital Evidence and Computer Crime, Third Edition, Elsevier Inc.
43. Zdziarski J. (2012), iOS Forensic Investigative Methods
44. Bader M., Baggili I. (2010), iPhone 3GS Forensics: Logical Analysis using Apple iTunes Backup Utility, Small Scale Digital Device Forensics Journal, Vol. 4, No.1, September 2010
45. 3GPP (2007), Specification of the Subscriber Identity Module - Mobile Equipment (SIM - ME) interface, 3rd Generation Partnership Project, TS 11.11 V8.14.0 (Release 1999), Technical Specification, (2007-06)
46. Ayers R. (2009), Computer Forensic Tool Testing (CFTT) Program
47. Forensic Examination of Digital Evidence – A Guide for Law Enforcement, produced by the U.S. Department of Justice
48. Digital cellular telecommunications system (Phase 2) - Event and call data (GSM 12.05 version 4.3.1), European Telecommunication Standard (ETS), July 1999.
49. GSME Position On Data Retention – Implications for The Mobile Industry, GSM Europe, GSM Association, 23 August 2005
50. Willassen S., Forensics and the GSM Mobile Telephone System, International Journal of Digital Evidence, Volume 2, Issue 1, 2003
51. O'Connor T. P., Provider Side Cell Phone Forensic, Small Scale Digital Device Forensics Journal, Vol. 3, No. 1, June 2009
52. Willassen S. (2003), Forensics and the GSM Mobile Telephone System, International Journal of Digital Evidence, Volume 2, Issue 1, 2003
53. Breeuwsma M. (2006), Forensic Imaging of Embedded Systems using JTAG (boundary-scan), Digital Investigation, Volume 3, Issue 1, 2006, pp.32-42.
54. Breeuwsma M., de Jongh M., Klaver C., van der Knijff,R. Roeloffs M., Forensic Data Recovery from Flash Memory, Small Scale Digital Device Forensics Journal, Vol. 1, No. 1, June 2007
55. Jonkers K., The forensic use of mobile phone flasher boxes5, digital investigation 6 (2010) 168–178
56. Ayers R., Forensics@NIST, <URL: http://www.nist.gov/oles/upload/6-Ayers_Richard-Mobile-Device-Tool-Testing.pdf>
57. Müller T., Spreitzenbarth M., Freiling F.C., Forensic Recovery of Scrambled Telephones

58. Aviv A. J., Gibson K., Mossop E., Blaze M., and Smith J. M., Smudge Attacks on Smartphone Touch Screens, 4th USENIX Workshop on Offensive Technologies, August 2010
59. Guidelines on Mobile Device Forensics, National Institute of Standards and Technology, 2014
60. SWGDE, SWGDE Best Practices for Mobile Phone Forensics
61. Mobile Phone Forensics, 47th EWPITC meeting – Final report, European Working Party on IT Crime, INTERPOL, September 7, 2006
62. Smith G., Switch On ~ Update = Lose Evidence, Mobile Telephone Evidence Newsletter, INDEX NO: VOL 4-MTE05- 2006, Trew & Co, 2005
63. Bommisetty S., Tamma R., Mahalik H., Practical Mobile Forensics – second edition, Packt Publishing, 2016
64. Epifani M., Stirparo P, Learning iOS Forensics, Packt Publishing, 2015
65. Tamma R, Tindall D., Learning Android Forensics, Packt Publishing, 2015
66. Reiber L., Mobile Forensics Investigations, McGraw-Hill, 2016
67. Tahiri S., Mastering Mobile Forensics, Packt Publishing, 2016
68. Zdziarski J., Hacking and Securing iOS Applications, O'Reilly, 2012
69. Miller C., Blazakis D., Dai Zovi D. Esser S., Iozzo V., Weinmann R., iOS Hacker's Handbook, John Wiley & Sons, 2012
70. Hoog A., Strzempka K., iPhone and iOS Forensics: Investigation, Analysis and Mobile Security for Apple iPhone, iPad and iOS Devices, Syngress, 2011
71. Hoog A., Android Forensics: Investigation, Analysis and Mobile Security for Google Android, Syngress, 2011
72. Androulidakis I., Mobile Phone Security and Forensics, Spinger, 2012
73. Kovacik, S., & O'Day, D. R. A Proposed Methodology for Victim Android Phone Analysis by Law Enforcement Investigators, 2010
74. Lee, X., Yang, C.-H., Chen, S., & Wu, J. Design and Implementation of Forensic System in Android Smart Phone. The 5th Joint Workshop on Information Security. Guangzhou, China, 2009
75. Lessard, J., & Kessler, G. C. Android Forensics: Simplifying Cell Phone Examinations. Small Scale Digital Device Forensics Journal, Vol. 4, No. 1., 2010
76. Souppaya, M., & Scarfone, K. Guidelines for Managing and Securing Mobile Devices in the Enterprise, 2013
77. Yang, C.-H., & Lai, Y.-T. (2012). Design and Implementation of Forensic Systems for Android Devices based on Cloud Computing. Applied Mathematics & Information Sciences, 243S-247S.

78. Liu, Q., Jain, X., Hu, J., Zhao, H., & Zhang, S. (2009). An optimized solution for mobile environment using mobile cloud computing. 5th International Conference on Wilreless Communications, Networking and Mobile Computing, (pp. 1-5). doi:10.1109/WICOM.2009.5302240
79. Dinh, H. T., Lee, C., Niyato, D., & Wang, P. (2013). A Survey of Mobile Cloud Computing (pp. 1–38). Wireless Communication and Mobile Computing.
80. Lovell, R. (2011). White paper: Introduction to cloud computing. ThinkGrid.
81. Research: A. (2009). Mobile Cloud Computing – Next Generation Browsers, Widgets, SIM, Network-as-a-Service, and Platform-as-a-Service, 3Q
82. Turnbull, B., & Slay, J. (2008). WiFi network signals as a source of digital evidence: Wireless network forensics. IEEE 3rd international conference on Availability, Reliability and Security, (pp. 1355-1360).
83. Aminnezhad, A., Dehghantanha, A., Abdullah, M. T., Mohsen Damshenas. (2013). Cloud Forensics Issues and Opportunities. International Journal of Information Processing and Management (IJIPM),, 76-85.
84. Daryabar, F., Dehghantanha, A., Udzir, N. I., & Mohd, N. F. (2013). A Survey about Impacts of Cloud Computing on Digital Forensics. International Journal of Cyber-Security and Digital Forensics (IJCSDF), The Society of Digital Information and Wireless Communications, 77-94.
85. Ruan, K., & Carthy, J., & T. Kechadi M. Crosbie. (2011). Cloud forensics An overview. 7th IFIP International Conference on Digital Forensics.
86. Taylor, M., Haggerty, J., & Gresty, D. R. H. (2010). Digital evidence in cloud computing systems. Digital Investigation, computer law and security review, (pp. 304-308).
87. Marty, R. (2011). Cloud application logging for forensics, ACM Symposium on Applied Computing, (pp. 178-184).
88. Lei, Y., & Cui, Y. (2013). Research on Live Forensics in Cloud Environment. 2nd International Symposium on Computer, Communication, Control, and Automation (3CA), (pp. 231-234). doi:10.2991/3ca-13.2013.58
89. Dykstra, J., & Sherman, A. (2012). Acquiring forensic evidence from infrastructure-as-a-service cloud computing: Exploring and evaluating tools, trust, and techniques. Digital Investigation, 9, 90–98. doi:10.1016/j.diin.2012.05.001
90. Lu, R., Lin, X., Liang, X., & Sherman, X. (2010). Secure Provenance: The Essential of Bread and Butter of Data Forensics in Cloud Computing. ACM, 2010.
91. Martini B,. Do Q., K. K. R. Choo, "Conceptual Evidence Collection and Analysis Methodology for Android Devices," In Ko R and Choo K-K R, editors, Cloud Security Ecosystem, Syngress, an Imprint of Elsevier, 2015.

92. Sarzana C., Considerazioni sull'Internet degli oggetti e sul cloud computing, in Nuove tendenze della giustizia penale di fronte alla criminalità informatica (a cura di F. Ruggeri, L. Picotti), Giappichelli, Torino, 2011, pagg. 18-19.
93. Roussevy V., Barreto A., Ahmed I. "Forensic Acquisition of Cloud Drives", 2016
94. Mell P., Grance T. "The NIST definition of cloud computing." (2012)
95. Chung H., Park J., Lee S., Kang C., "Digital forensic investigation of cloud storage services", vol. 9. (2012)
96. Hale, J. "Amazon cloud drive forensic analysis" vol. 10, pp. 295, 2013.
97. Quick D., K. R. Choo, "Dropbox analysis: Data remnants on user machines" vol. 10, pp. 3-18, 2013.
98. Quick D., K.-K. R. Choo, "Google drive: Forensic analysis of data remnants," Journal of Network and Computer Applications, vol. 40, pp. 179 - 193, 2014.
99. Martini B. , K.-K. R. Choo, "Cloud storage forensics: owncloud as a case study," Digital Investigation, vol. 10, no. 4, pp. 287 - 299, 2013

www.ingramcontent.com/pod-product-compliance
Lightning Source LLC
Chambersburg PA
CBHW060847170526
45158CB00001B/260